ELOGIO A
DISCIPULADO EMOCIONALMENTE SANO

«Una nueva generación de líderes tiene el deber de ayudar a la iglesia a ocupar su papel profético como una comunidad que supera las barreras raciales, culturales y de clases en Cristo. En su obra *Discipulado emocionalmente sano,* Scazzero nos presenta una forma bíblica y probada de lograrlo».

Dr. John M Perkins
Fundador y presidente emérito
Fundación John & Vera Mae Perkins
Asociación para el Desarrollo de la Comunidad Cristiana

Curso de discipulado emocionalmente sano

Por Peter y Geri Scazzero

Una estrategia probada que lleva a las personas de un discipulado superficial a una profunda transformación en Cristo.

Discipulado

emocionalmente

sano

Discipulado

emocionalmente

sano

Pasar *del* cristianismo superficial
a la transformación profunda

Peter Scazzero

 Vida

La misión de Editorial Vida es ser la compañía líder en satisfacer las necesidades de las personas con recursos cuyo contenido glorifique al Señor Jesucristo y promueva principios bíblicos.

DISCIPULADO EMOCIONALMENTE SANO
Edición en español publicada por
Editorial Vida – 2022
Nashville, Tennessee

© 2022 por Editorial Vida
Este título también está disponible en formato electrónico.

Publicado originalmente en EUA bajo el título:
        Emotionally Healthy Discipleship
        Copyright © 2021 por Peter Scazzero
Publicado con permiso de Zondervan, Grand Rapids, Michigan 49530.
Todos los derechos reservados

Prohibida su reproducción o distribución.

Traducción: *Andrés Carrodeguas*
Adaptación del diseño al español: *Deditorial*
Diseño de cubierta: *Faceout Studio*
Fotografía de cubierta: *Vaks-Stock Agency / Shutterstock*

ISBN: 978-0-82977-087-2
eBook: 978-0-82977-088-9
Número de Control de la Biblioteca del Congreso: 2022933457

CATEGORÍA: Religión / Ministerio cristiano / Discipulado

IMPRESO EN ESTADOS UNIDOS DE AMÉRICA
PRINTED IN THE UNITED STATES OF AMERICA

HB 01.18.2024

A todos los pastores y líderes del mundo
que sirven a Jesús y su iglesia.

Contenido

El difícil camino que lleva más allá de un discipulado superficial

Mi caminar en el discipulado comenzó a los diecinueve años de edad, cuando un amigo me invitó a un concierto cristiano y le entregué mi vida a Cristo. De inmediato me uní a la confraternidad cristiana de nuestra universidad y comencé a asistir a los estudios bíblicos entre tres y cuatro veces por semana. Devoraba las Escrituras durante dos o tres horas al día. Le presentaba el evangelio a todo el que podía y participaba en cuanto programa de discipulado podía hallar a mi alcance.

La mejor manera de describirme en esos momentos era como alguien *voraz*. ¡Era espiritualmente insaciable! Nunca me parecía suficiente lo que había aprendido acerca de Jesús. Me habían discipulado en cuanto a cómo estudiar las Escrituras, orar, compartir la gracia del evangelio con claridad, descubrir y usar mis dones espirituales y crecer en lo que respecta a tener el corazón de Dios por los pobres y marginados del mundo.

Después de graduarme en el colegio universitario, di clases de inglés en la escuela secundaria y me uní al personal de la InterVarsity Christian Fellowship, un ministerio que funciona dentro de las universidades e institutos. Aquellos días de labor paraeclesiástica ampliaron mis capacidades en el ministerio práctico y aumentaron mi conocimiento de las Escrituras.

Sentía tanta hambre de Dios que comencé a aprender de memoria libros enteros de la Biblia: Efesios, Colosenses, Filipenses... Pero aquello era muy poco si se compara con lo logrado por uno de mis compañeros de trabajo, que había aprendido enteros de memoria los dieciséis capítulos de Romanos.

Este profundo apetito por aprender más me llevó a dos destacados seminarios de los Estados Unidos: el Seminario Teológico de Princeton y el

Seminario Teológico Gordon-Conwell. Me encantaron todos los momentos de los tres años que pasé allí. Aprendí a estudiar la Biblia en sus lenguas originales, al mismo tiempo que aprendía historia de la iglesia, teología sistemática y hermenéutica. Era de inmenso provecho aprender estas materias y sentirme retado por varios de los mejores teólogos en los Estados Unidos.

Seis meses antes de la graduación, Geri y yo nos casamos. Entonces, nos mudamos a Costa Rica para aprender español. Allí vivimos durante todo un año con una familia que tenía diez hijos. Ninguno de ellos hablaba inglés y nosotros no sabíamos nada de español. Después de pasado nuestro año, regresamos a los Estados Unidos. Entonces, en septiembre de 1987, comenzamos la iglesia New Life Fellowship en una sección de Nueva York multiétnica, con trabajadores mayormente inmigrantes.

Yo era líder y me podía comunicar bien. Me encantaba hablar del evangelio y enseñar. Sentía amor por Jesús. Y me consideraba sólido como la roca en cuanto a mi fe, además de ser un creyente maduro.

Sin embargo, no lo era.

ALGO NO MARCHABA BIEN

Nuestro primer culto de adoración comenzó con solo un puñado de personas, pero Dios se movió poderosamente en esos primeros años y la iglesia creció con rapidez. Puesto que yo hablaba español, comenzamos una congregación hispana en nuestro tercer año. Al final del sexto año había unas cuatrocientas personas en la congregación de habla inglesa, más otras doscientas cincuenta en nuestra congregación de habla hispana. También habíamos iniciado dos iglesias más.

Dios nos enseñó mucho sobre la oración y el ayuno, la sanidad de los enfermos, la guerra espiritual, los dones del Espíritu Santo y las formas de escuchar la voz de Dios. Las personas se estaban convirtiendo en cristianos, y centenares estaban comenzando una relación personal con Jesucristo. A los pobres se les servía de maneras nuevas y creativas. Estábamos desarrollando líderes, multiplicando los grupos pequeños, alimentando a los que no tenían hogar y abriendo nuevas iglesias.

Sin embargo, no todo estaba bien debajo de la superficie.

Tal parecía que estábamos reciclando las mismas inmadureces y conductas infantiles una y otra vez, en especial en el aspecto de los conflictos. Con el compromiso de superar las divisiones raciales, económicas y culturales, nuestra incapacidad en cuanto a dedicarnos a tener conversaciones difíciles amenazaba con hacer descarrilar nuestra comunidad. No obstante, lo que más confundía era la falta de conexión existente en algunos de los miembros fundamentales, que ardían con pasión por Dios, y aun así eran considerados por los demás como críticos, inseguros y poco agradables en el trato.

Aunque no me daba cuenta en esos momentos, muchas de las cosas con las que estábamos batallando como iglesia eran reflejo de mis propias luchas e inmadureces. Mi discipulado superficial se estaba reproduciendo en aquellos a quienes guiaba.

A pesar de que era emocionante estar en la iglesia, no producía gozo ser parte del liderazgo... sobre todo para Geri y para mí. Hubo muchos reemplazos entre el personal y los líderes, la mayoría de los cuales los atribuíamos en última instancia a la guerra espiritual y la intensidad de la fundación de iglesias en la ciudad de Nueva York. Se me dijo que eran los dolores del crecimiento y las consecuencias naturales que son comunes a todas las grandes organizaciones o negocios. Sin embargo, nosotros no éramos un negocio. Éramos una iglesia.

A pesar de todo esto, tanto Geri como yo estábamos conscientes de que nos faltaba algo. El corazón se nos estaba encogiendo. Sentíamos el liderazgo en la iglesia como una pesada carga. Estábamos ganando el mundo entero por estar haciendo una gran obra para Dios, pero al mismo tiempo estábamos perdiendo nuestras almas (Marcos 8:36).

Algo andaba profundamente mal. Yo soñaba en secreto con retirarme, a pesar de tener solamente treinta y tantos años. A pesar de nuestras constantes auditorías espirituales —nada de inmoralidad, nada de cosas sin perdonar, nada de codicia—, no era capaz de señalar con claridad la fuente de mi falta de gozo.

NOS ARRASTRAMOS HACIA UNA CRISIS

Nuestro apoyo comenzó a desplomarse cuando en 1993-1994 nuestra congregación de habla hispana pasó por una división y se desintegraron unas relaciones que yo consideraba sólidas como la roca. Nunca olvidaré la conmoción que sentí el día en que fui al servicio en español de la tarde y faltaban doscientas personas. Solo había cincuenta personas. Todos los demás se habían marchado con uno de nuestros pastores hispanos para comenzar otra congregación.

A lo largo de las varias semanas que siguieron, una especie de fuerte oleada barrió con los miembros restantes de esa congregación. Los llamaban por teléfono exhortándolos a salir de la casa de Saúl (mi liderazgo) para pasar a la casa de David (lo nuevo que Dios estaba haciendo). Las personas que había llevado a Cristo, discipulado y pastoreado durante años se habían marchado. A muchos de ellos nunca los volvería a ver.

De repente me encontré llevando una doble vida. El Pete exterior trataba de darles ánimo a las personas desalentadas que quedaban en New Life. «¿Acaso no es asombroso que Dios use nuestros pecados para expandir su reino? Ahora tenemos dos iglesias en vez de una sola», proclamaba yo. «Ahora hay más personas que pueden llegar a una relación personal con Jesús. Si alguno de ustedes se quiere ir a esa iglesia nueva, que la bendición de Dios descanse sobre él».

Estaba mintiendo.

Iba a ser como Jesús (al menos, como el Jesús que había imaginado que él era), aunque muriera en el intento. Y así estaba sucediendo, pero no de una manera que fuera saludable ni redentora.

En mi interior, me sentía herido y lleno de ira. Esos sentimientos daban paso al odio. En mi corazón no había perdón alguno. Estaba repleto de rabia, y no me podía librar de ella.

Cuando iba solo en mi auto, solo con pensar en lo que había sucedido y en el pastor que había iniciado la división me sentía lleno de ira y se me hacía un nudo en el estómago. En pocos segundos venían las palabras maldicientes, las cuales volaban de manera casi involuntaria hasta mi boca: «Eres un @#&%» y «Estás lleno de $*#%».

MI PRIMERA PETICIÓN DE AYUDA

«Hacerme pastor es la peor decisión que pude haber tomado en mi vida», le decía a Dios en oración.

Buscaba ayuda con desespero. Al fin, un buen amigo en el pastorado me guio hasta un consejero cristiano. Geri y yo fuimos a verlo. Era el mes de marzo de 1994.

Me sentía totalmente humillado. Solo tenía ganas de salir corriendo. Iba como un niño que se dirige a la oficina del director de su escuela. «La consejería es para la gente que está hecha un desastre», me quejaba a Dios. «Yo no. ¡Yo no estoy tan echado a perder!».

Hacer una pausa para reflexionar en el estado de mi alma fue algo que me hizo sentir asustado y liberado a la vez. En esos momentos, creía que todos mis problemas estaban motivados por la tensión y la complejidad de la ciudad de Nueva York. Culpaba a Queens, mi profesión, mis cuatro hijas pequeñas, Geri, la guerra espiritual, otros líderes, la falta de cobertura en oración, e incluso nuestro automóvil (se nos había descompuesto siete veces en tres meses). Cada vez, estaba seguro de haber identificado la causa radical de todo.

No había sido así. Las raíces de todo estaban dentro de mí mismo. Pero aún no las admitía, o no quería admitirlas.

Los dos años siguientes estuvieron marcados por una lenta caída al abismo. Me sentía como si un agujero sin fondo fuera a tragarme. Clamaba a Dios pidiéndole que me ayudara, que me cambiara. Sin embargo, tal parecía como si Dios cerrara el cielo ante mi clamor en lugar de responderme.

Las cosas fueron de mal en peor.

Yo seguí predicando cada semana y trabajando como pastor principal, pero mi seguridad en cuanto a ser líder había quedado totalmente sacudida por la división producida en la congregación hispana. Contraté a más miembros en el personal y les pedí que dirigieran ellos, lo cual hicieron. ¿Acaso no había fallado yo miserablemente? Sintiendo que ellos lo podrían hacer mejor, dejé que comenzaran a reorganizar la iglesia.

Asistía a conferencias de liderazgo para aprender sobre la guerra espiritual y la forma de alcanzar a toda una ciudad para Dios. Asistía a «reuniones de renovación» en otras iglesias. Si había una forma de recibir más de Dios, yo quería hallarla. También asistía a conferencias proféticas en otros estados, donde recibía una serie de profecías personales alentadoras. Intensifiqué las reuniones de oración de las mañanas en New Life. Reprendía a los demonios que querían destruir mi vida. Oraba pidiendo un avivamiento. Buscaba el consejo de numerosos líderes de iglesias de fama nacional.

Sentía que personalmente iba progresando. Tal vez aún no fuera visible, pero algo estaba sucediendo. Al menos eso pensaba. En cambio, para Geri las cosas eran como habían sido a lo largo de todo nuestro matrimonio: lamentables.

GERI SE MARCHA DE LA IGLESIA

En la segunda semana de enero del 1996, Geri me dijo que había decidido marcharse de la iglesia. Estaba cansada de sentirse como una madre soltera criando a cuatro hijas, y estaba cansada de las crisis constantes de la iglesia. Con toda serenidad declaró: «Me marcho de la iglesia. Esta iglesia ya no me da vida. Me da muerte».[1]

Finalmente, yo había tocado fondo. Les notifiqué a nuestros ancianos mi nueva crisis. Ellos acordaron una semana de retiro intensivo para nosotros con alguna ayuda profesional para ver si Geri y yo podíamos resolver la situación.

Al cabo de varias semanas nos fuimos a un centro cristiano de consejería. Teníamos la esperanza de salir de nuestras presiones del momento y alcanzar algo de objetividad con respecto a la iglesia. Yo esperaba que Dios arreglara a Geri; ella esperaba que Dios arreglara la iglesia, y ambos teníamos la esperanza de que nuestros sufrimientos terminaran pronto.

Nos pasamos la semana siguiente con dos consejeros. Aquella pequeña y breve comunidad cristiana era lo suficientemente segura para que nos diéramos permiso a fin de expresarnos el uno al otro nuestros sentimientos escondidos.

Lo que no esperábamos era una experiencia espiritual auténtica con Dios. En mi caso, todo comenzó de la manera más extraña. Geri y yo habíamos estado hablando hasta altas horas de la noche. A eso de las dos de la mañana, ella me despertó, se incorporó en la cama, y con unas pocas palabras bien escogidas me hizo saber todo. Por vez primera me dijo la verdad brutal sobre lo que ella sentía con respecto a mí, nuestro matrimonio y la iglesia.

Aunque su explosión resultó dolorosa, fue una experiencia liberadora para nosotros dos. ¿Por qué? Porque ella se había despojado del pesado barniz espiritual de «ser buena» que le impedía mirar directamente la verdad acerca de nuestro matrimonio y nuestras vidas.

Yo la escuché. Ella me escuchó.

Reflexionamos en las vidas de nuestros padres y sus matrimonios. Yo miré con toda honestidad lo que era New Life Fellowship. La iglesia reflejaba con claridad las disfunciones de mi familia de origen.

Ninguno de los dos había pensado nunca antes que tenía permiso para sentirse así.

Lo que descubrimos fue que nuestro discipulado, que a nosotros nos parecía auténtico, era superficial; solo tenía unos pocos centímetros de profundidad. Aunque ambos habíamos sido cristianos durante más de diecisiete años, el discipulado que conocíamos y practicábamos solo había penetrado de manera superficial en nuestra personalidad. Con todos mis estudios y mi trasfondo en la oración y la Biblia, era una gran sorpresa darnos cuenta de que había capas enteras de mi vida que no habían sido tocadas por Dios.

¿Cómo podría ser esto posible? Yo había hecho todo lo que me habían enseñado los pastores y los líderes en cuanto a seguir a Jesús. Era fiel, entregado, absolutamente comprometido. Creía en el poder de Dios, las Escrituras, la oración y los dones del Espíritu Santo. ¿Cómo era posible que mi vida personal y mi matrimonio, así como mi discipulado, se hubieran atascado tanto mientras me esforzaba por seguir a Jesús? ¿Dónde estaba el poder explosivo de Dios?

Sentía como si algo hubiera muerto dentro de mí, en especial en lo relativo a mi fe y mi papel como líder. Sin embargo, esta experiencia que inicialmente había sentido como una muerte demostró en cambio ser el comienzo de un camino y el descubrimiento de una relación con Dios que transformaría nuestras vidas, nuestro matrimonio, nuestra familia, nuestra iglesia y miles de iglesias más en el mundo entero.

Descubrí que el problema no era la fe cristiana en sí, sino más bien la forma en que nosotros habíamos sido discipulados y estábamos formando discípulos.

REVESTIDOS DE DISCIPULADO

He aprendido mucho sobre albañilería con mi yerno Brett. Él se dedicó a este oficio, uno de los más antiguos de la historia, hace cinco años como aprendiz bajo un maestro albañil, y solo hace poco tiempo pasó al segundo nivel de entrenamiento, el nivel de oficial. Seguirá en este nivel durante siete años o más, hasta que madure y pase al nivel de maestro albañil. ¡Todo su proceso de entrenamiento le podría tomar entre diez y quince años!

Teniendo en cuenta el lento y costoso proceso que se necesita para progresar de aprendiz a oficial y luego a maestro albañil, no es de sorprenderse que haya relativamente pocos maestros albañiles. Sin embargo, cuando es un maestro albañil el que construye algo, esa estructura puede durar miles de años, incluso bajo unas duras condiciones climáticas. Vemos esto en las pirámides de Egipto, los castillos medievales y las granjas construidas con piedra de nuestros días.

Debido al gasto y al tiempo asociados con la extracción de la piedra, su corte y su transporte, y después la contratación de un maestro albañil, la industria de la construcción ha desarrollado alternativas más baratas a lo largo de los años. Para dar a la vista de las personas el aspecto de una piedra real, los constructores suelen usar una cobertura llamada «revestimiento».

El revestimiento cae en dos categorías generales: natural y sintético.

El natural es hecho a base de cortar piedras grandes en losas más ligeras, entre dos y siete centímetros, las cuales son puestas después sobre las paredes exteriores de una casa o un edificio. Geri y yo instalamos hace poco un revestimiento de piedra en una pequeña sección alrededor de nuestra puerta del frente. Se ve y se siente como si fueran piedras reales pesadas que proporcionaran un apoyo estructural para la casa. Las personas se impresionan. Sin embargo, solo se trata de un fino recubrimiento lateral añadido por unos obreros sin ninguna experiencia en la albañilería.

En cambio, el revestimiento sintético se hace con materiales fabricados, como el cemento. Se ve y se siente como si se tratara de costosas piedras naturales, pero sin el alto costo del revestimiento de piedra natural (y no hablemos de la piedra pesada que usan los maestros albañiles). La instalación es rápida y fácil. Incluso hay marcas que clasifican sus productos como «hágalo usted mismo». Basta con ver un breve documental en YouTube para poderlos instalar.

En este punto, tal vez te estés preguntando por qué estoy hablando de forma poética sobre la albañilería y los revestimientos de piedra. La respuesta es sencilla: *gran parte del discipulado en la iglesia de hoy es el equivalente espiritual al revestimiento.*

En la superficie, todo parece real. Nuestra gente es alegre y optimista, llena de fe en que Jesús la ayudará a pasar por crisis y valles. Se animan espiritualmente por medio de conmovedoras experiencias de adoración y deslumbrantes mensajes. Repetimos testimonios que contagian. Nos aseguramos de que nuestros grupos pequeños y nuestras reuniones de los fines de semana sean cálidos y acogedores, y de que haya la sensación de que estamos creciendo en las cosas nuevas que Dios quiere hacer en medio de nosotros.

El problema está en que ninguna de estas cosas son las pesadas piedras del camino de Jesús en el discipulado. Parecen ser las cosas reales que van a soportar las fuertes tormentas y las pruebas del tiempo, pero no lo son. Sí, nuestra gente participa en la adoración, escucha con atención los sermones y asiste a los grupos pequeños. Ellos sirven fielmente con frecuencia en diversos ministerios y apoyan económicamente. Sin embargo, su transformación en Cristo permanece al nivel de los simples revestimientos, un delgado barniz sobre una vida que aún necesita ser tocada por debajo de la superficie.

El discipulado del simple revestimiento describe con claridad los diecisiete primeros años de mi vida como seguidor de Jesús. Lamentablemente, aunque en la superficie daba una impresión lo suficientemente buena, tenía grandes brechas en mi discipulado y mi liderazgo. Durante un tiempo, aquello estuvo bien, porque mis dones y mi celo cubrieron mucho de lo que faltaba en la superficie. Pero al cabo de poco tiempo, la fina capa de mi discipulado, junto con la de mi iglesia, quedarían al descubierto para mostrar lo que eran en realidad.

LA PESADA PIEDRA DEL DISCIPULADO EMOCIONALMENTE SANO

El discipulado emocionalmente sano es una invitación a dar un cambio radical hacia lo real: un discipulado que sea de piedra realmente pesada.

Sí, el proceso es crudo, complicado y pesado. Sin embargo, como la albañilería real, es el que perdura.

En su esencia, el discipulado emocionalmente sano (DES) es una teología bíblica que, cuando se pone totalmente en práctica, les da forma a todos los aspectos de una iglesia, un ministerio o una organización. Es una estructura de discipulado construida con piedras pesadas, de manera que las personas florezcan, incluso en medio de las crisis y las convulsiones que se produzcan alrededor de ellas. Más concretamente, el discipulado emocionalmente sano:

- Hace más lenta nuestra vida para cultivar una profunda relación personal con Jesús en medio de las carreras y las distracciones que nos sobrecargan de manera constante.
- Ofrece directrices para determinar hasta qué punto los valores y las metas de la cultura occidental han puesto en peligro, o incluso

refutado, el llamado radical de Jesús a negarnos a nosotros mismos, tomar nuestra cruz y seguirlo.

- Hace provisión para que nos rindamos ante el don de los límites de Dios en nuestra vida, en lugar de luchar contra ellos.

- Integra la tristeza y la pérdida en nuestra jornada para seguir a Jesús. Como consecuencia, ya no nos perdemos los tesoros que Dios ha escondido dentro de ellas.

- Nos proporciona criterios claros con el fin de medir la madurez espiritual a partir de la forma en que estamos creciendo en nuestra capacidad para amar a los demás.

- Conecta la forma en que nuestra familia de origen y nuestra historia personal influyen en nuestro discipulado del presente. Ya no tratamos con un arreglo fácil nuestros patrones y traumas profundos del pasado.

- Abraza la debilidad y la vulnerabilidad como fundamentales para el acceso al poder de Dios y el ofrecimiento de su amor al mundo.

Antes de haber comprendido esto, yo, como la mayoría de los líderes de las iglesias, trabajaba más fuerte y añadía nuevas iniciativas cuando las personas se atascaban en su discipulado. No me daba cuenta de que el problema estaba en nuestra manera de hacer discípulos y en la calidad de los materiales que usábamos. Esos materiales estaban limitados en su capacidad para apartar a las personas de una serie de aspectos de sus vidas. Como consecuencia, si redoblaba mis esfuerzos y hacía lo mismo una y otra vez, aunque con mayor intensidad, solo creaba una confusión mayor en cuanto a la razón por la cual ese mayor esfuerzo rendía tan poco fruto a tan largo plazo.

No fue sino hasta que pasé por un fracaso a nivel de todo el edificio —en lo personal y en nuestro ministerio— que al fin me di cuenta de que el problema estaba en los materiales mismos. Lo que necesitábamos era una manera totalmente nueva de hacer el discipulado que funcionara por debajo de la superficie de la vida de las personas, de modo que pudieran experimentar una transformación profunda y causar como resultado un impacto sostenible y a largo plazo en el mundo. Necesitábamos un modelo que fuera transformador.

A lo largo de los veinticinco años siguientes, Geri y yo, y nuestro equipo de la iglesia New Life Fellowship, nos embarcamos en un viaje de investigación, estudio y crecimiento personal deliberado. Buscamos sabiduría y principios bíblicos al aprender todo lo que pudimos acerca de la transformación: teorías sobre sistemas de familia, movimientos y espiritualidad monásticos, las contribuciones de la iglesia mundial, dos mil años de historia eclesiástica, teología histórica, estudios sobre matrimonio y familia, neurobiología interpersonal, ministerio a los pobres y marginados, espiritualidad cuáquera, solo por mencionar unas cuantas cosas, al mismo tiempo que pastoreábamos una iglesia local en la ciudad de Nueva York.

Nuestra meta consistía en pasar del modelo tradicional del discipulado a otro que fuera transformador, en el cual las personas experimentaran un cambio profundo. Las gráficas siguientes manifiestan el contraste entre el modelo tradicional y el modelo transformador.

Hemos ido poniendo en práctica y mejorando este modelo transformador (al que le llamamos Discipulado Emocionalmente Sano) durante décadas. Nuestra iglesia ha servido como suelo fértil donde llevar a la realidad y refinar todo esto de maneras prácticas. Ha servido como un crisol a medida que nos comprometíamos a la dura tarea de atravesar barreras de raza, clase

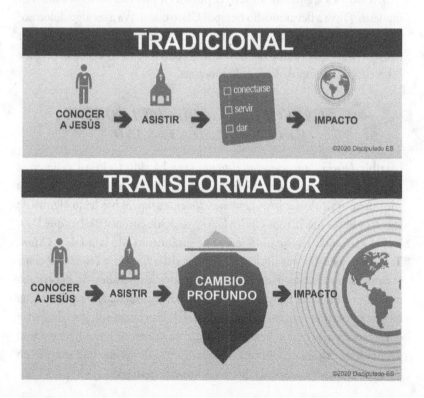

y género para vivir juntos como una comunidad en la cual hemos tenido personas de más de setenta y cinco naciones.

También hemos disfrutado el privilegio de llevar el Discipulado Emocionalmente Sano a miles de iglesias, tanto en Norteamérica como en el resto del mundo. Algunas perspectivas y sugerencias valiosas procedentes de estos contactos han moldeado, perfilado y perfeccionado lo que leerás en las páginas que siguen.

Al escribir este libro tengo la esperanza de que asumas el riesgo de construir de una manera diferente, tanto en tu vida personal como en tu iglesia. El Discipulado Emocionalmente Sano te ofrece una nueva perspectiva, un cambio de paradigma, una visión que te permita edificar una contracultura espiritual que dé forma a todos los aspectos de la vida en tu iglesia y tu comunidad, lo cual incluye el desarrollo del liderazgo y los equipos, los ministerios hacia los matrimonios y los solteros, la educación de los hijos, la predicación, los grupos pequeños, la adoración, los ministerios de jóvenes y niños, el equipamiento, la administración y la labor de alcance.

¿Acaso va a significar un reto la puesta en práctica de todo esto? Por supuesto. ¿Te va a llevar mucho tiempo? Claro que sí. ¿Va a ser algo doloroso? Sí. No obstante, sí te puedo asegurar algo. Este caminar con Jesús va a ser tan fructífero que nunca vas a estar dispuesto a cambiarlo por la delgada cobertura del discipulado de solo una capa.

LA LECTURA DE *DISCIPULADO EMOCIONALMENTE SANO*

Escribir *Discipulado emocionalmente sano* ha sido todo un viaje en sí mismo. Escribí una primera edición de este libro hace ya dieciocho años y le puse por título *La iglesia emocionalmente sana*. Si has leído alguno de los otros libros que hemos escrito Geri y yo desde entonces, sabes que Dios ha ido aguzando y refinando nuestro pensamiento a lo largo de los años. Tanto así, que sabía que limitarme a poner al día *La iglesia emocionalmente sana* sería algo inadecuado para captar todos los detalles. Se necesitaba un libro totalmente nuevo. Aunque esta edición revisada y puesta al día retiene en parte el contenido fundamental de la primera edición, alrededor del setenta y cinco al ochenta por ciento es nuevo. Si leíste hace años el primer libro, ahora encontrarás muchas ideas nuevas que han surgido en los años siguientes a medida que vivíamos este material.

Escribí cada una de las páginas de este libro contigo en mente. Cualquiera que sea el papel que desempeñes —pastor principal, miembro del personal de la iglesia, líder de un ministerio, anciano/diácono miembro de la junta, becario, líder de denominación o paraeclesial, miembro del equipo de adoración, administrador, miembro del personal de apoyo, misionero o líder local— te imagino sentado al escritorio, frente a donde yo estoy escribiendo mientras ambos tomamos una taza de café. Amo a la iglesia y comprendo lo desafiante y difícil que es ser líder en el mundo de hoy.

Tengo la esperanza de que tú y tu equipo se desarrollen espiritual, teológica y emocionalmente mientras leen.

Mi meta no es otra que presentarte una nueva forma de hacer discipulado en la iglesia. No obstante, es importante que consideres el viejo adagio: «Como vaya el líder, así irá la iglesia». Dirigimos a partir de lo que somos, más que a partir de lo que hacemos o decimos. De manera que, si bien mi enfoque está en la iglesia como un todo, todo cambio significativo que tengas la esperanza de experimentar en tu iglesia tiene que comenzar necesariamente por ti y todos los demás líderes de tu congregación, tanto del personal como entre los voluntarios. Es así que la transformación personal causa un impacto en la congregación como un todo, para penetrar después en el mundo.[2]

Los capítulos de este libro están organizados en dos partes:

Primera parte: El estado actual del discipulado
Segunda parte: Las siete características de un discipulado
    emocionalmente sano

En la primera parte exploraremos las cuatro causas primarias de un discipulado superficial: dar lo que no poseemos, impedir la madurez emocional y espiritual, ignorar las riquezas de la iglesia histórica y tener una definición equivocada del éxito. También tendrás una oportunidad de realizar una evaluación de tu madurez emocional/espiritual para comprender mejor en qué punto de tu propio discipulado te encuentras en estos momentos.

En la segunda parte examinaremos las siete características de un discipulado emocionalmente sano: estar antes que hacer, seguir al Jesús crucificado y no al americanizado, aceptar nuestros límites como un don de Dios, descubrir los tesoros escondidos en la aflicción y la pérdida, hacer del amor la medida de nuestra madurez, quebrantar el poder del pasado, y liderar a partir de la debilidad y la vulnerabilidad. Si tenemos la esperanza de llegar a multiplicar discípulos y líderes profundamente transformados, estas realidades teológicas deben convertirse en parte de la fibra que les da forma a nuestra vida y a la cultura de nuestro ministerio.

Por último, analizaremos una estrategia a largo plazo que te ayudará a llevar a la práctica el discipulado emocionalmente sano en tu iglesia o ministerio. Esto incluye permitir que el cambio comience por ti y tu equipo, además de darle una orientación práctica para dirigir a tu iglesia.

A medida que leas cada página, te invito a hacerlo con lentitud. Permite que sea el libro el que te lea a ti. En otras palabras, invita al Espíritu Santo a desafiarte con una visión de cómo tu iglesia y tu ministerio pueden convertirse en un lugar de transformación y misión de largo alcance del mundo para Cristo. Detente en el camino cuando Dios te hable. Tal vez quieras escribir un diario. Y lo más importante de todo: responde a las invitaciones que Dios te hará a lo largo del camino. Te sugerimos que utilices la guía de discusión gratuita que se halla en www.emocionalmentesano.org para poder analizar el libro con tu equipo.

Mi oración por ti es que Dios tenga un encuentro nuevo con tu persona a medida que recorres estas páginas, de manera que te equipes a ti mismo y a tu ministerio para partir de un punto de transformación, de tal forma que «así como las aguas cubren los mares, así también se llenará la tierra del conocimiento de la gloria del Señor» (Habacuc 2:14).

Primera parte:

El estado actual del discipulado

Capítulo 1:

Los cuatro fallos que socavan la profundidad del discipulado

En su libro éxito de ventas *El hombre que confundió a su esposa con un sombrero*, Oliver Sacks relata la historia de una mujer que vivió durante décadas dentro de un sistema familiar que la mantuvo atascada e inmadura.[1]

Se llamaba Madeleine y llegó al Hospital St. Benedict en 1980 a la edad de sesenta años. Había nacido ciega y con parálisis cerebral. A lo largo de toda su vida su familia la había protegido, atendido y tratado como una niña. Lo que sorprendió a Sacks, el neurólogo que estaba a cargo de su cuidado, era que se trataba de una persona sumamente inteligente, que hablaba con soltura y elocuencia, pero que no era capaz de hacer nada con las manos.

—Usted ha leído mucho —le hizo notar—. Debe estar realmente familiarizada con el sistema Braille.

—No, no lo estoy —le contestó ella—. Alguien hizo todas esas lecturas para mí... Yo no sé leer Braille, ni una sola palabra. No puedo hacer *nada* con las manos; son totalmente inútiles.

Ella las levantó en alto.

—Son unas inútiles masas de carne sin esperanza; ni siquiera siento que formen parte de mí.

Sacks se sintió espantado. Pensó para sí: *Por lo general, las manos no son afectadas por la parálisis cerebral.* Al parecer, sus manos tendrían el potencial de ser perfectamente normales... pero no era así. ¿Acaso podría ser que no fueran funcionales, que resultaran «inútiles», porque ella nunca las había usado? ¿Le harían las cosas siempre de una manera tal que evitó que ella desarrollara un par de manos normales?

Madeleine no recordaba haber usado nunca las manos. De hecho, Sacks observa: «Nunca se había alimentado a sí misma, ni usado el baño por sí sola, o alcanzado algo para ayudarse a sí misma, sino que siempre dejaba que otras personas la ayudaran». Había vivido durante sesenta años como si fuera un ser humano carente de manos.

Esto hizo que Sacks probara con un experimento. Les indicó a las enfermeras que le llevaran la comida a Madeleine, pero que se la dejaran un poco lejos de su alcance, como si eso hubiera ocurrido por accidente.

Esto es lo que escribe: «Y un día sucedió lo que nunca antes había sucedido. Impaciente y con hambre, en lugar de esperar pasivamente y con paciencia, extendió un brazo, fue palpando, encontró una rosquilla y se la llevó a la boca. Esa fue la primera vez que usaba las manos; su primer acto manual en sesenta años».

A partir de ese momento, Madeleine progresó con rapidez. Pronto comenzó a extender las manos para tocar el mundo entero, explorando comidas diferentes, envases, instrumentos. Pidió que le llevaran arcilla y comenzó a hacer modelos y esculturas. Hasta comenzó a explorar rostros y figuras de seres humanos.

Hablando de sus manos, Sacks escribe: «Uno sentía que no eran solo las manos de una mujer ciega que exploraba, sino las de una artista ciega, una mente capaz de meditar y creativa que se acababa de abrir plenamente a la realidad sensitiva y espiritual del mundo».

El arte de Madeleine se desarrolló hasta el punto de que, al cabo de un año, era localmente famosa y conocida como «La escultora ciega de St. Benedict».

¿Quién se habría imaginado que una artista tan talentosa y una persona tan asombrosa yacieran escondidas dentro del cuerpo de aquella mujer de sesenta años, que no solo había sufrido por múltiples limitaciones físicas, sino que también había sido «incapacitada» por los mismos que pensaban que la estaban cuidando?

Esta es una sorprendente historia en sí misma, pero al mismo tiempo ilustra una dinámica perturbadoramente similar que funciona en nuestras iglesias. Son demasiadas las personas que han sido tratadas como bebés en su discipulado, hasta el punto de que se han vuelto prácticamente casi incapacitadas en lo espiritual. Como consecuencia, aceptan sin vacilar una fe que les promete libertad y abundancia en Jesús, y sin embargo, nunca parecen notar que permanecen atrapadas, sobre todo en formas no bíblicas de tratarse a sí mismas y a los demás. Se encogen de hombros, como diciendo: «Es inútil. No puedo hacer nada acerca de eso. Así es como yo soy».

El problema al que me refiero, calificándolo de discipulado superficial, no tiene nada de nuevo, aunque sí ha empeorado y se ha profundizado a lo largo de los años.[2] Cuando acepté la fe, hace ya cuarenta y cinco años, había una expresión popular para describir a la iglesia, afirmando que tenía un kilómetro de ancho y un centímetro de profundidad. Ahora yo la modificaría, diciendo que tenemos un kilómetro de ancho y menos de medio centímetro de profundidad.[3]

Esto no quiere decir que no se hayan producido intentos por invertir esta dinámica. De hecho, a medida que he trabajado con iglesias del mundo entero, he presenciado muchos esfuerzos alentadores para resolver nuestra difícil situación: reuniones de oración con el fin de pedir un avivamiento, vida de comunidad deliberada, un énfasis renovado en la lectura de las Escrituras, mayor dedicación a la guerra espiritual, cultos de adoración deslumbrantes, un redescubrimiento del poder sobrenatural de Dios, una conexión creciente con los pobres y los marginados, y más.

Todas esas cosas son valiosas. Sin embargo, ninguna de ellas responde con éxito la pregunta fundamental: *¿cuáles son los fallos que hay debajo de la superficie que socavan el discipulado profundo e impiden que las personas lleguen a ser espiritualmente maduras?*

A lo largo de los últimos veinticinco años, he tenido la oportunidad de reflexionar larga y profundamente sobre este interrogante y acerca de los sistemas de discipulado que han mantenido inmaduras a las personas por tanto tiempo. Esto lo he hecho siendo pastor principal de una iglesia local y en mi trabajo alrededor del mundo con diferentes denominaciones y movimientos, en zonas urbanas, suburbanas y rurales, y atravesando barreras raciales, culturales y económicas. En medio de todo esto, me he llegado a convencer de que la formación de un tipo de discipulado firme y profundo para nuestra gente exige que resolvamos por lo menos cuatro fallos fundamentales:

1. Estamos tolerando la inmadurez emocional.
2. Insistimos más en *hacer para* Dios que en *estar con* Dios.
3. Ignoramos los tesoros de la historia de la iglesia.
4. Tenemos una definición errónea de lo que es el éxito.

Resulta vital que comprendamos el trasfondo y las consecuencias de cada uno de estos fallos. ¿Por qué? Porque sin una clara comprensión de lo profunda que es nuestra situación, no nos quedaremos comprometidos con la solución a largo plazo que hace falta para reparar por completo el amplio daño que esos fallos están causando en nuestras iglesias.

Así que comencemos por las raíces de un sistema de discipulado que con demasiada frecuencia tiene por consecuencia que la gente sea menos íntegra, menos humana y menos parecida a Jesús, en lugar de ser más íntegra, más humana y más parecida a Jesús.[4]

FALLO 1: ESTAMOS TOLERANDO LA INMADUREZ EMOCIONAL

Con el tiempo, nuestras expectativas en cuanto a lo que significa ser «espiritual» se han desdibujado hasta el punto de que nos hemos quedado ciegos a muchas incoherencias evidentes. Por ejemplo, hemos aprendido a aceptar que alguien:

- Puede ser un excelente orador para Dios en público y un cónyuge falto de amor o un padre airado en el hogar.
- Puede funcionar como líder y sin embargo ser incapaz de aprender de otra persona, mostrarse inseguro y estar siempre a la defensiva.
- Puede citar la Biblia con soltura y aun así no ser consciente de su propia facilidad para reaccionar.
- Puede tener la costumbre de ayunar y orar y no obstante ser crítico ante los demás, justificando sus críticas como casos de discernimiento.
- Puede ser líder de las personas «para Dios» cuando en realidad la motivación primaria sea una enfermiza necesidad de ser admirado por los demás.
- Puede sentirse herido por el comentario de un colaborador y justificar el no decir nada, porque quiere evitar los conflictos a toda costa.

- Puede servir de manera incansable en diversos ministerios y sin embargo sentirse resentido, porque no tiene tiempo suficiente para cuidar de sí mismo de una forma saludable.
- Puede dirigir un ministerio de grandes dimensiones con poca transparencia, compartiendo muy pocas veces sus luchas y debilidades.

Todos estos puntos sirven de ejemplos de lo que es la inmadurez emocional en acción, y sin embargo no los vemos como las contradicciones evidentes que son en realidad. ¿Por qué? Porque hemos desconectado la salud emocional de la salud espiritual. ¿De dónde sacamos la idea de que es posible ser espiritualmente maduro al mismo tiempo que se sigue siendo emocionalmente inmaduro? La respuesta presenta diversas facetas, pero aquí me quiero centrar en dos razones significativas.

> **NUESTROS CUATRO FALLOS**
>
> 1. **Tolerar la inmadurez emocional.**
> 2. Insistir más en *hacer para Dios* que en *estar con* Dios.
> 3. Ignorar los tesoros de la historia de la iglesia.
> 4. Tener una definición errónea de lo que es el éxito.

Razón 1: Hemos dejado de medir nuestro amor a Dios por el grado en que amamos a los demás

Jesús se centró repetidamente en lo inseparables que son el amor a Dios y el amor a los demás. Cuando le preguntaron cuál es el mayor de todos los mandamientos, identificó a dos de ellos: amar a Dios *y* amar a nuestro prójimo como a nosotros mismos (Mateo 22:34-40).

El apóstol Pablo hizo notar esto mismo en su primera epístola a la iglesia de Corinto. Les advirtió que una gran fe, una gran generosidad, incluso unos grandiosos dones espirituales, sin amor, no valen para *nada* (1 Corintios 13:1-13). En otras palabras, si las personas que nos rodean sienten continuamente que somos inaccesibles, fríos, inseguros, que estamos a la defensiva, rígidos o amigos de criticarlo todo, las Escrituras nos declaran espiritualmente inmaduros.

La expresión más radical de las enseñanzas de Jesús acerca del amor constituye también uno de sus principios fundamentales: «Amen a sus enemigos y oren por quienes los persiguen... Si ustedes aman solamente a quienes los aman, ¿qué recompensa recibirán?» (Mateo 5:44, 46). Para

Jesús, los enemigos no eran interrupciones a la vida espiritual, sino que con frecuencia se convertían en el medio mismo por el cual podemos experimentar una comunión más profunda con Dios. Esa es una de las razones por las cuales él lanzaba advertencias severas como esta: «No juzguen a nadie, para que nadie los juzgue a ustedes» (Mateo 7:1).[5] Jesús sabía lo fácil que sería para nosotros evitar el difícil trabajo de amar a las personas.

Jesús invirtió de manera radical las enseñanzas de los rabinos del siglo primero, que insistían en la relación con Dios a expensas de la relación con los demás. Si alguien estaba adorando y se daba cuenta de que alguna persona tenía algo en su contra, los rabinos enseñaban que podía terminar su adoración a Dios (puesto que Dios siempre va primero) y después reconciliarse con la otra persona. Jesús invirtió esa enseñanza al decir: «Por lo tanto, si estás presentando tu ofrenda en el altar y allí recuerdas que tu hermano tiene algo contra ti, deja tu ofrenda allí delante del altar. Ve primero y reconcíliate con tu hermano; luego vuelve y presenta tu ofrenda» (Mateo 5:23-24).[6]

Lo que Jesús enseñó y modeló fue que nuestro amor a Dios se medía por el grado en el cual amáramos a los demás. De hecho, expresó esto con tanta claridad, que habría sido impensable para sus seguidores pensar algo distinto. Y sin embargo, eso hicieron, y también lo hacemos nosotros.

Lamentablemente, esa clase de sistema de discipulado no estuvo presente en mi primer desarrollo en el discipulado y el liderazgo. El hecho de no saber medir mi amor a Dios por medio de mi amor a los demás limitó gravemente mi crecimiento espiritual y emocional durante los diecisiete primeros años de mi vida cristiana. Aunque se me disciplinó en las prácticas espirituales, las personas más cercanas a mí (comenzando por mi esposa, Geri), no me consideraban cada vez más amoroso con cada año que pasaba. De hecho, mientras más aumentaban mis responsabilidades en el liderazgo, más impaciente e irritable me volvía con aquellos que no estuvieran de acuerdo conmigo o retardaran mis esfuerzos por ensanchar el reino de Dios.

Razón 2: Elevamos lo espiritual y desconfiamos de lo emocional

La mayoría de los cristianos valoran lo espiritual por encima de todos los demás aspectos de la humanidad que nos ha dado Dios: lo físico, lo emocional, lo social y lo intelectual.

Esta costumbre de darle prioridad a lo espiritual se podría remontar a la influencia de un filósofo griego llamado Platón, el cual vivió varios siglos antes de Cristo. Su influencia en numerosos líderes dentro de la historia de la iglesia sigue causando un impacto hoy en medio de nosotros.[7] Su mensaje, que más tarde entraría a formar parte del pensamiento de los cristianos en los primeros tiempos de la iglesia, era este en esencia: «El cuerpo es malo. El espíritu es bueno». En otras palabras, todo aspecto de nuestra humanidad que no sea espiritual resulta sospechoso en el mejor de los casos, y esto incluye a las emociones. De hecho, ser alguien emocional, si no es pecado, al menos es inferior a lo espiritual.[8] Esta manera de pensar limita gravemente la esfera de lo aceptable en nuestra vida para Dios a determinadas actividades espirituales, como orar, leer las Escrituras, servir a los demás o asistir a un culto de adoración.

El problema es que somos mucho más que seres espirituales.[9] En Génesis 1:26-27 aprendemos que estamos hechos a imagen de Dios; que somos a un tiempo integrales y multifacéticos. Ciertamente, esa integridad incluye el aspecto espiritual de lo que somos, pero también incluye las dimensiones física, emocional, social e intelectual.

Los desarrollos poco saludables son inevitables cuando no nos podemos entender a nosotros mismos como personas integrales. Sin embargo, por alguna razón persistimos en exaltar lo espiritual por encima de lo emocional. Con el tiempo, esta mentalidad ajena a la Biblia nos ha llevado a una manera de ver las cosas que considera a las emociones (en particular la tristeza, el temor y la ira) no solo como inferiores a lo espiritual, sino como *opuestas* al Espíritu. En la mente de muchos, la decisión de cerrarse a las emociones ha sido elevada en realidad a la categoría de virtud. Negarse a sentir ira, hacer caso omiso del dolor, pasar por alto la depresión, huir de la soledad, evitar las dudas y negar la sexualidad son cosas que se han convertido en una manera aceptable de llevar adelante nuestra vida espiritual.

Muchos líderes cristianos con los que me encuentro son emocionalmente insensibles. Tienen poca o ninguna consciencia de sus sentimientos. Cuando les pregunto cómo se sienten,

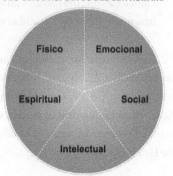

LOS CINCO ASPECTOS DEL SER HUMANO

Físico

Emocional

Espiritual

Social

Intelectual

es posible que usen las palabras «Me siento», pero lo que me informan no es más que una declaración intelectual sobre los hechos o lo que piensan. Sus emociones se hallan en un estado de congelación profunda. Su lenguaje corporal, su tono de voz y sus expresiones faciales indican que hay emociones presentes, pero que no están lo suficientemente conscientes de ellas para identificarlas.

Presencié esto recientemente en una conversación con un pastor que estaba físicamente exhausto y emocionalmente agotado por las exigencias de su nuevo ministerio. Con el rostro fijo en el suelo y los hombros caídos, contaba las tensiones de los tres meses anteriores. Cuando lo invité a escuchar sus propios sentimientos y le sugerí que Dios le podría estar hablando a través de ellos, me miró como si yo tuviera dos cabezas.

«¿De qué está hablando usted?», me preguntó.

No tenía manera de conectar lo que estaba experimentando emocional y físicamente con su liderazgo o su relación con Dios.

Como muchos otros, este pastor se estaba perdiendo la rica dimensión que se abre en nuestra relación con Jesús cuando aceptamos las emociones como uno de los aspectos esenciales de nuestra humanidad. En su libro *El grito del alma,* el psicólogo Dan Allender y el teólogo Tremper Longman III lo describen de esta manera:

> Ignorar nuestras emociones es darle la espalda a la realidad; escuchar a nuestras emociones es algo que nos lleva a esa realidad. Y en la realidad es donde nos encontramos con Dios... Las emociones son el lenguaje del alma. Son el clamor que le da voz al corazón... No obstante, es frecuente que hagamos oídos sordos, por medio de la negación de lo emocional, su distorsión o su desconexión... Al descuidar nuestras emociones intensas, somos falsos con nosotros mismos y nos perdemos una maravillosa oportunidad de conocer a Dios.[10]

Lamento que las iglesias que me moldearon insistieran tanto en la pecaminosidad de mi corazón y mis emociones. Al principio me sentía culpable solo por permitirme sentir. Hasta me preguntaba si no estaría traicionando la fe. Pero lo que descubrí más tarde fue que en realidad estaba traicionando las creencias ajenas a la Biblia que la iglesia había desarrollado acerca de las emociones.

Creía firmemente que Jesús era tanto plenamente Dios como plenamente hombre. Sin embargo, raras veces tenía en cuenta la humanidad de Jesús, o lo que es más, mi propia humanidad. Cuando reviso mis anotaciones del diario y las oraciones escritas de los primeros tiempos como cristiano y pastor, me confirman que el Jesús que yo adoraba y seguía después de todo no era muy humano.

Tampoco lo era yo.

Ignoraba mis límites humanos y corría en mi confusión a hacer más y más cosas para Dios. Consideraba mis sentimientos negativos, como la ira o la depresión, algo contrario a Dios y los evitaba. Así caí en la trampa de vivir como si pasarme todo el día en la oración y la Palabra fuera más espiritual que limpiar la casa, escuchar a Dios, cambiarle los pañales al bebé o cuidar de mi cuerpo.

El Jesús que yo adoraba era muy Dios y poco ser humano. De alguna manera me pasaba por alto los relatos que revelaban la forma tan libre en que Jesús expresaba sus emociones sin sentir vergüenza. Derramaba lágrimas (Lucas 19:41). Sentía angustia (Marcos 14:34). Se airaba (Marcos 3:5). Sentía compasión (Lucas 7:13). Manifestaba asombro y se maravillaba (Lucas 7:9).

Durante diecisiete años, ignoré el componente emocional de mi búsqueda de Dios. El enfoque de un discipulado solo espiritual procedía de las iglesias y los ministerios que le habían dado forma a mi fe, y carecía de la teología y el entrenamiento necesarios para ayudarme en este aspecto. No importaba cuántos libros leyera o a los seminarios que asistiera. Tampoco importaban los años que pasaran, lo mismo daría que fueran diecisiete u otros cincuenta. Seguiría siendo un bebé emocional mientras no reconociera la parte emocional de la imagen de Dios en mí. El fundamento espiritual sobre el cual había edificado mi vida, y había enseñado a otros a hacerlo, estaba resquebrajado. Y no tenía forma de esconderlo de aquellos que estaban más cercanos a mí.

FALLO 2: INSISTIMOS MÁS EN *HACER PARA* DIOS QUE EN *ESTAR CON* DIOS

Uno de los mayores desafíos que enfrenta todo el que es líder de un ministerio consiste en lograr un equilibrio entre *hacer para* Dios y *estar con* él. En nuestro esfuerzo por servir a Dios, la mayoría de nosotros terminamos en realidad escatimando en nuestra relación con él. Andamos en un estado continuo de prisa, batallando por sacar el mejor uso posible de todo minuto libre. Terminamos exhaustos nuestro día por tratar de resolver las interminables necesidades que nos rodean. Entonces, nuestro «tiempo libre» está repleto de más exigencias aún, en una vida ya sobrecargada.

Entre nosotros hay quienes son realmente adictos, no a las drogas ni al alcohol, sino al derroche de adrenalina que produce el *hacer*. Si leemos algo acerca de la necesidad de descansar para reponer fuerzas, sentimos temor por las tantas cosas que podrían derrumbarse si lo hacemos. De manera que seguimos adelante. Y en ese estado de prisa y agotamiento, nos quedan muy poco tiempo o muy pocas energías para invertirlos en nuestra relación con Dios, con nosotros mismos, o con los demás. Como consecuencia de esto, nuestra propia vida permanece mayormente sin cambio alguno, y la única cosa que tenemos para darles a los que guiamos es nuestro discipulado superficial.

> ### Nuestros cuatro fallos
>
> 1. Tolerar la inmadurez emocional.
> 2. **Insistir más en *hacer para Dios* que en *estar con* Dios.**
> 3. Ignorar los tesoros de la historia de la iglesia.
> 4. Tener una definición errónea de lo que es el éxito.

Con el paso del tiempo, el privilegio de guiar a otros se va convirtiendo en una verdadera carga, una carga que violenta nuestra propia alma. Las interminables necesidades que se lanzan rutinariamente contra nosotros nos dejan irritables. Nos volvemos personas resentidas. Nos sentimos atascados en una mala situación y desconectados de Dios.

Así eran las cosas en mis primeros años como líder. Sentía una sobrecarga en la que tenía demasiado que hacer en un tiempo demasiado corto. Además de la preparación de los mensajes, era demasiado poco el tiempo que usaba para reflexionar en las Escrituras, o para permanecer en silencio y quietud con Dios. Raras veces reflexionaba ante él en mis fallos y mis debilidades. Estar con Jesús solo para disfrutar de él, sin tener en esos momentos el propósito de servir a otras personas, era un lujo que sentía que no me podía permitir.

No era solo mi capacidad para *estar con* Jesús la que se hallaba en peligro, sino también mi capacidad para estar conmigo mismo y los demás. Pensemos en esto: ¿cómo podría estar en comunión con otras personas si no estaba en comunión conmigo mismo? ¿Cómo podría tener una relación sana con los demás si no tenía una relación sana conmigo mismo? ¿Y cómo podría tener una relación íntima con los demás cuando no tenía intimidad conmigo mismo?

El reto a la vida espiritual de *hacer para* versus *estar con* no tiene nada de nuevo, ni es exclusivo de los líderes en el ministerio. Al menos, es tan antiguo como las mismas Escrituras, en particular en el icónico pasaje sobre María y Marta.

Tenía ella [Marta] una hermana llamada María que, sentada a los pies del Señor, escuchaba lo que él decía. Marta, por su parte, se sentía abrumada porque tenía mucho que hacer. Así que se acercó a él y le dijo:

—Señor, ¿no te importa que mi hermana me haya dejado sirviendo sola? ¡Dile que me ayude!

—Marta, Marta —le contestó Jesús—, estás inquieta y preocupada por muchas cosas, pero solo una es necesaria. María ha escogido la mejor, y nadie se la quitará (Lucas 10:39-42).

Marta estaba sirviendo activamente a Jesús, pero se estaba perdiendo su presencia. En esos momentos, su vida se encontraba definida por el deber: por el «debo» y el «tengo que», las presiones y las distracciones. Sin embargo, su dedicación a sus deberes la había desconectado de su amor por Jesús. De hecho, el problema de Marta iba mucho más allá de su ajetreo del momento. Su vida misma no tenía un centro fijo y estaba fragmentada. Sospecho que aunque ella se hubiera tomado un tiempo para estar a los pies de Jesús, allí mismo habría seguido distraída. Era una persona sensible, irritable y ansiosa. Una de las señales más seguras de que su vida no estaba en orden es el hecho de que hasta le dijo a Jesús lo que él tenía que hacer: «¡Dile que me ayude!».

En cambio, María era activa, pero de una forma diferente. Se había sentado a los pies de Jesús para escucharle. Se centró en *estar con* Jesús, disfrutando de su comunión con él, amándolo. Ella se mantuvo atenta, dispuesta, deleitándose en su presencia. Se había dedicado a una espiritualidad más lenta, cuya prioridad era *estar con* Jesús antes que *hacer para* Jesús.

María tenía un centro de gravedad: Jesús. Sospecho que si ella se hubiera levantado para ayudar con las numerosas tareas de la casa, no se habría sentido incómoda o preocupada por los mismos preparativos que distraían a su hermana. ¿Por qué? Porque ella había sabido estar lo suficientemente tranquila como para enfocarse en Jesús y centrar su vida en él. Esa es la «cosa mejor» a la que él se refería.

Cuando comencé mi vida cristiana, me parecía mucho a María. Me había enamorado de Jesús. Les daba gran valor a mis tiempos a solas con él, leyendo la Biblia y orando. Sin embargo, casi de inmediato, mi *hacer para* Jesús se desequilibró con respecto a mi *estar con* Jesús. Quería pasar más tiempo con él, pero sencillamente había mucho por hacer. Mi desequilibrada balanza tenía el siguiente aspecto:

Con frecuencia, me sentía descentrado. Al principio se me había enseñado lo importante que era el tiempo de quietud o devoción para alimentar mi relación personal con Cristo, pero sencillamente aquello no me parecía suficiente para superar otro mensaje que se me había enseñado: que debía estar sirviendo activamente a Jesús con mis dones y haciendo muchas cosas para él. El mensaje de servir venció al mensaje de ir más lento a fin de tener tiempo con Dios.

Cuando discipulamos o guiamos a otros, esencialmente lo que hacemos es entregarles lo que somos; en concreto, lo que somos en Dios. Damos lo que somos en nuestro interior, damos nuestra presencia, damos nuestro caminar con Jesús. Esto significa que solo podemos dar lo que poseemos, lo cual es la vida que en realidad vivimos a diario. ¿Cómo podrían ser las cosas de otra manera?

Por lo tanto, ¿qué es lo que tenemos para dar?

La respuesta en el caso de muchos es que no podemos dar gran cosa. El trabajo *para Dios* que no va alimentado por una profunda vida interior *con*

Dios termina deteriorándose, y a nosotros con él.[11] Con el tiempo, nuestro sentido del valor y la validación se va moviendo gradualmente desde un fundamento en el amor de Dios hasta el éxito o el fracaso de nuestra labor y actuación en el ministerio. Y entonces es cuando la paz, la claridad y la amplitud de nuestra vida con Cristo van desapareciendo de una manera lenta, casi imperceptible.

FALLO 3: IGNORAMOS LOS TESOROS DE LA HISTORIA DE LA IGLESIA

La ignorancia en cualquiera de sus formas —ya sea en cuanto a las finanzas, la salud, la historia, la teología o una gran cantidad de cosas más— tiene el potencial de cobrarse un alto costo en nuestra vida y nuestra formación de discípulos. La ignorancia también tiene el poder de moldearnos en formas que no conocemos, dirigiendo muchas veces el curso de nuestra vida de maneras destructivas.[12] Permíteme ilustrar esto por medio de la historia de Tara Westover, tal como ella la relata en sus memorias, a las que tituló *Educated* [Educada].

Tara creció en la zona rural de Idaho y era la más joven de siete hijos criados por unos padres mormones extremistas que eran también supervivencialistas. En sus memorias ella hace un recuento de la larga y dolorosa historia que significó vivir bajo la visión del mundo que tenían sus padres, quienes consideraban que todas las formas de educación secular eran malvadas y formaban parte de una gran conspiración del gobierno para lavarles el cerebro a los niños y jóvenes. Por esta razón, Tara y sus hermanos recibieron clases mayormente en su hogar. No fue hasta los diecisiete años que decidió que quería una educación más formal y aprendió lo suficiente estudiando sola para hacer y pasar el examen de ACT (de acceso al nivel universitario). Después de ser aceptada en la Universidad Brigham Young, Tara obtuvo una maestría y un doctorado en historia intelectual en la Universidad de Cambridge.

> **NUESTROS CUATRO FALLOS**
>
> 1. Tolerar la inmadurez emocional.
> 2. Insistir más en *hacer para* Dios que en *estar con* Dios.
> 3. **Ignorar los tesoros de la historia de la iglesia.**
> 4. Tener una definición errónea de lo que es el éxito.

Tara describe de esta forma el dramático efecto que salir de la ignorancia tuvo en ella:

> Había decidido no estudiar la historia, sino a los historiadores. Supongo que mi interés surgió de un sentido de falta de fundamento que experimenté desde que aprendí sobre el Holocausto y el movimiento de derechos civiles, desde que me di cuenta de que aquello que una persona sabe acerca del pasado está limitado, y siempre estará limitado, a lo que le han dicho otros. Yo sabía lo que era que le corrigieran a alguien un concepto falso; un concepto erróneo de tal magnitud que cambiarlo era cambiar al mundo.[13]

Cuando leí esta declaración, me quedé atónito ante los paralelos entre la experiencia de Tara de ser moldeada por conceptos erróneos acerca de la historia y las formas en que la iglesia ha sido moldeada por la ignorancia de su propia historia más amplia. Esas brechas en nuestra comprensión han llevado a una información errónea y unos conceptos falsos que han malformado nuestra teología y nuestro discipulado de maneras significativas. Hemos perdido tesoros bíblicos y hemos sufrido las consecuencias a largo plazo. Esa es la mala noticia.

La buena noticia es que no se trata de una situación permanente. Si aún estamos dispuestos a educarnos a nosotros mismos y permitir que nuestros conceptos falsos sean corregidos, esto «cambiará al mundo» tal como nosotros lo conocemos, y hará avanzar a nuestras iglesias por caminos totalmente nuevos.

¿Cuáles son las verdades que contrarrestan esos conceptos erróneos? Hay tres tan grandes que abren todo un baúl repleto de tesoros espirituales que realmente pueden transformar nuestro mundo. Son las siguientes:

- Somos una de las corrientes que hay dentro del gran río de Dios.
- Somos una iglesia global con tres ramas.
- Somos un movimiento con nuestros propios trapos sucios y nuestros puntos ciegos.

Comencemos por la fuente de la cual se derivan las otras dos, teniendo en cuenta que somos una de las corrientes que forman el gran río de Dios.

Verdad 1: Somos una de las corrientes que hay dentro del gran río de Dios

Llegué a la fe en Jesucristo dentro de la tradición del protestantismo evangélico; más concretamente, la corriente pentecostal de la iglesia. El movimiento evangélico en general remonta sus raíces a hace quinientos años, con la Reforma iniciada por Martín Lutero. A lo largo de los siglos, este ha sido formado por una gran cantidad de líderes y movimientos, entre los cuales se hallan Juan Calvino, Jonathan Edwards, el Gran Avivamiento de los siglos dieciocho y diecinueve, Charles Finney, Sojourner Truth, William J. Seymour, Aimee Semple McPherson y Billy Graham. Entre los maravillosos puntos distintivos de este movimiento se encuentran:

- El compromiso a llevar a las personas a tener una relación personal con Jesús.
- El énfasis en alcanzar activamente al mundo con el evangelio.
- La profunda convicción de que las Escrituras son la Palabra de Dios.
- El enfoque central en la cruz de Jesucristo.[14]

Amo la corriente evangélica de la historia cristiana y no estaría aquí escribiendo ni dirigiendo sin ella.[15] Sin embargo, yo también he sufrido por las formas en que esta ha perdido su contacto con los legados positivos y la historia de la iglesia general, una de las cuales es el segundo de los cuatro fallos: insistir en trabajar *para* Dios más que en pasar tiempo *con* Dios. Esto fue lo que me llevó a abrazar el concepto falso de que la productividad en el ministerio es equivalente a la madurez espiritual. Tal cosa tuvo por resultado la formación de seguidores de Cristo e iglesias que eran superficiales.

Necesitamos volver a nuestras raíces, no solo nuestras raíces como evangélicos, sino también nuestras raíces como parte del cuerpo mundial e histórico de Cristo. Esto exige de nosotros una disposición a aprender de los cristianos a través de toda la historia de la iglesia y también de los cristianos en el mundo entero, los cuales pueden ser muy diferentes a nosotros. Y lo podemos hacer sin perder las características distintivas y los dones con los cuales nuestra propia tradición contribuye a la iglesia más amplia y su misión.

Verdad 2: Somos una iglesia global con tres ramas

En el mundo de hoy existen tres ramas principales[16] de la iglesia cristiana: ortodoxa, católica romana y protestante.[17] Sin embargo, durante los 1.054 primeros años de la cristiandad, solo había una iglesia. Cuando surgían problemas teológicos o divisiones, los obispos y líderes de las cinco ciudades principales de los Imperios romano y bizantino —Alejandría, Roma, Jerusalén, Antioquía y Constantinopla— se reunían para considerarlos. Esas reuniones llegaron a ser conocidas como concilios ecuménicos o de toda la iglesia.[18] Su objetivo consistía en resolver cuestiones espinosas, como la Trinidad y la naturaleza de Jesús como plenamente Dios y plenamente humano.

El primer concilio se celebró cuando el emperador romano Constantino convocó a los obispos a la ciudad griega de Nicea a fin de establecer una doctrina para toda la iglesia. Esto dio por resultado el Credo Niceno en el año 325 d. C. Un segundo concilio de obispos se reunió en Constantinopla (en el presente, Estambul) en el año 381 d. C. para revisar y ampliar este documento y aprobar la versión final que conocemos hoy del Credo Niceno (vea el Apéndice B).

Lo que hace que el Credo Niceno sea tan importante es que ha definido los fundamentos de la fe cristiana bíblica durante más de mil seiscientos años. Las tres ramas principales de la iglesia cristiana —Católica romana, protestante y ortodoxa— están de acuerdo en que este credo o «regla de fe» nos proporciona un fundamento para la lectura correcta de las Escrituras. Hasta el día de hoy, en el mundo entero hay iglesias cristianas que recitan el credo cada semana en su culto de adoración. Las tres ramas de la iglesia consideran que toda persona o grupo de personas que no esté de acuerdo con el Credo Niceno se halla fuera de los límites de la fe cristiana.

El Gran Cisma que terminó dividiendo a la iglesia tuvo lugar en 1054. Se había ido formando durante siglos y tenía unas complejas raíces políticas, culturales, lingüísticas y teológicas. En la siguiente página el gráfico ofrece una perspectiva ortodoxa de esta división y su impacto en la historia de la iglesia.[19]

El Gran Cisma se produjo cuando el obispo de Roma hizo un cambio en el Credo Niceno sin consultar a las demás iglesias. Al hacerlo, se estaba declarando infalible en asuntos de doctrina y fe. Los líderes de las otras ciudades lo excomulgaron. Entonces él los excomulgó a ellos. Después de aquello, el lugar donde uno viviera determinaba si formaba parte de la Iglesia oriental (ortodoxa) u occidental (católica romana).

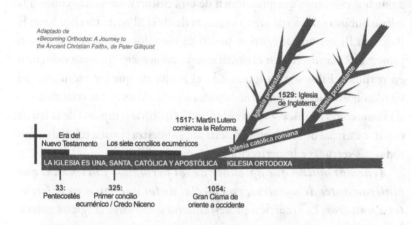

Adaptado de
«Becoming Orthodox: A Journey to
the Ancient Christian Faith», de Peter Gillquist

1529: Iglesia de Inglaterra.

Iglesia protestante

Iglesia protestante

1517: Martín Lutero comienza la Reforma.

Era del Nuevo Testamento

Los siete concilios ecuménicos

Iglesia católica romana

LA IGLESIA ES UNA, SANTA, CATÓLICA Y APOSTÓLICA   IGLESIA ORTODOXA

33: Pentecostés

325: Primer concilio ecuménico / Credo Niceno

1054: Gran Cisma de oriente a occidente

El cisma fue seguido por las Cruzadas militares de la Iglesia católica romana que comenzaron a fines del siglo once. Cuando recuperaron Jerusalén de manos de los musulmanes, los cruzados también atacaron y saquearon a las iglesias orientales a lo largo del camino. El asedio y saqueo de iglesias, conventos y monasterios de Constantinopla en el 1204 infligió una profunda herida que aún no ha sanado del todo hasta el día de hoy. Básicamente, la iglesia oriental y la occidental no se hablaron la una a la otra durante novecientos años.

La corrupción y la decadencia posteriores de la Iglesia católica romana llevaron a un segundo gran cisma, que fue la Reforma Protestante, en 1517. El protestantismo reemplazó la autoridad del papa con la autoridad de las Escrituras. Ahora cada persona tenía poder para leer e interpretar la Biblia por su cuenta. Esto fue un gran avance, puesto que les daba a las personas un acceso directo a Jesús en las Escrituras. Sin embargo, también tuvo como consecuencia una iglesia protestante que experimentaría más de trescientas mil divisiones en los siglos posteriores. A los creyentes se les había hecho fácil romper con lo existente para comenzar sus propias iglesias sin conexión con la iglesia histórica más amplia.

Aquí hallamos dos verdades críticamente importantes que necesitamos aprender de esto en lo que se relaciona con hacer discípulos de Jesús profundamente transformados.

Los primeros 1.054 años de la iglesia nos pertenecen a todos nosotros: ortodoxos, católicos romanos y protestantes.[20] Me he encontrado a muchos cristianos que prescinden de esta historia, actuando como si la iglesia hubiera saltado de alguna manera desde el libro de Hechos hasta la Reforma Protestante. Según su punto de vista, los creyentes que no son protestantes evangélicos o carismáticos probablemente no sean cristianos en realidad. Ellos siguen ignorando el hecho de que los escritores del Credo Niceno declararon como herética a toda iglesia que se considerara a sí misma como la única iglesia verdadera. La historia temprana de la iglesia es parte esencial de la historia protestante —nuestra familia eclesial— con todas sus verrugas e imperfecciones.[21]

Tenemos mucho que aprender de los hermanos y hermanas que vinieron antes de nosotros, en especial de los que son muy diferentes a nosotros. La tradición protestante no constituye la iglesia entera. Los verdaderos creyentes son aquellos que tienen una relación viva con Jesucristo, confiando en que él murió por nuestros pecados y resucitó de nuevo para darnos una vida nueva. Ellos no tienen que asistir a nuestra iglesia ni pertenecer a nuestra tradición para tener una fe auténtica. Es mucho lo que podemos aprender acerca de Dios y la vida cristiana con los creyentes ortodoxos y los católicos romanos, aunque todas las tradiciones, incluyendo la nuestra, tengan sus problemas y diferencias.[22]

Verdad 3: Somos un movimiento con nuestros propios trapos sucios y nuestros puntos ciegos

Cuando estaba en el seminario, a mis compañeros y a mí nos enseñaron la historia de la iglesia, pero mayormente desde una perspectiva protestante, en la cual se insistía en los problemas y fallos de la tradición ortodoxa y católica romana. En el proceso, pasamos por encima de los tesoros de estas tradiciones y no reconocimos nuestros propios trapos sucios y nuestros puntos ciegos.

A continuación, aparecen algunos ejemplos.

- Martín Lutero detestaba grandemente a los judíos y escribió ensayos contra ellos que fueron usados más tarde por los nazis para justificar su antisemitismo. También les aconsejó a los nobles alemanes que mataran sin misericordia a los campesinos rebeldes.

- Ulrico Zuinglio, pastor y teólogo de la Reforma, aprobaba la tortura y la asfixia de los anabautistas, algunos de ellos antiguos alumnos suyos, porque creían en el bautismo por inmersión.

- Jonathan Edwards y George Whitefield, líderes del Gran Avivamiento del siglo diecinueve, eran ambos dueños de esclavos. Los creyentes afroamericanos de mi iglesia me han preguntado si estos hombres eran realmente cristianos.

- Muchos líderes del Movimiento Misionero Protestante, junto con una serie de líderes evangélicos contemporáneos a ellos, han fallado en su matrimonio y su vida familiar. Por ejemplo, Juan Wesley no podía vivir con su esposa; su matrimonio fue profundamente problemático según todos los indicios.

- El gran derramamiento del Espíritu Santo en el Avivamiento de la Calle Azusa (1906) de Los Ángeles se dividió de forma terrible por el tema de las razas.

- Los fallos morales de líderes prominentes han formado parte de la realidad de nuestras iglesias durante generaciones.

Cuando Jesús afirma: «Un árbol bueno no puede dar fruto malo» (Mateo 7:18), está haciéndonos ver que aquello que hacemos proviene de quienes somos, y que el fruto bueno procede de forma natural de unas raíces profundas y saludables. El fruto malo de un escándalo continuado indica que algo anda seriamente mal en las raíces de nuestro discipulado. Algo clave que contribuye a esta situación nuestra es el aislamiento de nuestras iglesias locales, denominaciones y movimientos. Estamos voluntaria e innecesariamente alejados de nuestra rica historia y de la sabiduría de la iglesia más amplia.

Cuando Dios mira a su iglesia en el mundo, no ve denominaciones, y mucho menos miles de iglesias locales fracturadas por una muchedumbre de divisiones teológicas. Él ve a una iglesia que abarca los continentes, va más allá de las culturas y posee una historia rica y larga. Nosotros formamos parte de esta iglesia histórica y global, aunque nacimos en un momento particular de la historia, en un país concreto y dentro de una tradición cristiana determinada.

Aunque amo mucho a nuestra rama de la iglesia, también reconozco que el protestantismo tiene una sombra. Nuestro enfoque evangélico en las personas que toman la decisión de recibir a Cristo nos ha llevado a la formación de dos grupos en el cristianismo: los creyentes y los discípulos. Tenemos ahora un gran número de «creyentes» que han aceptado a Jesús como su Señor, pero no son «discípulos» suyos. Al mismo tiempo, nuestras iniciativas para el discipulado se enfocan sobre todo en la renovación de la mente por medio de las Escrituras, pero en consecuencia son débiles en otros componentes críticos de una espiritualidad bíblica completa, como las prácticas del silencio, la quietud, la soledad y la espera en Dios.

Si queremos hacer discípulos de Jesús que sean sanos e integrales, debemos tratar activamente de aprender tanto de nuestra historia como de los cristianos que son diferentes a nosotros.

FALLO 4: DEFINIMOS EL ÉXITO DE UNA MANERA EQUIVOCADA

Para la mayoría de nosotros, hay un valor que es absoluto: lo más grande *siempre* es mejor. Queremos cuentas de banco más grandes, una influencia mayor, unas plataformas mayores en las redes sociales, casas más grandes, presupuestos más elevados, mayores ganancias, más personal, iglesias mayores. ¿Se podría imaginar usted un negocio, una agencia del gobierno o una institución sin afán de lucro que *no* tratara de crecer y aumentar la extensión de su alcance? Si alguien no se está haciendo mayor, está fracasando y podría ir de camino hacia la extinción.

Por lo tanto, no nos debería sorprender que la iglesia haga más o menos esto mismo. Medimos nuestro éxito por el número de miembros, y la meta siempre es llegar a ser mayores. Medimos los incrementos en la asistencia, las ofrendas, los grupos pequeños y los que estén sirviendo en el ministerio. Contamos el número de conversiones, bautismos, programas nuevos y fundaciones de iglesias. Si el número de miembros va en aumento y son más las personas que participan en nuestro ministerio, nos sentimos muy bien y consideramos que nuestros esfuerzos han tenido éxito. Si los números van disminuyendo, nos sentimos abatidos y consideramos

---

NUESTROS CUATRO FALLOS

1. Tolerar la inmadurez emocional.
2. Insistir más en *hacer para* Dios que en *estar con* Dios.
3. Ignorar los tesoros de la historia de la iglesia.
4. **Tener una definición errónea de lo que es el éxito.**

que nuestros esfuerzos han fracasado. No estoy diciendo que sea intrínsecamente erróneo que midamos nuestro progreso por medio de los números. El problema surge cuando los números son la *única* cosa que medimos, y así se convierten en la señal máxima del éxito.

Tal vez te preguntes: «Si el éxito por medio de los números no siempre significa éxito, ¿qué lo es entonces?».

He aquí cómo yo respondería esa pregunta: *De acuerdo con las Escrituras, el éxito consiste en convertirnos en la persona que Dios nos ha llamado a ser, y en hacer lo que Dios nos ha llamado a hacer, a su manera y de acuerdo con su programa.* Lo que esto significa es que un ministerio o una organización pueden estar creciendo en números y sin embargo estar fracasando. ¡Y que su ministerio y sus números estén menguando y no obstante en realidad estén triunfando!

Es necesario que todos los marcadores numéricos —como el aumento en la asistencia, unos programas más amplios y mejores, un presupuesto mayor— pasen a un segundo plano para escuchar a Jesús, quien nos llama a permanecer y dar fruto en él (Juan 15:1-8). El aspecto que tenga este permanecer y dar fruto puede diferir en dependencia de los llamados únicos al liderazgo. El pastor por vocación, el líder sin ganancias y el hombre de negocios en el lugar del mercado dan cada cual una forma y calidad diferentes de fruto.

Es posible que una de las mejores imágenes del éxito que hallamos en la Biblia se encuentre en Juan el Bautista.

Juan nació en una familia altamente respetada. Zacarías, su padre, era un sacerdote levítico con un notable grado de educación y una posición social dentro de su comunidad. Se esperaba que Juan, su hijo mayor, siguiera sus pasos. Sin embargo, no lo hizo.

En lugar de esto, Juan se fue al desierto para estar con Dios. Algunos expertos creen que es posible que se uniera a la comunidad de Qumrán, una secta monástica de creyentes judíos que esperaban con ansias la venida del Mesías. No nos es posible saberlo con seguridad.[23]

Según sucedieron las cosas, el ministerio de Juan duró menos de dos años, y sin embargo, Jesús dijo de él: «De todos los que han vivido, nadie es superior a Juan el Bautista» (Mateo 11:11, NTV).

Nosotros desconocemos los detalles específicos, pero sí sabemos que Juan practicó estar con Dios durante años antes de lanzarse a su ministerio público. A pesar de que sucesos mundiales terribles giraban a su alrededor,

Juan hundió profundamente sus raíces en Dios. En lugar de correr a resolver todas las necesidades, esperaba en Dios. Al permitir que la Palabra de Dios penetrara hasta el núcleo mismo de su ser, *se convirtió en el mensaje que terminó predicando.*

En lugar de mudarse al centro urbano de Jerusalén para comenzar su ministerio, Juan el Bautista comenzó su labor en el desierto, un lugar que exigía que las personas viajaran un largo trecho para llegar hasta él. Comía y vestía de maneras extrañas, lo cual le daba un aspecto tosco, rudo, casi de fanático. Sin embargo, el historiador judío Josefo dice que fueron miles los que acudieron en masa para escucharlo.

Lo que tal vez sea más sorprendente acerca de Juan el Bautista es su total libertad en cuanto a actuar o tratar de impresionar a la gente. Él no hizo nada para ganarse su aprobación o para evitar su rechazo. Por ejemplo, los líderes religiosos de Jerusalén eran las personas más poderosas entre los judíos del siglo primero. Y, sin embargo, Juan no predicaba para atraer su atención o su reconocimiento. Al contrario, les predicaba *a ellos,* llamándolos al arrepentimiento. No solo se sentía totalmente libre de pensar si los estaba impresionando, sino que también se sentía totalmente libre de preocuparse ante la posibilidad de convertirlos en enemigos suyos.

Los líderes religiosos tenían una educación avanzada. Juan no.

Los líderes religiosos tenían riquezas y posición. Juan no.

Los líderes religiosos eran poderosos ante los ojos del mundo. Juan no.

Ninguna de estas cosas era importante para él.

Nosotros tenemos la tendencia a mostrarles deferencia a aquellos que el mundo considera importantes. Muchas veces, esos son los momentos en que se revelan nuestras inseguridades. Sin embargo, Juan no ajustaba su mensaje para evitar que ofendiera a los que detentaban el poder. El hecho de que los líderes religiosos oraran cinco veces al día, aprendieran de memoria grandes segmentos de las Escrituras y ayunaran dos veces por semana no impidió que Juan los llamara «camada de víboras» (Lucas 3:7). Él no tenía el menor problema en decir la verdad: que la relación de ellos con Dios era superficial y que les preocupaba más acumular poder y una posición social que dedicarse a las cosas de Dios.

Sin pedir disculpa alguna, los llamaba junto con el resto del pueblo de Dios a las humillantes aguas del bautismo... ¡un rito reservado para la conversión de los gentiles de origen pagano, gente venida de fuera que necesitaba ser lavada!

Juan tenía muy clara su propia identidad (su verdadero ser en Dios), y también aquello que no era (un falso yo). Por eso presentaba sin titubear su identidad verdadera.

- Yo no soy el Mesías (Juan 1:20).
- Yo no soy Elías, yo no soy el profeta (Juan 1:21).
- Yo soy una voz que clama en el desierto, preparando el camino para el Señor (Juan 1:23).
- Yo bautizo con agua, pero el Mesías ya viene, y yo no soy digno de desatarle la correa de sus sandalias (Juan 1:27).

Como consecuencia, Juan tenía una autoridad y una imponente presencia que el pueblo de Israel no había visto en centenares de años. Al mismo tiempo, experimentó una disminución numérica constante y luego pronunciada en su ministerio. Y en aquel momento, afirmó ante sus seguidores: «Nadie puede recibir nada a menos que Dios se lo conceda» (Juan 3:27). Para Juan, ese fue su éxito.

Resulta difícil ver cómo Juan podría ser considerado un hombre de éxito hoy en día en la mayoría de los círculos de líderes cristianos. (Aunque lo mismo les sucedería a los profetas Jeremías, Amós, Isaías, Habacuc, ¡o incluso al propio Jesús!). Y, sin embargo, la Biblia nos lo presenta como modelo y deja ver con claridad que Dios aprobaba su ministerio.

Cuando definimos el éxito de una manera errónea, esto significa que vamos a invertir nuestras mejores energías en cosas como servicios de fin de semana innovadores, cultivar nuestro propio estilo y preparar mensajes cautivadores. Queda poco espacio para el discipulado —tanto el nuestro como el de los demás— sobre todo cuando produce unos resultados que nos parecen pequeños y lentos.

Con el poco tiempo que nos queda para invertir en el complicado trabajo del discipulado, hacemos aquello que nos parece lo mejor. Le damos una forma estándar al discipulado y lo hacemos susceptible de medir con una escala. Nuestro enfoque se parece más a la banda transportadora de una fábrica que a la clase de discipulado relacional que Jesús modeló para nosotros. Nos gusta la estandarización. Jesús prefería las cosas hechas a la medida.

Estos dos enfoques del discipulado aparecen contrastados en las ilustraciones de la página que sigue.

Aunque es cierto que Jesús les enseñaba a grupos grandes, él sabía que el mismo método no se ajustaba a todos cuando se trataba de discipulado. Escogió solamente a doce personas de entre las multitudes y personalizó su entrenamiento y discipulado para satisfacer sus necesidades únicas. Y lo hizo a lo largo de un período de tiempo. Tres años, para ser exactos. Él sabía que un discipulado no se puede apresurar.

LA CREACIÓN DE UNA CULTURA QUE TRANSFORME PROFUNDAMENTE LAS VIDAS

Regresemos ahora a la pregunta que hicimos al comienzo del capítulo: *¿cuáles son los fallos que hay debajo de la superficie que socavan el discipulado profundo e impiden que las personas lleguen a ser espiritualmente maduras?* Hemos visto de cerca cuatro fallos que necesitamos resolver antes de seguir adelante.

- Fallo 1: Tolerar la inmadurez emocional.
- Fallo 2: Insistir más en *hacer para* Dios que en *estar con* Dios.
- Fallo 3: Ignorar los tesoros de la historia de la iglesia.
- Fallo 4: Tener una definición errónea de lo que es el éxito.

En primer lugar, nos debemos enfrentar a estos fallos en nuestra propia vida, después en la formación de los demás, y finalmente al crear comunidades bíblicas saludables que proporcionen un contexto para un discipulado serio. Con el fin de hacer esto de una manera eficaz, necesitamos un proceso de discipulado que sea transformador.

Observa aquí la progresión. La mayoría de las personas comienzan su camino de discipulado como asistentes que participan en una iglesia o comunidad. Si se trata de buscadores, a menudo hay un curso dirigido a los buscadores u otras oportunidades uno a uno para explorar la fe en Jesús. La meta a largo plazo es ayudar a nuestra gente a experimentar un cambio

profundo dentro del contexto de la vida de comunidad, de manera que puedan progresar hasta el círculo que aparece al final a la derecha: multiplicándonos al hacer discípulos, causando así un impacto en el mundo tal como Jesús nos lo ordenó (Mateo 28:18-20).

De ese cambio profundo es de lo que se trata el discipulado emocionalmente sano (DES). En la Segunda Parte, nos centraremos en las siete señales de un discipulado que transforma realmente las vidas.

- Estar antes que hacer.
- Seguir al Jesús crucificado, no al «americanizado».
- Aceptar los límites como un don de Dios.
- Descubrir los tesoros escondidos en la aflicción y la pérdida.
- Hacer del amor la medida de la madurez espiritual.
- Quebrantar el poder del pasado.
- Liderar a partir de la debilidad y la vulnerabilidad.

No obstante, es importante que tengamos presente que cada una de estas señales cae dentro de este marco bíblico mayor que es la comunidad, en la cual se incluyen las relaciones de discipulado vida con vida, los grupos pequeños y el servicio.

Como preparación para aprender más acerca de esas siete señales, te invito a hacer una pequeña evaluación de tu discipulado con el material del próximo capítulo. Esta evaluación ha servido a decenas de miles de personas del mundo entero al darles una imagen realista de su estado emocional y espiritual del momento, y propociona motivación para lanzarse a este viaje hacia lo que llamamos discipulado emocionalmente sano.

Capítulo 2

La evaluación personal del discipulado emocionalmente sano

¿Qué viene a tu mente cuando piensas en un discípulo emocionalmente sano? ¿Cómo describirías a una persona así? ¿Aunque este libro explicará muchas facetas diferentes, la definición que sirve de fundamento de un discípulo emocionalmente sano es al mismo tiempo más simple y multifacética de lo que podrías esperar:

Un discípulo emocionalmente sano es alguien que hace más lento su paso para estar *con Jesús,* va por debajo de la superficie de su vida para dejarse transformar profundamente *por Jesús,* y le ofrece su vida al mundo como un don *para Jesús.*

El discípulo emocionalmente sano es una persona que rechaza la agitación y las prisas con el fin de reorientar su vida entera alrededor de su relación personal *con Jesús,* desarrollando ritmos, estableciendo límites y siguiéndolo a él por dondequiera que lo lleve. Al mismo tiempo, abre deliberadamente las profundidades de su vida interior —su historia personal, sus desorientaciones, sus zonas de quebrantamiento y sus relaciones— a fin de que sean transformadas *por Jesús.* Además, está profundamente consciente de que todo lo que tiene y todo lo que es constituye un don. De esa manera, está plenamente consciente de que debe administrar sus talentos como dones con los cuales bendecir al mundo *para Jesús.*

La evaluación que sigue ha sido diseñada para ayudarte a tener una imagen del punto en el que te hallas en estos momentos en tu propia madurez espiritual y emocional. Te ayudará a captar si tu discipulado ha llegado hasta los componentes emocionales de tu vida, y si es así, hasta qué punto. Te retará a considerar si eres emocionalmente un infante, un niño, un adolescente o un adulto. Cada una de estas etapas de la madurez emocional se describe al final del capítulo.

Aunque haya algunas preguntas que te hagan sentir intranquilo o incómodo, te invito a responderlas con sinceridad y vulnerabilidad. Sé tan franco ante Dios como te sea posible. Él te ama allí mismo donde estás. Recuerda, esta evaluación no va a revelar nada acerca de ti que sea nuevo para él. Te sugiero que dediques un momento a orar, invitando a Dios para que te guíe en tus respuestas.

Junto a cada afirmación, desde ahora hasta la página 34, rodea con un círculo el número que mejor describa tu respuesta.

Señal 1. Estar antes que hacer

		No es muy cierto	A veces es cierto	Mayormente cierto	Muy cierto

1. Paso suficiente tiempo a solas con Dios a fin de sostener mi obra para él, de manera que pueda vivir de una copa desbordante (Marcos 1:35; Lucas 6:12). 1 2 3 4

2. Me es fácil identificar lo que siento en mi interior (Lucas 19:41-44; Juan 11:33-35). 1 2 3 4

3. Cuando me pongo ansioso o siento que tengo demasiadas cosas que hacer en muy poco tiempo, me detengo y voy más lento para estar con Dios y conmigo mismo como una forma de volverme a enfocar (Lucas 4:42; Lucas 10:38-42). 1 2 3 4

4. Aparto un período de veinticuatro horas cada semana a fin de guardar el Sabbat: para detenerme, descansar, deleitarme y contemplar a Dios (Éxodo 20:8-11). 1 2 3 4

5. La gente cercana a mí me describiría como una persona satisfecha, que no me mantengo a la defensiva y estoy libre de lo que aprueben o desaprueben los demás (Filipenses 4:11-12; Juan 5:44). 1 2 3 4

6. Tengo por costumbre dedicar un tiempo a la soledad y el silencio. Esto me capacita para estar tranquilo y sin distracciones en la presencia de Dios (Habacuc 2:1-4; Salmos 46:10). 1 2 3 4

TOTAL PARA LA SEÑAL 1 _____

	No es muy cierto	A veces es cierto	Mayormente cierto	Muy cierto

Señal 2. Seguir al Jesús crucificado, no al americanizado

1. He rechazado la definición que tiene el mundo de lo que es el éxito (por ejemplo, mientras más grande es mejor, sé popular, logra tu seguridad terrenal) para convertirme en la persona que Dios me ha llamado a ser y para hacer lo que Dios me ha llamado a hacer (Juan 4:34; Marcos 14:35-39). 1 2 3 4

2. Rara vez cambio mi forma de actuar para que los demás me admiren o para asegurarme un resultado en particular (Mateo 6:1-2; Gálatas 1:10). 1 2 3 4

3. Me tomo mucho tiempo para discernir con cuidado cuándo mis planes y ambiciones son legítimamente para la gloria de Dios y cuándo cruzan los límites hacia mis grandes anhelos de grandeza (Jeremías 45:5; Marcos 10:42-45). 1 2 3 4

4. Escuchar a Jesús y someter mi voluntad a la suya es más importante que cualquier otro proyecto, programa o causa (Mateo 17:5; Juan 16:13). 1 2 3 4

5. Las personas cercanas a mí me describirían como paciente y calmado durante mis fracasos, desilusiones y reveses (Isaías 30:15; Juan 18:10-11). 1 2 3 4

TOTAL PARA LA SEÑAL 2 _____

Señal 3. Aceptar los límites como un don de Dios

1. Nunca me han acusado de «tratar de hacerlo todo yo mismo» o de acaparar más de lo que puedo abarcar (Mateo 4:1-11). 1 2 3 4

2. Normalmente soy capaz de negarme a las peticiones y oportunidades en lugar de arriesgarme a extenderme de forma excesiva (Marcos 6:30-32). 1 2 3 4

3. Reconozco las diferentes situaciones en las cuales mi personalidad única, dada por Dios, me puede ayudar o estorbar en cuanto a tener una reacción adecuada (Salmos 139; Romanos 12:3). 1 2 3 4

4. Me es fácil distinguir la diferencia entre cuándo ayudo a alguien a llevar su carga y cuándo lo dejo ir, de manera que pueda llevar su propia carga (Gálatas 6:2, 5). 1 2 3 4

5. Tengo una buena comprensión de mis capacidades espirituales, físicas, relacionales y emocionales, y me retiro de forma deliberada para descansar y renovarme (Marcos 1:21-39). 1 2 3 4

6. Las personas cercanas a mí dirían que soy bueno en cuanto a equilibrar familia, descanso, trabajo y juego de una manera bíblica (Éxodo 20:8).   1 2 3 4

TOTAL PARA LA SEÑAL 3 _____

Señal 4. Descubrir los tesoros escondidos en la aflicción y la pérdida

1. Admito francamente mis pérdidas y desilusiones (Salmos 3, 5).   1 2 3 4

2. Cuando atravieso una desilusión o una pérdida, reflexiono sobre mis sentimientos en lugar de fingir que no ha pasado nada malo (2 Samuel 1:4, 17-27; Salmos 51:1-17).   1 2 3 4

3. Me tomo tiempo para afligirme por mis pérdidas, como lo hicieron David y Jesús (Salmos 69; Mateo 26:39; Juan 11:35; 12:27).   1 2 3 4

4. Las personas que están pasando por una gran pena o angustia tienden a buscarme, porque para ellas está claro que soy realista en cuanto a las pérdidas y los dolores que he experimentado en mi propia vida (2 Corintios 1:3-7).   1 2 3 4

5. Puedo llorar y experimentar depresión o tristeza, explorar las razones por las que me siento así, y permitirle a Dios que obre en mí por medio de ellas (Salmos 42; Mateo 26:36-46).   1 2 3 4

TOTAL PARA LA SEÑAL 4 _____

Señal 5. Hacer del amor la medida de la madurez espiritual

1. Normalmente soy capaz de entender las experiencias y los sentimientos de otras personas, conectarme profundamente con ellas, y darme tiempo para imaginarme lo que se siente al caminar con sus zapatos (Juan 1:1-14, 2 Corintios 8:9; Filipenses 2:3-5).   1 2 3 4

2. Las personas cercanas a mí me describirían como alguien que sabe escuchar y responder (Proverbios 10:19; 29:11; Santiago 1:19).   1 2 3 4

3. Cuando me enfrento a alguien que me ha hecho daño o ha cometido una injusticia, hablo más en primera persona («Yo» y «a mí») acerca de lo que se hizo, en lugar de hablar culpando a otros («tú» o «ellos») de lo sucedido (Proverbios 25:11; Efesios 4:29-32).   1 2 3 4

4. Tengo poco interés en hacer juicios precipitados sobre otras personas (Mateo 7:1-5).   1 2 3 4

5. La gente me describiría como alguien que hace de «amar
bien» su meta más importante (Juan 13:34-35; 1 Corintios 13). 1 2 3 4

TOTAL PARA LA SEÑAL 5 _____

Señal 6. Quebrantar el poder del pasado

1. Resuelvo los conflictos de una forma clara, directa y respetuosa,
evitando las conductas poco saludables que puedo haber
aprendido mientras crecía en el seno de mi familia, como las
humillaciones dolorosas, los repudios, las tensiones crecientes, o el
hecho de acudir a una tercera persona en lugar de ir directamente
a la persona debida (Mateo 18:15-18). 1 2 3 4

2. Me abro paso de forma deliberada a través del impacto de sucesos
significativos del pasado que resultaron «hecatombes» y le han
dado forma a mi presente, como la muerte de alguien de mi
familia, un embarazo no esperado, un divorcio, una adicción o un
desastre económico (Génesis 50:20; Salmos 51). 1 2 3 4

3. Soy capaz de agradecerle a Dios todas mis experiencias del
pasado, reconociendo cómo él las ha usado para moldearme de
forma única en lo que soy hoy (Génesis 50:20; Romanos 8:28-30). 1 2 3 4

4. Puedo ver que hay ciertos «pecados generacionales» que se me
han transmitido a través de la historia de mi familia, entre ellos
los defectos de carácter, las mentiras, los secretos, las formas de
manejar el dolor y las tendencias poco saludables en mi manera
de relacionarme con los demás (Éxodo 20:5; cp. Génesis 20:2; 26:7;
27:19; 37:1-33). 1 2 3 4

5. Asumo la responsabilidad por mi pasado y lo declaro como mío,
en lugar de echarles la culpa a otros (Juan 5:5-7). 1 2 3 4

TOTAL PARA LA SEÑAL 6 _____

Señal 7. Lidera a partir de la debilidad y la vulnerabilidad

1. Cuando estoy equivocado, lo admito con frecuencia y les pido
perdón de inmediato a los demás (Mateo 5:23-24). 1 2 3 4

2. Soy capaz de hablar con libertad de mis debilidades, mis fracasos y
errores (2 Corintios 12:7-12). 1 2 3 4

	No es muy cierto	A veces es cierto	Mayormente cierto	Muy cierto

3. Los demás me describirían de inmediato como una persona accesible, gentil, franca y transparente (Gálatas 5:22-23; 1 Corintios 13:1-6).   1 2 3 4

4. Los más cercanos a mí dirían que no me ofendo ni me siento herido con facilidad (Mateo 5:39-42; 1 Corintios 13:5).   1 2 3 4

5. Siempre estoy dispuesto a escuchar y aplicar las críticas constructivas y los consejos que otros puedan tener para mí (Proverbios 10:17; 17:10; 25:12).   1 2 3 4

6. Raras veces juzgo a los demás o los critico (Mateo 7:1-5).   1 2 3 4

7. Los demás dirían que soy lento para hablar, estoy siempre dispuesto a escuchar y soy bueno para ver las cosas desde la perspectiva de ellos (Santiago 1:19-20).   1 2 3 4

TOTAL PARA LA SEÑAL 7 _____

HAZ UN RECUENTO AHORA DE LOS RESULTADOS DE TU EVALUACIÓN

Para cada grupo de preguntas :

- Suma tus respuestas para encontrar el total de cada grupo.
- Escribe tus totales a la columna derecha del gráfico que aparece en la página 35.
- Marca tus respuestas y conecta los puntos para crear un gráfico en la parte inferior de la página 35, siguiendo el ejemplo que aparece en la parte superior de la misma página.
- Lee la descripción que aparece en las páginas 36-37 para saber más en cuanto a tu nivel de salud emocional en cada aspecto. ¿Cuáles son los patrones que puedes discernir?

EJEMPLOS

Señales del discipulado emocionalmente sano	Totales
Señal 1. Estar antes que hacer	20/24
Señal 2. Seguir al Jesús crucificado, no al americanizado	9/20
Señal 3. Aceptar los límites como un don de Dios	10/24
Señal 4. Descubrir los tesoros escondidos en la aflicción y la pérdida	13/20
Señal 5. Hacer del amor la medida de la madurez espiritual	16/20
Señal 6. Quebrantar el poder del pasado	14/24
Señal 7. Liderar a partir de la debilidad y la vulnerabilidad	21/28

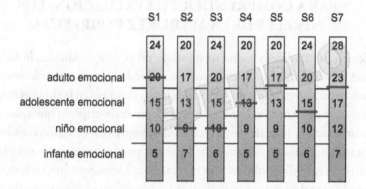

	S1	S2	S3	S4	S5	S6	S7
	24	20	24	20	20	24	28
adulto emocional	20	17	20	17	17	20	23
adolescente emocional	15	13	15	13	13	15	17
niño emocional	10	8	10	9	9	10	12
infante emocional	5	7	6	5	5	6	7

Señales del discipulado emocionalmente sano	Totales
Señal 1. Estar antes que hacer	___/24
Señal 2. Seguir al Jesús crucificado, no al americanizado	___/20
Señal 3. Aceptar los límites como un don de Dios	___/24
Señal 4. Descubrir los tesoros escondidos en la aflicción y la pérdida	___/20
Señal 5. Hacer del amor la medida de la madurez espiritual	___/20
Señal 6. Quebrantar el poder del pasado	___/24
Señal 7. Liderar a partir de la debilidad y la vulnerabilidad	___/28

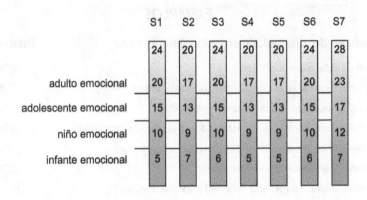

	S1	S2	S3	S4	S5	S6	S7
	24	20	24	20	20	24	28
adulto emocional	20	17	20	17	17	20	23
adolescente emocional	15	13	15	13	13	15	17
niño emocional	10	9	10	9	9	10	12
infante emocional	5	7	6	5	5	6	7

PARA COMPRENDER TU EVALUACIÓN: LOS NIVELES DE LA MADUREZ ESPIRITUAL

Ser un discípulo emocionalmente sano no es una condición de todo o nada; esto es algo que opera en una continuidad que se extiende desde lo leve hasta lo grave, y puede cambiar de una temporada en la vida y el ministerio a la siguiente. Al leer con detenimiento la descripción que aparece a continuación, ¿qué llama tu atención? Siempre que te veas reflejado en estas descripciones, es bueno que sepas que puedes hacer progresos y convertirte en un discípulo cada vez más maduro. De manera que, incluso si tu estado actual en cuanto al discipulado es poco alentador, no te desanimes. Si alguien como yo puede aprender y crecer, superando todos los fallos y los errores que he cometido, también es posible que cualquier otra persona pueda hacer progresos.

A continuación aparecen algunas observaciones para ayudarte a comprender mejor los resultados de su evaluación.

Infante emocional. Busco que sean otras personas las que cuiden de mí, tanto emocional como espiritualmente. Con frecuencia, tengo dificultad en describir y experimentar mis sentimientos de maneras sanas, y rara vez entro al mundo emocional de los demás. Me siento constantemente atraído por la necesidad de una gratificación instantánea, y a menudo uso a los demás como objetos para satisfacer mis necesidades. A veces la gente me ve como inconsiderado e insensible. Me siento incómodo con el silencio o la soledad. Cuando paso por pruebas, privaciones o dificultades, lo que quiero es abandonar a Dios y dejar la vida cristiana. A veces siento a Dios en la iglesia y cuando estoy con otros cristianos, pero eso me pasa en muy raras ocasiones cuando estoy trabajando o en casa.

Niño emocional. Cuando la vida va como yo quiero, me siento satisfecho. Sin embargo, tan pronto como entran en escena la desilusión o la tensión, enseguida siento que me deshago por dentro. Es frecuente que tome las cosas de manera personal, interpretando los desacuerdos o las críticas como ofensas. Cuando no logro que las cosas marchen como quiero, me quejo con frecuencia, me aparto, manipulo, arrastro los pies, me vuelvo sarcástico o busco vengarme. A menudo termino viviendo de la espiritualidad de otros, porque me siento muy sobrecargado y lleno de preocupaciones. Mi vida de oración consiste primeramente en hablar con Dios para decirle qué debe hacer y cómo se pueden resolver mis problemas. Para mí la oración es más un deber que un deleite.

Adolescente emocional. No me gusta que las demás personas me cuestionen. Con frecuencia hago juicios apresurados e interpretaciones demasiado repentinas en cuanto a la conducta de la gente. No perdono con facilidad a los que pecan contra mí, evitándolos o apartándome de ellos cuando hacen algo para herirme. Guardo de manera subconsciente un recuento del amor que les doy a otros. Me cuesta trabajo escuchar realmente el dolor, las desilusiones o las necesidades de los demás sin empezar a preocuparme por mí mismo. A veces me encuentro demasiado ocupado para pasar un tiempo adecuado alimentando mi vida espiritual. Asisto a la iglesia y sirvo a los demás, pero me deleito muy poco en Cristo. Todavía mi vida cristiana consiste en primer lugar en hacer cosas para él, no en estar con él. Mi oración sigue consistiendo mayormente en hablar, con pocos momentos de silencio, soledad o escuchar a Dios.

Adulto emocional. Respeto y amo a los demás, sin sentir necesidad de cambiarlos o de volverme crítico. Valoro a las personas por lo que son, no por lo que me puedan dar a mí o su conducta. Me siento responsable por mis propios pensamientos, sentimientos, metas y acciones. Puedo expresar mis creencias y valores ante aquellos que están en desacuerdo conmigo sin convertirse en enemigo suyo. Soy capaz de establecer con precisión mis propios límites, puntos fuertes y debilidades. Estoy profundamente convencido de que Cristo me ama con un amor absoluto y no necesito acudir a los demás para que me digan que todo va bien en mi vida. Puedo integrar *hacer* para Dios y *estar* con él (Marta y María). Mi vida cristiana ha ido más allá de simplemente servir a Cristo a amarlo y disfrutar de mi comunión con él.

Segunda parte

Las siete señales del discipulado sano

Capítulo 3

Estar antes que hacer

D emasiados seguidores de Jesús sobrepasan de forma crónica sus capacidades y hacen por él más de lo que su vida interior les permite. Tienen muchas cosas que hacer y muy poco tiempo disponible, pero aceptan rutinariamente las peticiones y las oportunidades, sin discernir con cuidado cuál es la voluntad de Dios. Estar sobrecargados y vacíos constituye lo «normal» en sus vidas.

La idea de una espiritualidad vivida con lentitud o de un discipulado lento, en los cuales *hacer para* Jesús brota de *estar con* Jesús, es un concepto ajeno. Ahora bien, ¿qué aspecto toma todo esto en la vida diaria? ¿Cuál es la diferencia entre un líder que *hace para* y un líder que *está con*? Tal vez la mejor manera de describir la diferencia es invitándote a considerar dos versiones de una mañana típica en la vida de un líder al que llamaremos Carlos.

CARLOS, EL LÍDER DEL *HACER*

Carlos se levanta a las 6:30 de la mañana, se ducha, se viste y pasa unos pocos minutos de prisa con Dios en oración y en las Escrituras antes de despertar a sus dos hijos varones, uno de diez años y otro de siete, para que vayan a la escuela. Anoche no había cenado con su familia para reunirse con el tesorero de la iglesia a fin de ajustar el presupuesto del próximo año a su nuevo plan estratégico. Luego la sesión de entrenamiento de esa noche para los líderes de los grupos pequeños terminó una hora tarde. Cuando por fin llegó a su casa, todo el mundo ya se había acostado.

Él se da cuenta de que es probable que la noche estuviera llena de tensión para Sofía, su esposa. Cocinar y después lavar lo usado en la cena, supervisar las tareas y acostar a los dos niños son muchos quehaceres, incluso cuando ambos esposos están en la casa.

Sintiéndose culpable, Carlos pone toda su energía en asumir su responsabilidad de padre esta mañana. «Estoy seguro de que Sofía me lo va a agradecer», se dice. «Y tal vez eso compense por lo tarde que llegué a casa anoche... Eso espero».

Sin embargo, en la mesa del desayuno la atmósfera es tensa. Está claro que Sofía se siente enojada. Carlos evita hacer contacto visual con ella. Siente que la tensión y el conflicto entre ellos son abrumadores. «De todas formas, los muchachos necesitan irse a la escuela», piensa para sí mismo. «La llamaré a la hora del almuerzo para decirle que la tengo presente en mis pensamientos y mis oraciones».

Por fortuna para Carlos, Sofía es maestra de primer grado en la escuela de sus hijos, así que los tres dejan juntos la casa poco después del desayuno. Una vez que se han ido ellos, Carlos recoge a toda prisa su computadora portátil y algunos archivos para la reunión que tiene a las nueve en punto con su equipo.

«Señor, te ruego por favor que el tráfico sea ligero hoy», ora mientras sale por la puerta.

Una vez en el auto, Carlos escribe unas notas de última hora para la reunión en la parte posterior de una de las carpetas que tienen los archivos. Aunque el día anterior él había escrito una agenda, los veinte minutos que se tarda en llegar a la iglesia le ofrecen espacio para aclarar nuevas ideas. Pone las carpetas con los archivos en el asiento del pasajero, en caso de que se presente la oportunidad de hacer ajustes adicionales a la agenda mientras cambia la luz roja de los semáforos.

A Carlos le gusta ser el primero en llegar a la reunión, pero el tráfico hoy está un poco más pesado que de ordinario. De manera que decide conducir de una forma más agresiva. «Veinticinco kilómetros por hora más por encima del límite todavía son aceptables», dice, tratando de justificarse. Pero solo por si acaso, se mantiene alerta ante la aparición de algún auto de la policía.

Cuando entra en el estacionamiento, suena su teléfono. Es el administrador de la iglesia a fin de recordarle que necesita entregar su informe para la reunión de la junta esta tarde a las cuatro.

«¡En eso estoy!», exclama confiado. Ha separado un tiempo más tarde ese mismo día para escribir el informe. «No me va a llevar mucho tiempo», piensa. «Sé lo que necesito decir. Necesito organizar mis pensamientos y ponerlos por escrito».

Antes de salir del auto, responde a un mensaje de texto que le ha enviado su asistente ejecutivo y les da una mirada rápida a sus cuentas en los medios sociales. Cede ante la tentación de interactuar con los que han comentado su mensaje más reciente por temor a perder a alguno de sus seguidores.

Carlos llega a la reunión a las 8:58 a. m. sintiéndose agobiado, pero sonriente, y recibe cálidamente a los miembros de su equipo en la sala de reuniones. Le pide a Sara que abra la reunión en oración. Entonces comienzan a estudiar los puntos que contiene la agenda de la reunión.

Da la impresión de ser una mañana bastante normal, ¿no es cierto? Sin embargo, hay otra forma de hacer las cosas.

CARLOS, EL LÍDER DEL *ESTAR*

Carlos se despierta a las 6:30 para ducharse, vestirse y pasar veinte minutos con Dios antes de despertar a sus dos hijos, uno de diez años y el otro de siete, a fin de que vayan a la escuela. En lugar de usar su tiempo de quietud para leer cuatro capítulos de las Escrituras (está siguiendo un plan para leer la Biblia en un año), comienza con cinco minutos de silencio y tranquilidad delante de Dios. Siente algo de ansiedad en el cuerpo, porque llegó tarde a su casa la noche anterior y sabe que hoy tendrá el día lleno de reuniones. Respira hondo, invitando al amor de Dios a llenarlo. Somete su voluntad a la voluntad de Dios.

Él dedica varios minutos a leer Salmos 130 entero, meditando en oración sobre las diferentes frases. También le entrega a Dios cada una de sus reuniones de ese día, una por una, pidiéndole su sabiduría y su liderazgo.

Cierra los ojos y respira hondo; aún le quedan cinco minutos. Algo lo está molestando acerca de la reunión de entrenamiento de líderes que terminó una hora tarde la noche anterior. Abre su diario y hace allí las siguientes anotaciones: «En la reunión de entrenamiento de líderes me sentí agotado y deprimido después. No estoy seguro sobre el porqué. ¿Realmente teníamos que seguir esa hora más?». Al levantarse de la silla decide comprometerse a escribir mañana de nuevo sobre el tema. «¿Qué me podría estar diciendo Dios por medio de esto?».

Le da de nuevo un vistazo a la agenda para su reunión de las nueve en punto con su equipo. Hace dos ajustes: comenzar con un momento de silencio (que él mismo necesita), y escuchar opiniones sobre la reunión de la noche anterior para el entrenamiento de los líderes. También le da gracias a Dios porque su primera reunión de mañana no tendrá lugar hasta la hora del almuerzo, y porque ese viernes es el Sabbat de su familia.

Puesto que tanto Carlos como Sofía trabajan todo el día y están criando a sus dos hijos, tienen una reunión semanal de planificación los domingos por la noche, con las revisiones de rutina que se necesiten. Debido a esto, Carlos había pasado la reunión para estudiar el presupuesto con el tesorero a un momento diferente, con el fin de poder estar en su casa para cenar con su familia.

Aun así, Carlos percibe algo de tensión en la mesa del desayuno. Se da cuenta de la ansiedad que siente él mismo, y también de las ganas que tiene de huir de un conflicto. Se pregunta si Sofía está enojada con él porque llegó tarde anoche.

Carlos hace contacto visual con Sofía.

—¿Cómo te sientes? —le pregunta—. ¿Todo anda bien?

—No, no todo —le contesta ella—. En realidad, hubiera querido que me llamaras anoche cuando te diste cuenta de que la reunión iba a terminar tarde. Eso me afectó mucho, porque tuve una dolorosa llamada telefónica de María, que está en mi grupo pequeño. Me dijo que se iba de nuestro grupo, pero no me quiso decir por qué... y eso sí que me molesta de verdad.

Carlos nota que el cuerpo se le pone tenso. Parte de él siente deseos de huir de esta conversación, o de exponer las razones por las cuales habría sido tan incómodo llamarla, pero hace una pequeña oración: «¡Señor, ayúdame!».

Cuando Sofía se da vuelta para lavar la vajilla, Carlos se le acerca y le dice:

—Dime más, Sofía. ¿Qué sucedió?

Ella le habla durante otros cinco minutos, sincerándose en cuanto a los motivos por los cuales la llamada de María fue tan molesta.

—Por favor, te pido que me perdones por no llamarte anoche —le pide Carlos—. Fue muy insensible de mi parte.

Sofía asiente y sonríe.

—Esto es verdaderamente importante —dice Carlos—, y yo quiero saber más, pero los dos nos tenemos que ir dentro de unos minutos.

¿Podemos hablar más adelante, después de que tú llegues de la escuela por la tarde o después de la cena, sin distracciones?

—Eso estaría muy bien —le contesta ella. Se ponen de acuerdo en la hora.

Carlos abraza a Sofía antes de recoger su computadora portátil y un par de archivos, y después se dirige a su auto para ir a la iglesia. Sabe que va a llegar con bastante tiempo, aunque el tráfico esté pesado. Conduce dentro del límite de velocidad permitido y ora por Sofía. Ya ha terminado la agenda del día, así que no hay necesidad de tomar notas en los semáforos para su reunión de equipo a las nueve en punto.

Cuando Carlos entra al estacionamiento, suena su teléfono. Es el administrador de la iglesia para recordarle que le tiene que presentar a la junta su informe a las cuatro de la tarde de hoy.

«No hay problemas», contesta Carlos. «Te lo tendré para el mediodía». Ya ha escrito varios borradores y solo quiere leerlo todo por última vez con detenimiento después de la reunión del equipo esta mañana.

Una vez estacionado, piensa en revisar las redes sociales y enviar mensajes de texto, pero decide no hacerlo. Sabe que esa clase de actividad múltiple lo distrae de estar presente en medio de su equipo y de saber lo que Dios quiere hacer en su reunión.

Carlos entra a la sala de reuniones a las 8:58 y les va dando la bienvenida a todos a medida que van llegando para la reunión del equipo. Está entusiasmado, porque quiere comenzar con un tiempo de silencio y una nueva lectura de Salmos 130, tomado del devocional que hizo un momento antes, y también escuchar las opiniones de los miembros de su equipo sobre la reunión de entrenamiento de la noche pasada.

Todos los aspectos del día de Carlos son diferentes debido a su compromiso de *estar antes que hacer*.

¿QUÉ SIGNIFICA *ESTAR ANTES QUE HACER*?

La persona que pone en práctica *estar antes que hacer* opera desde un lugar de plenitud emocional y espiritual, profundamente consciente de ella misma, los demás y Dios. Como consecuencia, su *estar con* Dios es suficiente para sostener su *hacer para* Dios.

Los discípulos y líderes cristianos sanos son aquellos que continuamente viven a partir de esta plenitud emocional y espiritual, y esta causa un impacto en todos los aspectos de su vida. La *plenitud emocional* se manifiesta primordialmente en un alto nivel de consciencia: de sus sentimientos, debilidades y limitaciones, de la forma en que su propio pasado causa un impacto en su presente, y de la manera en que los demás los experimentan a ellos. Tienen la capacidad suficiente para involucrarse en los sentimientos y los puntos de vista de los demás. Y aplican esa madurez en todo lo que hacen.

La *plenitud espiritual* se revela en un saludable equilibrio entre su *estar con Dios* y su *hacer para Dios*. Tienen el cuidado de no dedicarse a más actividades de las que pueden sostener sus reservas espirituales, físicas y emocionales. Reciben *de Dios* más de lo que pueden hacer *por* él. Disfrutan del Jesús que comparten con los demás. Establecen en su vida ritmos constantes y sostenibles que hacen posible que manejen las exigencias y presiones que trae consigo el liderazgo. La copa que reciben de Dios está llena, no vacía, porque reciben constantemente el amor que ellos les ofrecen a los demás. Y cuando comienzan a sentir vacías sus vidas, tienen la capacidad para dar un giro y ajustar su programa de acción.

Reconocen su presencia —con Dios, ellos mismos y los demás—, lo cual es su don y su contribución mayores para aquellos a los que guían. A causa de esto, tienen el compromiso constante de no permitir que su *hacer* exceda a su *estar*.

Visitemos de nuevo a Marta y María

En el capítulo 1, consideramos brevemente la dinámica de *hacer para versus estar con* por medio de la historia de María y Marta (Lucas 10:38-42). Marta está ocupada sirviendo a Jesús, pero las presiones y exigencias de su trabajo la distraen, alejándola de él. Aunque su hospitalidad es elogiable, su *estar con* Jesús no es suficiente para poder sostener su *hacer para* Jesús. Su vida espiritual está desequilibrada. En cambio, María se sienta a los pies de Jesús para escucharlo. Sabe darle prioridad a *estar con* Jesús antes que *hacer para* Jesús. Observa el contraste en los dos diagramas siguientes:

Jesús dice con toda claridad que María ha escogido lo que es mejor —sentarse a sus pies para escucharlo— y eso no le será quitado (Lucas 10:42).

La historia de María y Marta demuestra una verdad de vital importancia: la vida activa en el mundo para Dios solo puede fluir de manera adecuada de una vida interior profunda con Dios. Cuando integramos nuestro *hacer para* y nuestro *estar con,* nuestras vidas adquieren una belleza, una armonía y una claridad que hacen que nuestra vida espiritual sea a la vez plena y gozosa.[1] Cuando hemos aminorado el paso lo suficiente para *estar con* Dios, nuestra actividad para él queda marcada por una comunión profunda y viva con Dios. Entonces es cuando la vida de Cristo puede fluir con mayor frecuencia hacia los demás por medio de nosotros. Lo cual significa que esta es reflejada de manera natural en la forma en que hacemos discípulos y creamos comunidades saludables.

Jesús y la iglesia en sus primeros tiempos: *hacer para* Dios a partir de un profundo *estar con* Dios

Darle prioridad a *estar con* por encima de *hacer para* es algo que tiene profundas raíces en el Nuevo Testamento y en la historia de la iglesia en sus primeros tiempos. He aquí solo unos pocos ejemplos.

Jesús. Antes de iniciar su ministerio público de hacer, Jesús pasó casi treinta años oculto y en el estar, estableciendo de manera profunda su identidad y su unidad con el Padre. Una vez comenzado su ministerio, se movió de forma deliberada entre *hacer* un ministerio activo y *estar* a solas con el Padre (Lucas 5:15-16).

Cuando Jesús escogió a los Doce para que formaran su círculo íntimo, siguió este mismo modelo, exigiendo que ellos *estuvieran con* él antes de hacer un ministerio activo para él: «Designó a doce, para que *estuvieran con Él* y para enviarlos a predicar, y para que tuvieran autoridad de expulsar demonios» (Marcos 3:14-15, NBLA, énfasis añadido).

Los Doce. Después de la muerte y resurrección de Jesús, los Doce a su vez siguieron este sistema de *estar antes que hacer* mientras guiaban a la iglesia de los primeros tiempos. Se dedicaban a la oración y el ministerio de la Palabra, los cuales tenían precedencia por encima de todo lo demás (Hechos 6:2-4). Incluso cuando las iglesias experimentaban un crecimiento explosivo, se negaban a permitir que las incesantes exigencias y los problemas del ministerio pusieran en peligro la noción básica de estar con Jesús.

La iglesia primitiva. En los tres primeros siglos de la iglesia, sus líderes desarrollaron un «catecumenado», que consistía en un serio proceso de entrenamiento al discipulado.[2] ¿Por qué? El Imperio romano, en diferentes momentos y regiones, desató fuertes persecuciones contra los creyentes. Los cristianos que renegaran de su fe en lugar de ser martirizados (y que más tarde serían conocidos como los «caídos») crearon un serio problema cuando algunos de ellos quisieron regresar a la comunidad de la fe después que disminuyó la persecución.[3] La iglesia primitiva se dio cuenta de que solo limitarse a lograr que sus miembros se comportaran como cristianos —asistiendo a la adoración, evangelizando y participando en la confraternidad— no sería suficiente para que sus miembros se mantuvieran firmes en medio de tanta presión. Por esta razón se estableció un camino claro para ayudar a sus miembros a crecer en su *estar con* Jesús, de manera que pudieran perseverar en su testimonio y su vida *para Jesús*.

Los teólogos desde la iglesia primitivia hasta la época medieval. A partir del siglo segundo hasta el siglo diecisiete, la gran parte de los ocho pastores y líderes principales, a quienes se les dio el título de Doctores de la Iglesia —Atanasio, Gregorio Nacianceno, Basilio Magno, Ambrosio, Jerónimo, Juan Crisóstomo, Agustín, Gregorio Magno— fueron primeramente monjes entregados a una vida de oración y a *estar con* Dios.[4] Su servicio fluía de esa abundancia y esa experiencia con Jesús.

La formación de discípulos en nuestras iglesias

Cuando llegué a la fe en Jesús, se me enseñó a hacer un gran número de cosas: cómo orar, leer las Escrituras, comunicar el evangelio, descubrir y usar mis dones espirituales, guiar a un grupo pequeño, y mucho más. Esta lista creció cuando me convertí en líder y tuve que aprender a hacer más cosas: saber delegar, darle forma a una visión y enseñar de una manera eficaz. Sin embargo, hay una práctica que nunca estuvo en la lista de habilidades necesarias en el discipulado, y era la de guiar a los demás a partir de nuestro estar. Nosotros insistíamos con tanta fuerza en el hacer, que los aspectos de enseñarles a las personas a estar con Jesús, y con ellas mismas, eran algo que mayormente se perdía en aquel proceso.

Insistíamos en el llamado: «Imítenme a mí, como yo imito a Cristo» (1 Corintios 11:1), pero esto giraba primordialmente alrededor de la realización de ciertas actividades en particular y de mantenerse fieles. Me pasé literalmente años desarrollando un entrenamiento para enseñarles a los demás a hacer cosas para Jesús. Dábamos por sentado que su estar sería resuelto de alguna manera en medio de aquel proceso.

Este era un modelo tradicional de discipulado que resultaba medible, predecible y comparable. Podíamos entrenar casi a cualquiera para llevarlo a cabo.

En cambio, el discipulado emocionalmente sano insiste en *estar* antes que *hacer*, con el fin de llegar por debajo de la vida superficial de las personas. Ve a continuación el contraste con el discipulado tradicional.

DISCIPULADO TRADICIONAL	DISCIPULADO EMOCIONALMENTE SANO
1. **Yo hago.** Tú me ves. Hablamos.	1. **Yo estoy.** Tú me ves. Hablamos.
2. **Yo hago.** Tú me ayudas. Hablamos.	2. **Yo estoy.** Tú estás. Hablamos.
3. **Tú haces.** Yo ayudo. Hablamos.	3. **Yo hago a partir de mi estar.** Tú observas. Hablamos.
4. **Tú haces.** Yo observo. Hablamos.	4. **Tú haces a partir de tu estar.** Yo observo. Hablamos.
5. **Tú haces.** Otro observa.	5. **Tú estás.** Otro observa.

Una cultura de liderazgo comprometida a *estar antes que hacer* causa que el proceso del discipulado sea más lento y cambia tus prioridades de una manera radical. Las conversaciones son diferentes. También lo son las preguntas que hacemos. Nos volvemos más reflexivos y nos preguntamos ahora de manera constante: «¿Quiero realmente que otros imiten la forma en que vivo? ¿En qué aspecto de mi vida hablo de cosas que no vivo?».

Estas tres declaraciones resumen este enfoque de *estar antes que hacer* en el ministerio:

1. Uno no puede dar lo que no tiene.
2. Lo que una persona hace es importante, pero con quién ella está resulta más importante aún.
3. El estado en que uno se encuentra es el estado que les comunica a los demás.

Estas cosas son fáciles de predicar y enseñar, pero es todo un reto vivirlas.

¿POR QUÉ *ESTAR ANTES QUE HACER* CONSTITUYE HOY UN RETO TAN GRANDE?

Estar antes que hacer es algo tan revolucionario hoy como lo era cuando Jesús reunió a los Doce hace dos mil años, aunque tal vez lo sea por razones diferentes. El reto básico que hace de *estar antes que hacer* algo tan difícil es que nos obliga a enfrentarnos cara a cara con nuestro falso yo. El falso yo no es tanto un yo malo o engañoso como algo construido a base de cosas externas —todo, desde las apariencias y los estudios hasta el talento y el éxito— que usamos para protegernos a nosotros mismos y también para fortalecer nuestro sentido de valor personal.[5] Aquí te presento una instantánea del aspecto que podría tener el falso yo en el contexto del ministerio.

Craig es un predicador y pastor joven y talentoso. Habiendo crecido en el seno de una familia cristiana, siempre se le animó a ser todo lo que Dios lo había llamado a ser. El lema de su familia era: «Lo bueno es el enemigo de lo mejor». Así que Craig trabajó muy duro para sobresalir en todo, desde el atletismo hasta lo académico y también en la iglesia.

Después de sentir que Dios lo llamaba al liderazgo vocacional y a asistir al seminario, Craig fundó una iglesia. Esa iglesia floreció. Lo conocí cuando llevaba tres años dedicado a la iglesia que había fundado, la cual estaba creciendo rápidamente. Después de unas pocas semanas de estar en el *Curso de espiritualidad emocionalmente sana* con Geri y conmigo, a Craig se le encendió una luz. Esto es lo que dijo:

Cuando entro en una habitación, mi pregunta subconsciente es: *¿qué necesitan estas personas que yo sea para que nos podamos relacionar?* Esto suena egoísta, pero no creo que lo sea; más bien, es mi intento por ser y hacer todo cuanto sea necesario para atender las necesidades de la persona que tengo delante. Me aterra que si solamente soy yo mismo, eso no será suficiente para fomentar la conexión y la amistad. Me aterra el rechazo. Por eso escojo una cierta conexión a fin de evitar un posible rechazo. De inmediato e inconscientemente busco adaptar mi propia persona, mi conducta y mi forma de hablar para que se ajusten lo más posible a las necesidades que haya en esa habitación.

Esto significa que básicamente me paso el día entero usando diferentes máscaras. No son máscaras maliciosas ni malevolentes, pero son máscaras. Sin embargo, cuando voy más despacio y paso un tiempo a solas con Dios, antes de que pueda preguntarme en mi subconsciente: *¿quién necesita Dios que sea para poderse relacionar conmigo?*, él me pregunta: «¿Dónde estás, hijo mío?».

No tengo idea de cómo responderle, porque no sé dónde estoy, o quién soy, o cómo estoy... excepto cansado. Es tanto el tiempo que he gastado usando máscaras para los demás (mi hacer), que he olvidado cómo se ve mi rostro en realidad (mi ser).

La confrontación de Craig consigo mismo, aunque dolorosa, lo lanzó a un viaje hacia la verdad. Comenzó el proceso prestando atención a sus emociones, en especial a las más difíciles, como la ira, la tristeza y el temor. Craig ha pasado a ser personalmente consciente de su tendencia a fingir que es en el exterior alguien que no es en el interior: la definición misma de un falso yo. El fruto de todo esto ha sido revolucionario, tanto en lo personal, como en su matrimonio y su liderazgo.

Las Escrituras nos exhortan a desechar el «viejo yo» o el falso yo con el fin de vivir de forma auténtica en nuestro «nuevo yo» o yo verdadero (Efesios 4:22, 24). Por lo tanto, la pregunta es: ¿cómo sabemos si es el viejo yo el que controla nuestra vida? En ocasiones, nuestro viejo yo se ha convertido en una parte tan importante de quienes somos, que ni siquiera nos damos cuenta. Sin embargo, la conducta externa del falso yo es más fácil de detectar: autoprotección, posesividad, manipulación, autopromoción, y una necesidad de distinguirnos de los demás. Cuando le añadimos una capa de religiosidad a este falso yo, el reto que supone desmantelarlo se vuelve más difícil aún.[6]

Entonces, ¿qué hace falta para identificar nuestro falso yo? Utiliza esta breve evaluación como punto de partida.

Evaluación del falso yo

Usa la lista de afirmaciones que sigue para tener una idea del punto en el cual te hallas en estos momentos cuando se trata de vivir según tu falso yo. Después de cada afirmación, rodea con un círculo el número que mejor describa tu respuesta. Usa la siguiente escala:

No es muy cierto
A veces es cierto
Mayormente cierto
Muy cierto

1.	Me comparo mucho con otras personas.	1 2 3 4
2.	Muchas veces digo «sí» cuando prefiero decir «no».	1 2 3 4
3.	A menudo callo mi opinión para evitar la reprobación de otros.	1 2 3 4
4.	Las personas cercanas a mí me describirían como alguien siempre a la defensiva y fácil de ofender.	1 2 3 4
5.	Me cuesta mucho reírme de mis limitaciones y fallos.	1 2 3 4
6.	En las situaciones sociales evito parecer débil o tonto.	1 2 3 4
7.	No siempre soy la persona que parezco ser.	1 2 3 4
8.	Me cuesta trabajo asumir riesgos, porque podría fracasar o quedar como tonto.	1 2 3 4
9.	Mi sentido de mi propio bienestar procede de lo que tengo (mis posesiones), de lo que hago (mis logros) y de lo que piensan los demás de mí (mi popularidad).	1 2 3 4
10.	Con frecuencia actúo como una persona diferente cuando estoy en situaciones diferentes y con personas diferentes.	1 2 3 4

A continuación aparecen algunas observaciones para ayudarte a reflexionar sobre tus respuestas.

Si tus puntuaciones fueron mayormente de tres y cuatros, le tienes un fuerte apego a tu falso yo. Lo más probable es que haya sido una evaluación difícil para ti, incluso escalofriante. Si ha sido así, no te preocupes. Solo el hecho de haber pasado por esta breve evaluación ya es un gran primer paso. Pregúntate: «¿Qué invitación me podría Dios estar haciendo por medio de esta nueva comprensión?».

Si tus puntuaciones fueron mayormente de dos y tres, es probable que ya hayas comenzado a desmantelar tu falso yo y Dios te esté invitando al próximo nivel de consciencia y crecimiento. Ahora tu

> reto consistirá en penetrar realmente debajo de la superficie de tu vida interior.
>
> **Si tus puntuaciones fueron mayormente de unos y dos**, es probable que tengas una consciencia saludable de tu verdadero yo y nota cuándo estás deslizando hacia un falso yo. Eso es maravilloso. Puedes esperar nuevos niveles de descubrimiento a medida que continúes recorriendo las siete señales de un discipulado emocionalmente sano.

El verdadero yo es exactamente lo opuesto al falso yo. David Bennet, escritor y psicólogo cristiano, lo describe como «nuestro yo total, tal como fuimos creados por Dios... el rostro único de Dios que ha sido apartado desde la eternidad para cada uno de nosotros».[7] Dios nos invita a remover las capas falsas que usamos, de manera que «las semillas del yo verdadero» que él ha sembrado en nuestro interior puedan salir al exterior. Aunque nos pueda parecer imposible seguir esta senda, el Dios del universo ha establecido en nosotros su hogar (Juan 14:23) y nos ha dado la misma gloria que le diera a Jesús (Juan 17:21-23). Cuando nos abrimos al Espíritu Santo, descubrimos que Dios hace en nosotros lo que somos incapaces de hacer por nosotros mismos.

La pregunta entonces es: ¿cómo nos libramos de nuestros temores a enfrentarnos con nuestro falso yo? ¿Cómo integramos un *estar con* Jesús y *un hacer para* él de una manera tal que nuestra vida espiritual se caracterice por la plenitud, la valentía y la paz, no por el vacío, el desaliento y la ansiedad?

Es posible que te preguntes algo como esto: «Pete, ¿acaso se supone que me deba pasar todo el día sentado orando? ¿Lo que quieres es que yo renuncie a mi trabajo y a todas las responsabilidades que tengo en el ministerio?».

Pues qué bueno que me lo preguntaste.

CUATRO MANERAS DE *ESTAR CON* DIOS ANTES QUE *HACER PARA* DIOS

El principio y la práctica de *estar con* Dios antes que *hacer para* Dios son tan antiguos como las Escrituras mismas, y se ha escrito mucho acerca del tema a lo largo de los dos mil años de historia de la iglesia. A la luz de esto, mis veintiséis años de estudio y práctica sobre ellos son limitados. No obstante, he podido descubrir unas cuantas pepitas de oro procedentes de este inagotable tesoro, cuatro de las cuales han hecho contribuciones significativas a mi comprensión y experiencia sobre cómo involucrarse en esta manera nueva de vivir. Para *estar con* Dios antes que *hacer para* Dios, necesitamos: tomar una decisión radical, experimentar nuestros sentimientos, integrar el silencio y tener comunión con Jesús a lo largo del día.

Oro para que cada una de estas pepitas de oro te motive y anime a dar los próximos pasos a fin de reorganizar tu vida y decirles «no» a diario a las incansables presiones que te rodean con el fin de que te conviertas en un «hacer humano» y no en un «ser humano».

1. Toma una decisión radical

Poco después de que aprendí por vez primera acerca de *estar antes que hacer,* leí sobre los Padres del Desierto, que vivieron del tercer siglo al quinto, y de inmediato reconocí la existencia de un paralelo entre los desafíos a los que ellos se enfrentaron y aquellos a los que nos enfrentamos nosotros hoy, tanto personalmente como en el ministerio. Al igual que nosotros, los Padres del Desierto vivieron en unos tiempos en los cuales la iglesia se había vuelto superficial y ya no se distinguía de la cultura prevaleciente.

Como respuesta, ellos hicieron algo radical y extraordinario al huir a los desiertos de Egipto para *estar con* Dios. Este movimiento comenzó en el año 270 d. C., cuando un joven de veinte años llamado Antonio se fue a vivir a solas con Dios en el desierto. Lo siguieron hombres y mujeres cristianos en grandes números, dejando sus ciudades y pueblos en el delta del Nilo para llevar una vida santa, separándose de la cultura mundana que se había infiltrado en gran parte de la iglesia.

Ellos se consideraban a sí mismos seguidores de la senda antigua de Moisés, Elías y Juan el Bautista, cada uno de los cuales había pasado mucho tiempo solo en el desierto

---

CUATRO FORMAS DE *ESTAR CON* DIOS ANTES QUE *HACER PARA* DIOS

1. **Tomar una decisión radical.**
2. Experimentar nuestros sentimientos.
3. Integrar el silencio.
4. Tener comunión con Jesús a lo largo del día.

con Dios. Con el tiempo, se reunieron en comunidades y fueron conocidos como los Padres y Madres del Desierto.[8]

Entonces todo el mundo, desde la gente común hasta los emperadores, comenzó a viajar al desierto para reunirse con ellos en busca de orientación y sabiduría. Con su profundo conocimiento de Dios y del corazón humano, en cierto sentido eran los psicólogos y directores espirituales de su tiempo. Finalmente, su sabiduría y sus conocimientos, conocidos como los «Dichos de los Padres y Madres del Desierto», fueron puestos por escrito. A continuación veremos dos de esos dichos acerca de un hombre llamado Arsenio, que nos proporciona un modelo de la decisión radical que considero que debe tomar cada uno de nosotros a fin de *estar con* Dios antes que *hacer para* Dios.

Arsenio nació en Roma en el año 350 d. C. y creció en una familia cristiana rica y respetada. Como senador romano altamente educado, fue escogido por el emperador Teodoro el Grande para ser el tutor de sus hijos. Sin embargo, después de once años llevando una vida de lujos en el palacio, Arsenio anhelaba algo diferente. Mientras oraba para pedir dirección, Arsenio dijo: «Señor, muéstrame el camino para ser salvo». Como respuesta, oyó una voz que le decía: «Arsenio, huye de la gente y serás salvo».[9]

Y eso fue exactamente lo que hizo Arsenio. Él huyó del palacio y se mudó al desierto de Egipto. Una vez que se retiró a la vida solitaria, hizo de nuevo la misma oración y oyó una voz que le decía de nuevo: «Arsenio, huye, guarda silencio, ora siempre, porque estas cosas son la fuente de la ausencia de pecado».[10] De nuevo, eso fue lo que Arsenio hizo. Esa fue su decisión radical.

Si me permites una vez más adivinar lo que estás pensando, podría ser algo como esto: «Pete, no veo la conexión. ¿Acaso esperas que todos nosotros nos mudemos a un desierto de verdad?». Por supuesto que la respuesta es no. *Sin embargo, la naturaleza drástica de la decisión que debemos tomar es similar en que nos exige romper de forma clara y total con nuestros hábitos y ritmos presentes.*

La decisión radical consiste en acabar por completo con la adicción, no a las drogas o al alcohol, sino a las tareas y el *hacer*. Necesitamos huir de una vida de compromisos excesivos y prisas con el fin de aprender cómo podemos *estar antes que hacer*. Esta decisión tiene su fundamento en una profunda resolución interna en la cual afirmamos: «Yo no puedo *dejar de* hacer esto. Antes preferiría morir que *no* lanzarme a este viaje, sin importar el costo».

No te equivoques con respecto a esto: en realidad, esta decisión es tan radical como la decisión que tomó Arsenio.

Antes de comenzar su día, Carlos había tomado una firme decisión de la cual no se quería retractar: comprometerse sin reservas a pasar de *hacer* las funciones de líder a *ser* un verdadero líder. *Haciendo* las funciones de un líder, el primer escenario, Carlos no actuaba de manera reflexiva, sino que vivía con prisa, teniendo demasiadas cosas que hacer en muy poco tiempo. Esto se reflejaba en todo, desde su rígido enfoque en las devociones de la mañana hasta el hecho de evitar los conflictos y su preparación superficial para la reunión de su equipo.

En cambio, el Carlos que vemos *siendo* un líder es casi imposible de reconocer al compararlo con el Carlos centrado en el *hacer*. Es mesurado, reflexivo, siempre presente y conectado consigo mismo, Dios y los demás. Su vida interior refleja la paz de Dios mientras se va moviendo a lo largo del día. Tiene fronteras y límites que fluyen desde un lugar central en el cual puede ver las prioridades que Dios tiene para él a medida que se va desarrollando su mañana.

2. Experimenta tus sentimientos

Mi amigo Dave es hombre de pocas palabras. Es un líder notable que ha guiado a miles de muchachos y centenares de padres en su carrera como director de un ministerio dedicado a los niños. Durante gran parte de su vida, luchó para experimentar sus sentimientos y compartirlos con los demás. Tenía dificultad también para expresar afecto o resolver conflictos de una forma madura.

> **CUATRO FORMAS DE *ESTAR CON* DIOS ANTES QUE *HACER PARA* DIOS**
>
> 1. Tomar una decisión radical.
> 2. **Experimentar tus sentimientos.**
> 3. Integrar el silencio.
> 4. Tener comunión con Jesús a lo largo del día.

Sin embargo, solo fue cuando lo golpeó la tragedia que los límites del discipulado de Dave se volvieron evidentes. La tía de Dave, de treinta y nueve años de edad, se hallaba en el World Trade Center cuando los secuestradores volaron con dos aviones y chocaron con los edificios el 11 de septiembre. Trágicamente, ella murió, dejando tras de sí a dos niños de corta edad. Aunque la mayor parte de los familiares de Dave eran cristianos, carecían del marco emocional o bíblico para ayudarlos a procesar un suceso tan devastador.

Cuando me habló de aquella situación, él se lamentó diciendo: «Nunca hallaron el cuerpo. Y nosotros nunca hablamos del 11 de septiembre después de su funeral. De hecho, pocos años más tarde, cuando hallaron restos de su ADN, nos volvimos a sentir abrumados; de cierta forma, traumatizados de nuevo. Sin embargo, como no habíamos expresado nuestros sentimientos, no teníamos qué hacer con respecto a aquello.

Se produjo una larga pausa. Él se quedó con la mirada fija en el suelo.

«Estábamos tristes... Yo estaba triste, pero fuera de ese momento, nunca lo lamenté».

Entonces, lentamente, como si se estuviera susurrando a sí mismo, dijo: «No sabía cómo hacerlo... Ninguno de nosotros sabía cómo. Todo lo que se esperaba era que nos lo tragáramos y siguiéramos adelante».

Lo particularmente alarmante en esto era que Dave creció en un hogar cristiano y le entregó su vida a Cristo cuando tenía ocho años. Su padre era el tesorero de la iglesia, y cada vez que las puertas de la iglesia se abrían, su familia estaba allí.

Pasaron varios años antes de que Dave pudiera finalmente dar un paso adelante en esta situación mientras participaba en un grupo pequeño intensivo de nueve meses que dirigíamos Geri y yo. Por fin, pudo hablar acerca de permitirse experimentar «cosas que nunca antes había sentido», como la tristeza y la aflicción. En esos momentos fue cuando todo comenzó a cambiar para Dave.

«En lugar de hacer un espectáculo y asombrar a las personas, comencé a escuchar a mis muchachos y a desear sencillamente estar con ellos», me dijo. «La práctica del Sabbat y el silencio se convirtió en una parte importante de mi vida. En realidad, todas mis maneras de relacionarme con los demás cambiaron».

Dave describe los nueve meses que estuvo en nuestro grupo del sótano como una tortura y una transformación de su vida al mismo tiempo. ¿Por qué? Él cobró vida.

Como a Dave, a mí también me habían enseñado a no manifestar mis sentimientos, en especial la ira, la tristeza y el temor.

El enfoque de mi vida espiritual también era hacia arriba y hacia afuera: hacer crecer a nuestra iglesia, enseñarles a las personas sobre Cristo, liberar a otros para el ministerio, aprender a ser un líder mejor, y todo lo demás. Sin embargo, no me daba cuenta de que la relación con Cristo exigía que escuchara a mis propios sentimientos ante Dios. Como líder cristiano, estaba mejor preparado para trazar gráficas sobre nuestra organización, resolver problemas y *hacer* cosas que para llevar a cabo ese difícil viaje hacia mi interior.

Así que no lo hacía.

Raras veces miraba ese caos interior que formaban mis pensamientos y sentimientos. El pensamiento mismo de lanzarme a recorrer ese camino de introspección, o de reflexión sobre mí mismo, me asustaba. Tenía el temor de que una represa en mi vida interior se rompiera y me ahogara a mí y al ministerio que había levantado. ¿De qué serviría que contemplara mis peores pensamientos, mis deseos llenos de envidia y mis iras interiores? Yo creía que era más piadoso suprimirlos y fijar mi mente en las cosas de arriba (Colosenses 3:2).

Mi espiritualidad estaba demasiado centrada en el cielo.

En contraste con esto, todos los Padres y Madres del Desierto, incluyendo a Arsenio, tenían una mente verdaderamente muy terrenal.[11] Ellos exigían que nos enfrentáramos con nuestras luchas y nuestras sombras; con esas emociones sin domesticar, esas motivaciones menos que puras, y esos pensamientos que le dan forma a nuestra conducta.[12] Entendían que una condición necesaria para crecer hasta convertirnos en discípulos maduros es tener la valentía de enfrentarnos francamente con la verdad sin adornos acerca de nosotros mismos, en lugar de salir huyendo de ella.

Evagrio Póntico, otro Padre del Desierto, es el que mejor lo resumió: «¿Quieres conocer a Dios? Conócete primero a ti mismo».[13] *En otras palabras, el camino que nos lleva a Dios pasa inevitablemente por el conocimiento de nosotros mismos.*

Resulta fascinante que observemos cómo los personajes de las Escrituras hacen esto, pero por algún motivo no nos imaginamos que esto aplique también para nosotros. Desde la ira que manifestó Job delante de Dios y la depresión de Jeremías, hasta la angustia de Moisés en el desierto y las emociones en carne viva de David en los Salmos, todos ellos estaban expresando sus emociones con una libertad totalmente carente de límites.[14]

Una vez que comienzo a estar consciente de lo que estoy haciendo, de la forma en que me siento y de cómo todo esto causa un impacto en los demás, me hago las difíciles preguntas sobre el «porqué». Por ejemplo:

- *¿Por qué siempre ando con prisa?*
- *¿Por qué soy tan impaciente?*
- *¿Por qué siempre tengo esa ansiedad?*
- *¿Por qué me enojo tanto, y por qué me puse tan a la defensiva cuando Jane me dijo que estaba pensando en irse de nuestra iglesia?*
- *¿Por qué evito los conflictos?*

Al principio, cuando comencé a permitirme experimentar mis sentimientos, mis emociones estaban tan poco desarrolladas que llevé a cabo un «entrenamiento de los sentimientos» por más de dos años.[15] Como parte de mis tiempos a solas con Jesús cada mañana, escribía en mi diario lo que había sentido el día anterior. Y era rigurosamente sincero. *¿Por qué me sentí tan incómodo en aquella conversación de ayer? ¿Por qué me enojé tanto al ver que él nunca me pidió mi punto de vista, sino que simplemente se limitó a juzgarlo?*

Pronto descubrí la verdad de que cuando no estamos en contacto con lo que está sucediendo dentro de nosotros, no vivimos en la realidad, sino en una ilusión o en negación. Y cuando no vivimos en la realidad, no vivimos en la espiritualidad, porque la vida espiritual auténtica no es un escape de la realidad, sino un compromiso absoluto con ella.

Lamentablemente, el hecho de que no seamos capaces de reconocer lo que está sucediendo en nuestro mundo interior es causa de que nos perdamos muchos de los dones de Dios. No estamos dispuestos a que Dios nos hable por medio de sentimientos como la tristeza, la depresión, la ira, una esposa que no se siente feliz, o una vida que gira fuera de control periódicamente. Nuestro paradigma incluye situaciones como que Dios nos hable por medio de las Escrituras, la oración, los sermones, una palabra profética y en ocasiones las circunstancias, ¡pero con toda seguridad, nuestras emociones no están incluidas!

Ir más lento para sentir resulta esencial para que podamos *estar antes que hacer*. Nos exige que decidamos cuáles prácticas (como llevar un diario) nos podrían ayudar a avivarnos con respecto a nuestros sentimientos, para después integrar esos sentimientos en nuestro discernimiento de la voluntad de Dios.

3. Integrar el silencio

Si decidimos que vamos a *hacer para* Dios a partir de nuestro *estar con* Dios, debemos practicar el silencio y la quietud con el fin de alimentar nuestra relación con él. De hecho, sin la práctica deliberada del silencio ante el Señor resulta casi imposible madurar hasta el punto de tener una adultez espiritual con un *hacer para* Dios que sea sostenido por un *estar con* Dios. ¿Por qué? Porque nos encontramos tan repletos de distracciones, preocupaciones y planes, que nuestro mundo interior está atascado de cosas, lo cual solo permite un espacio muy limitado para que Dios nos llene.

> **CUATRO MANERAS DE**
> ***ESTAR CON* DIOS ANTES**
> **QUE *HACER PARA* DIOS**
>
> 1. Tomar una decisión radical.
> 2. Experimentar nuestros sentimientos.
> 3. **Integrar el silencio.**
> 4. Tener comunión con Jesús a lo largo del día.

Permíteme decirte esto con tanta claridad como me sea posible: *la integración del silencio y la quietud transforma por completo la manera en que seguimos a Jesús y la manera en que guiamos a los demás*. He aquí algunas razones de esto.

En el silencio nos dejamos llevar, sometiendo nuestra voluntad a la voluntad de Dios. En el centro de las palabras de Dios para Arsenio, y para nosotros, está la invitación a entregarle el control de nuestra vida; a practicar el abandono, momento a momento, de la ilusión de que somos el centro del universo. En la oración, renunciamos a nuestro anhelo de controlar, recibir aprobación y tener seguridad.

Una vez que comencé a practicar el silencio, me di cuenta de que la mayoría de mis peticiones a Dios procedían de una posición de temor y pérdida de control. Había tantas cosas que quería que Dios hiciera por mí, que con frecuencia perdía el gozo de la comunión con él.

Un pastor me dijo hace poco: «Pete, como líderes tenemos la responsabilidad de interceder por aquellos a quienes guiamos. A mí me parece que esta insistencia en el silencio le va a hacer daño a este regalo que le damos a nuestra gente». Yo le respondí: «¡En realidad, el silencio transforma nuestra manera de interceder! Muchas de nuestras oraciones por la gente que nos rodea proceden de nuestra voluntad personal. Al practicar el silencio, dejamos ir nuestra testarudez y nuestro deseo de aferrarnos a las cosas. Nuestro enfoque en la oración cambia de centrarnos en lograr que Dios haga lo que queremos a posicionarnos de manera que queramos lo que quiera Dios».

En la vida hay pocas cosas más difíciles que aceptar lo que Dios quiere que hagamos. Y al mismo tiempo, no hay nada más maravilloso. En mi propia práctica del silencio, en ocasiones me imagino a mí mismo en un río que es el amor de Dios. En lugar de resistirme y no someterme, tratando de nadar corriente arriba contra el río, le digo «sí» al fluir del amor de Dios, permitiendo que él me lleve donde me quiera llevar.

En el silencio renunciamos a nuestras agendas, permitiendo que la comunión con Dios se convierta en el centro de nuestra vida. Acudimos a Dios en oración, no para conseguir algo de él, como una palabra de aliento u orientación, sino sencillamente *para estar con él.* Mantenerse en silencio en la presencia de Dios *es* orar.

El silencio hace que vayamos lo suficientemente lentos para recibir el amor de Dios sin distracciones. Nos damos cuenta de que nuestra existencia misma como seres humanos es una expresión de la generosidad y el amor de Dios que fluyen hacia nosotros. Ahora tenemos espacio para recibir ese amor y permitir que sature todos los aspectos de nuestro ser, de nivel en nivel.

En el silencio dejamos ir todo, permitiendo que Dios nos transforme profundamente. Thomas Keating compara la obra de Dios en nosotros a la de un arqueólogo que excava el suelo, nivel tras nivel, para desenterrar estructuras y tesoros escondidos. El Espíritu Santo es como un arqueólogo divino que cava a través de las capas de nuestra vida.

El Espíritu escudriña a través de toda la historia de nuestra vida, nivel tras nivel, buscando el lecho de rocas de nuestra vida emocional más temprana. En medio de este proceso, separa lo esencial de aquello que no lo es, y la basura de los tesoros. He aquí cómo Keating describe que es esta experiencia:

> Por tanto, a medida que progresemos hacia el centro donde Dios está esperando realmente por nosotros, vamos a sentir de manera natural que estamos cada vez peor. Esto nos advierte que ese viaje espiritual no es la historia de un éxito, ni un movimiento en nuestra carrera. Es más bien una serie de humillaciones de nuestro falso yo.[16]

Tarde o temprano, todo viaje espiritual verdadero nos trae cara a cara con las realidades más duras de nuestra vida, los monstruos que llevamos dentro, nuestras sombras y fortalezas, nuestra voluntariedad, nuestros demonios interiores. Es esencial que le permitamos a Dios el acceso a esas dinámicas que algunas veces se hallan más allá de nuestro nivel consciente; de lo contrario, resulta inevitable que las proyectemos hacia el exterior sobre otras personas.[17]

En el silencio nos despojamos de todo, disponiéndonos a escuchar mientras Dios habla. Imagínate que tienes una relación con una persona y todo lo que esa persona hace es hablar. Palabras, palabras, palabras. Peticiones, peticiones, peticiones. Se trata de una relación en un solo sentido. En cambio, cuando integramos el silencio intencional en una vida de oración, establecemos una relación en ambos sentidos, una relación que nos permite permanecer con Dios, ser sostenidos por él y escucharlo. Si nos mantenemos en silencio, ya sea durante dos minutos, cinco minutos, veinte minutos o más cada día, esto revoluciona nuestra relación con Dios en Cristo.[18]

Aunque escuchar un mensaje no es la meta primaria por la que pasamos tiempo con Dios en silencio, con frecuencia encuentro que Dios me va sugiriendo elecciones mejores, invitándome a liberarme de mi ansiedad, o hablándome acerca de un punto ciego en un aspecto determinado de mi vida. Nunca dejo de asombrarme ante lo mucho que Dios me quiere decir cuando me alejo del ruido externo e interno que me rodea.

4. Tener comunión con Jesús a lo largo del día

Un tema central dentro de la vida monástica es que cada uno de nosotros necesita irse solo a su celda (un refugio sencillo o una habitación), sentarse ante Dios en silencio y perseverar en su presencia. Se trata de un espacio apartado para encontrarse con él. No obstante, la meta cuando se pasa tiempo a solas no es solo dedicar ese tiempo a la oración, sino convertirse en una persona que ora siempre. La persona que ora siempre tiene una familiaridad constante y fácil con la presencia de Dios en todo momento: mientras trabaja, ora, cocina, dirige una reunión, conduce, visita a sus amigos, así como también durante la adoración, la oración y el estudio de la Biblia. Dicho en otras palabras, la meta consiste en estar continuamente consciente de Dios, recordándolo, permaneciendo en él a lo largo de todo el tiempo que estemos despiertos.

Hasta que pasé un tiempo con los monjes en los retiros, nunca había comprendido cómo era posible cumplir el mandato: «Oren sin cesar» (1 Tesalonicenses 5:17). Hasta aquellos momentos, mi vida de oración y mi liderazgo estaban divididos en compartimentos. Tenía un tiempo para las devociones, el estudio de la Biblia y la oración, pero pasaba con facilidad grandes períodos del día sin recordar a Dios o tener comunión con él. Todo esto cambió cuando me di cuenta de que la meta de la vida cristiana es permanecer en Jesús todo el día, manteniéndose en comunión con él en todas las cosas.

Sin embargo, el gran problema era que mi *hacer para* Jesús muchas veces se sobreponía a mi *estar con* Jesús o mi permanencia en él. Todo lo que necesitaba era que sucediera algo o que se produjera alguna conversación para descarrilarme. Así que identifiqué diez indicadores que me ayudaran a reconocer cuándo me había alejado de un lugar en el que estuviera centrado con él. Entonces, si me es posible, me detengo, respiro hondo unas cuantas veces y me retiro para tener un poco de silencio y volver a donde necesitaba estar.

> **CUATRO MANERAS DE**
> **ESTAR CON DIOS ANTES**
> **QUE HACER PARA DIOS**
>
> 1. Tomar una decisión radical.
> 2. Experimentar nuestros sentimientos.
> 3. Integrar el silencio.
> 4. **Tener comunión con Jesús a lo largo del día.**

Confío en que alguno de esos indicadores te pueda servir, pero te animo a identificar y añadir otros que sean los adecuados a tus circunstancias particulares y tus vulnerabilidades.

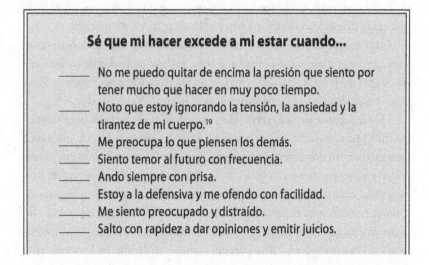

Sé que mi hacer excede a mi estar cuando...

_____ No me puedo quitar de encima la presión que siento por tener mucho que hacer en muy poco tiempo.

_____ Noto que estoy ignorando la tensión, la ansiedad y la tirantez de mi cuerpo.[19]

_____ Me preocupa lo que piensen los demás.

_____ Siento temor al futuro con frecuencia.

_____ Ando siempre con prisa.

_____ Estoy a la defensiva y me ofendo con facilidad.

_____ Me siento preocupado y distraído.

_____ Salto con rapidez a dar opiniones y emitir juicios.

_____ Me siento poco entusiasmado o amenazado con el éxito de los demás.

_____ Paso más tiempo hablando que escuchando.

De manera que, para cerrar este tema, hemos considerado cuatro maneras de *estar con Dios* antes que *hacer para* Dios: tomar una decisión radical, experimentar nuestros sentimientos, integrar el silencio y mantener nuestra comunión con Jesús a lo largo del día. ¡Y apenas hemos tocado la superficie!

Cuando comiences a pensar en lo que significa para ti *estar antes que hacer*, te invito a seguir al menos uno de estos primeros pasos. Son caminos que te servirán bien en tu jornada. Lo más importante es que estés con Jesús, escuchándolo mientras te dirige en tu camino y te da indicaciones específicas sobre la manera de realizar esta transición tan significativa y desafiante en tu vida espiritual.

CREA UN CONTENEDOR *PARA ESTAR ANTES QUE HACER*

Hacen falta creatividad y perseverancia, además de muchos intentos y errores, para realizar la transición de una simple práctica de las disciplinas espirituales a realmente *estar con* Dios como la fuente de nuestro *hacer para* él. Todo aquel que haya intentado hacer esto se da cuenta con rapidez de que exige pensar con detenimiento y planificar con anticipación.

Estar antes que hacer es una rica y hermosa manera de vivir, pero tenemos que estar dispuestos a crear una especie de contenedor de protección que haga esto posible: tus límites. He aquí algunas directrices que necesitas tener en cuenta cuando comiences a crear tu propio contenedor.

Haz un ajuste de la descripción y supervisión de tu trabajo. Durante los diez primeros años de este caminar, hice de *estar con Dios* la prioridad principal en mi descripción de trabajo. Esta decía algo como lo que sigue: *crecer y madurar como discípulo de Jesús, guiando a otros a partir de una profunda vida interior con Jesús. Estar* se convirtió en mi primera tarea. Con el tiempo, esta exigencia fue añadida a la descripción de trabajo de otros miembros de nuestro personal. También con el tiempo la incluimos en la cultura como una pregunta que se utilizaba en los contextos de supervisión y mentoría: «¿Cómo van las cosas en tu equilibrio entre el *estar* y el *hacer*? ¿Cómo estás llevando tus ritmos en esta temporada?».

Practica con deleite el Sabbat. Nosotros nos detenemos a descansar en el Sabbat durante un período de veinticuatro horas porque Dios está en su trono, asegurándonos que el mundo no se va a venir abajo si dejamos de trabajar. Dios está cuidando del universo y lo maneja muy bien sin necesidad de que tengamos que controlarlo todo. Cuando nosotros dormimos, él está trabajando. Mientras que Jesús es nuestro descanso del Sabbat y nos dirigimos hacia un Sabbat eterno cuando le veamos cara a cara, guardar el Sabbat aquí en la tierra es una práctica espiritual básica para ayudarnos a madurar en Cristo. Tal como sucede con cualquier otra práctica espiritual, como la lectura de la Biblia, la oración, la comunión o la adoración, el Sabbat no nos salva. No obstante, si no estamos realizando estas prácticas, es poco probable que estemos creciendo mucho en nuestra espiritualidad. El Sabbat es uno de los regalos que Dios nos ha dado, y lo debemos recibir como un mecanismo esencial de entrega de su amor.[20]

Descubre los ritmos del Oficio Diario. El nombre de Oficio Diario (llamado también «oración a horas determinadas») tiene una rica historia bíblica que se remonta a David, quien practicaba tener unos momentos fijos de oración siete veces al día (Salmos 119:164); Daniel, quien oraba tres veces al día (Daniel 6:10); y los judíos devotos de los tiempos de Jesús, quienes también oraban tres veces al día. El propósito del Oficio Diario es crear un ritmo que nos capacite para detenernos en momentos fijos con el fin de estar presentes con Dios durante todas las horas en que estamos activos.

El hecho de detenerme tres o cuatro veces al día para *estar con* Dios ha transformado por completo mi vida espiritual desde que integré esta práctica a mi vida diaria, hace cerca de veinte años. Me ha enfocado en estar consciente de la presencia de Jesús en mi *hacer para* él como pocas otras prácticas lo han hecho.[21]

Crea una «Regla de vida». Muy sencillamente, una «Regla de vida» es un plan consciente y deliberado para mantener a Dios en el centro de todo lo que hagamos. Esta incluye nuestra combinación única de prácticas espirituales, que nos proporciona estructura y orientación para prestarle atención a Dios y recordarlo en todo lo que hacemos. Es una poderosa herramienta cuya existencia se remonta a los Padres y Madres del Desierto en los siglos tercero y cuarto, y nos capacita para regular toda nuestra vida de una manera tal que prefiramos el amor de Jesús por encima de todas las demás cosas.[22]

Aprende de otros compañeros dignos de confianza que van delante de ti. Además de estar comprometidos con una comunidad local de creyentes, necesitamos compañeros maduros para cada etapa de nuestro caminar, ya sea bajo la forma de un grupo pequeño, un director espiritual, mentores o consejeros profesionales equipados para ayudarnos a pasar por los momentos de transición. Ellos te podrán proporcionar recursos, además de apoyo en las preguntas que tengas. Sin esos compañeros maduros, es fácil que nos quedemos atascados o caigamos en la trampa de seguir caminos que no nos ayuden mucho en la etapa del viaje en la que nos encontremos.

Experimenta y haz ajustes. Cuando integres nuevas prácticas para vivir más lento con el fin de establecer un equilibrio entre *tu hacer* y *tu estar*, puedes esperar desafíos e interrupciones. Después de varias semanas, haz los ajustes que sean necesarios. Te prometo que esto se irá haciendo más fácil a medida que pasa el tiempo. Después de unos seis meses, tendrás una buena idea de las prácticas básicas que mejor funcionan para ti. Recuerda siempre que Dios nos ha hecho diferentes a cada uno de nosotros. Tu combinación de *hacer* y *estar* será siempre distinta a la mía. Dios ha diseñado cada una de nuestras personalidades, temperamentos, situaciones en la vida, pasiones y llamados de una forma única.

SÉ PACIENTE CONTIGO MISMO

La decisión de *estar antes que hacer* es radical, tanto en la iglesia como más allá de ella. Es muy probable que te encuentres luchando contra una poderosa corriente que, al menos en su superficie, da la impresión de ser imposible de resistir. Vas a encontrar resistencia. ¡Pero la mayor oposición que enfrentarás vendrá sin duda de dentro de ti mismo! Ciertamente, así han sido las cosas conmigo.

Por eso te animo a comenzar con humildad, buscando en oración que sea Dios quien te dirija. Y sé paciente contigo mismo. Aprende a esperar en Dios, apoyándote firmemente en su amor cuando comiences a dar los difíciles pasos para *estar* antes que *hacer*. Siempre que decidas morir a ti mismo por amor a Cristo, tu resurrección será algo seguro. A partir de mi experiencia personal, puedo prometerte que nacerás de nuevo en un nuevo lugar de madurez en Cristo y descubrirás que Dios está ansioso por guiarte hacia unos nuevos pastos más verdes.

Capítulo 4

Sigue al Jesús crucificado, no al americanizado

L a relación entre la iglesia y la cultura en la que se encuentra ha sido un problema desafiante desde que Jesús comenzó su ministerio.[1] Hoy en día, la cultura occidental domina nuestro panorama. Y debido a que los Estados Unidos ejercen una enorme influencia —por medio de su poder económico y político, las películas y la música, la tecnología y las comunicaciones— hemos influido en la cultura occidental y el resto del mundo de una forma desproporcionada.

«Americanizar» algo es «causar que adquiera características estadounidenses o se conforme a ellas», o «poner algo bajo la influencia política, cultural o comercial de los Estados Unidos».[2] Dentro de la iglesia, americanizar a Jesús es seguirlo porque él hace mi vida mejor y más agradable. Incluso si eres originario de otro país que no sea los Estados Unidos, se pueden encontrar rasgos de este Jesús americanizado en el mundo entero, desde África hasta Asia, Europa, América Latina, el Medio Oriente, Australia y Nueva Zelanda.

El reto consiste en que la mayoría de nosotros estamos tan inmersos en la cultura occidental, si no en la cultura estadounidense, que nos cuesta reconocer lo americanizada que está nuestra manera de ver a Jesús. Aquello que lo hace particularmente difícil de identificar es que se vea tan bueno, se sienta tan bien y nos haga tanto bien. O eso pensamos nosotros.

Por lo tanto, ¿cómo es seguir a un Jesús americanizado? Es algo sutil, así que comenzaremos viendo cuál era el aspecto que tenía una antigua versión de este discipulado de bienestar en la vida de Pedro.

¿ES POSIBLE SEGUIR A JESÚS
SIN ABRAZAR LA CRUZ?

Jesús ya estaba a mediados de su ministerio por lo menos cuando les explicó a sus discípulos la centralidad de la cruz en su vida y su misión. Las Escrituras recogen la horrorizada reacción de Pedro:

> Pedro lo llevó aparte y comenzó a reprenderlo:
> —¡De ninguna manera, Señor! ¡Esto no te sucederá jamás!
> Jesús se volvió y le dijo a Pedro:
> —¡Aléjate de mí, Satanás! Quieres hacerme tropezar; no piensas en las cosas de Dios, sino en las de los hombres. (Mateo 16:22-23)

Hasta aquel momento, Pedro solo comprendía la mitad del evangelio. Como tantos de nosotros, estaba *centrado en Cristo,* pero no *centrado en la cruz*.[3] Pedro tenía un alto concepto de Jesús como el Mesías. Había sido cautivado por él como el Salvador triunfante obrador de milagros. Pedro quería realmente seguir a Jesús; de hecho, lo había dejado todo para seguirle. Sin embargo, quería seguir a un Jesús que evitaba la cruz; no que la abrazaba.

Pedro mantenía unas ideas fijas, informadas por su cultura, sobre la forma en que la obra de Dios en el mundo se debía desarrollar, y esas ideas no preveían que Jesús fuera asesinado. No obstante, Jesús quería conducir a Pedro por un camino espiritual más profundo, incluso a pesar de que todo lo que había en el interior de Pedro se resistía al sufrimiento y la angustia que aquello implicaba.

Pedro no era curioso. No le hizo preguntas a Jesús con el fin de aprender algo nuevo. Sencillamente, se sintió agitado y desafiante.

Así que Pedro se puso *delante* a Jesús, ordenándole que no hablara de una manera tan tonta. Hasta aquel momento, seguir a Jesús le había dado un sentido mayor, no menor, de poder, control e influencia. Y ahora comprendía que aquello estaba a punto de cambiar. Así que reprendió a Jesús, y le dijo lo que debía hacer.

La reacción de Jesús fue visceral y rápida. Le dijo a Pedro: «¡Aléjate de mí, Satanás!». Y después sorprendió aún más a los discípulos cuando dijo: «Si alguien quiere ser mi discípulo, tiene que negarse a sí mismo, tomar su cruz y seguirme» (Mateo 16:24). Él no solo les dijo con claridad que era necesario que muriera en la cruz a fin de hacer expiación por nuestro pecado, sino que llamó a todos sus discípulos a abrazar una forma de vida moldeada por la crucifixión.

Jesús reformuló la naturaleza de la realidad para los Doce, resumiéndola en esta declaración suya: «Aquello que la gente tiene en gran estima es detestable delante de Dios» (Lucas 16:15). «Detestable» es una palabra extremadamente fuerte que se usa para describir cómo se siente Dios con respecto a las cosas que nosotros tendemos a valorar. Él sabe que nuestra comprensión de sus caminos no solo es demasiado limitada y superficial, sino que también está equivocada y al revés.

En ese caso, la pregunta pasa a ser esta: «¿Qué significa para nosotros seguir al Jesús crucificado dentro de nuestro contexto?».

Recuerda que la americanización del discipulado muchas veces es sutil, así que tengamos en cuenta dos conjuntos de situaciones que demuestran la diferencia entre un discipulado centrado en Cristo que evita la cruz y un discipulado centrado en la cruz que la abraza.

Madison, Alex y Joan: líderes que evitan la cruz

Madison es una miembro voluntaria del equipo de liderazgo que supervisa el ministerio de grupos pequeños en su iglesia. Está casada y tiene tres hijos pequeños. Le encanta participar en las reuniones mensuales de planificación del ministerio y también es líder de su propio grupo pequeño. Aunque Madison y su esposo, Brad, son conocidos en la iglesia por ser creyentes ejemplares, su matrimonio ha experimentado tensiones sin resolver a lo largo del año pasado. Los problemas de conducta que tiene su hijo más pequeño en la escuela solo han servido para complicar esas tensiones. Sin embargo, Madison se niega a hablar de esas luchas con los demás. Quiere que la gente sepa que Jesús realmente hace que nuestra vida sea mejor.

Alex, un pastor principal de treinta y seis años, es elocuente y un buen comunicador. Sus mensajes profundos han aumentado su popularidad, tanto dentro de la iglesia como fuera de ella. Alex se encuentra ahora respondiendo a mensajes electrónicos de personas del mundo entero y respondiendo preguntas de otros pastores de su ciudad. Aunque le agrada la atención, todo esto ha hecho que el trabajo detallado del día a día que es llevar adelante a una iglesia se haya vuelto una carga mayor que en el pasado. Se siente agradecido de que la junta haya estado dispuesta a proporcionarles cuidado pastoral a sus voluntarios clave, de manera que él pueda dedicar más tiempo a mejorar sus habilidades como predicador y maestro. Él cree que «la buena vida que viene de Dios» de la cual disfruta es para todos los que sigan a Jesús.

Joan es pastora asociada en su iglesia. Sin embargo, su camino hasta llegar a ese puesto no ha sido nada fácil. Ser una mujer pastora ha significado para ella que ha sido con frecuencia la única mujer en la sala durante las reuniones de líderes, o que ha sido la primera mujer en ocupar diversas posiciones de liderazgo, y siente la presión que significan ambas cosas. Cuando la contrataron, hacía años que aquella iglesia de doscientos miembros había entrado en decadencia. Sin embargo, la experiencia que ella tenía por haber cambiado de rumbo a su iglesia anterior había sido un factor significativo en la decisión de la junta de esta iglesia de contratarla. Cuando alguien que había sido miembro de la iglesia por largo tiempo comentó recientemente que la iglesia aún parecía seguir en decadencia, Joan se sintió herida, interpretando esto como señal de que no tenían confianza a ella. Joan siente una gran presión por lograr que la iglesia avance y muy pocas veces se toma un día libre. Su esposo se pregunta cuándo serán las cosas más tranquilas para ella. Joan también se lo pregunta.

No cabe duda alguna de que Madison, Alex y Joan aman todos a Jesús. De hecho, toda su vida gira alrededor de Jesús y su obra. Sin embargo, estar centrados en la cruz cambiaría de manera significativa su forma de guiar a las personas. Una cosa es afirmar que Jesús murió por nuestros pecados y resucitó de entre los muertos, y otra es guiar a partir de un discipulado profundamente moldeado por el Jesús crucificado y la realidad de que la cruz es no solo el suceso más importante de toda la historia del mundo, sino también el prisma a través del cual lo seguimos a él.

¿Qué significaría para Madison, Alex y Joan «captar» la parte de ese seguir a Jesús que tiene que ver con la crucifixión? Démosle una mirada a otro conjunto de situaciones, esta vez a través del lente del discipulado centrado en la cruz.

Madison, Alex y Joan: líderes que abrazan la cruz

Madison. En lugar de esconder sus problemas de los demás en un esfuerzo por ser un buen modelo a seguir, Madison comparte francamente el dolor y las luchas que está experimentando en su matrimonio y la crianza de sus hijos. Para ella, el camino de la cruz consiste en la sinceridad, la vulnerabilidad y la humildad, y está dispuesta a compartir el hecho de que ella es también una sanadora herida.

Alex. Alex sigue trabajando fuertemente en sus mensajes, pero ha abandonado su necesidad de ser un comunicador popular y de crear durante sus mensajes momentos «maravillosos». Para él, el camino de la cruz consiste en darle de nuevo prioridad a su tiempo en torno a la labor pastoral día a día y orientar a su gente de la iglesia, en lugar de tratar de crear una plataforma mayor que acumule más elogios por sus dones. Él de igual forma necesita recordar que la «buena vida que viene de Dios» descrita en las Escrituras también incluye el sufrimiento, los reveses y la crucifixión de su orgullo.

Joan. En lugar de cargar con todo el peso de la labor para cambiar el rumbo de la iglesia, Joan anima al pastor principal y a la junta directiva a entrar en un proceso de discernimiento acerca de cuáles podrían ser los planes de Dios para la iglesia. El camino de la cruz para ella es renunciar a su necesidad de que la vean convertida en un éxito. Tal vez necesite aceptar que en realidad lo mejor sería que la iglesia se uniera a otra iglesia, o incluso que cerrara sus puertas con el fin de recibir lo nuevo que Dios podría querer hacer en las vidas de todos.

Sospecho que estos tres líderes tal vez retrocederían ante estas respuestas alternativas a sus circunstancias, al menos al principio. Sé que retroceder fue mi respuesta inicial cuando Dios me fue haciendo pasar lentamente por la transición desde una perspectiva centrada en Cristo hasta otra centrada en la cruz, para ver cómo debía vivir y seguirlo a él.

EL DISCIPULADO DEL MUNDO VERSUS EL DISCIPULADO DE JESÚS

La pregunta entonces es: ¿qué significa para nosotros estar centrados en la cruz, seguir al Jesús crucificado dentro de nuestro contexto y momento en la historia?[4] La mejor manera de conseguir una respuesta a esto consiste en comprender mejor el contraste entre lo que Jesús enseñó y ejemplificó acerca del discipulado, y lo que enseñaban los líderes religiosos de su tiempo y de lo cual daban ejemplo ellos.[5] En otras palabras, haciendo una distinción entre el discipulado del mundo y el discipulado de Jesús. Esta distinción se resume en cuatro diferencias clave.

El discipulado del mundo	El discipulado de Jesús
Ser popular.	Rechazar la popularidad. *(Sean populares conmigo).*
Ser grande.	Rechazar el afán por ser grandes. *(Sean grandes conmigo).*
Tener éxito.	Rechazar el afán por tener éxito. *(Sean exitosos conmigo).*
Evitar el sufrimiento y el fracaso.	Abrazar el sufrimiento y el fracaso. *(Sean fieles a mí).*

Como veremos, estos cuatro conjuntos de características se superponen e interceptan entre sí, aunque también ameritan un trato por separado. De hecho, cada una de las cuatro descripciones del discipulado según el mundo es poderosa y se halla profundamente arraigada en la iglesia. Tal como Jesús le enseñó a los Doce, nosotros también las debemos rechazar de forma categórica, no solo porque son ilusorias y temporales, sino porque nos hacen daño a nosotros y a las personas que guiamos.

Comencemos con el primer gran desafío de la popularidad, que es la preocupación por lo que piensan los demás.

1. Ser popular frente a rechazar la popularidad

Recuerdo en todos sus detalles una conversación que tuve con el pastor de una iglesia grande y prominente cuando aún estaba en los primeros años de mi ministerio. Acababa de hablarle acerca de nuestra dedicación a la reconciliación entre razas y el trabajo entre los pobres. Con una amplia sonrisa en su rostro, él me animó a cambiar mi enfoque a la edificación de una iglesia grande, como la que él tenía. «Pete, es que tú no lo entiendes», me dijo muy convencido. «Cuando yo entro a una sala con un grupo de pastores, es como si se abriera el mar Rojo. ¿Por qué? Por el tamaño que tiene nuestra iglesia. Si quieres que

> **EL DISCIPULADO DEL MUNDO VERSUS EL DISCIPULADO DE JESÚS**
>
> 1. **Ser popular frente a rechazar la popularidad.**
> 2. Ser grande frente a rechazar el «grandismo».
> 3. Ser exitoso frente a rechazar el «exitismo».
> 4. Evitar el sufrimiento y el fracaso frente a abrazar el sufrimiento y el fracaso.

la gente escuche lo que tienes que decir, necesitas tener números que te respalden».

Yo pensé: *Este pastor es un hombre de Dios. En su iglesia son muchas las personas que han aceptado a Cristo. Yo he aprendido mucho de él.*

Sin embargo, me marché de allí sintiéndome confundido.

Unos pocos años más tarde, me tomé un café con otro pastor muy conocido, que pastoreaba una iglesia más grande aún y me animó a abrir una oficina en Manhattan, cerca de los corredores del poder político y económico. «Pete, no puedes causar un impacto en Queens», dijo. «La única forma en que las personas de esta ciudad van a conocer quién tú eres es si te conviertes en uno de los que juegan en la gran plataforma política».

De nuevo me marché sintiéndome confundido.

Salí de ambas conversaciones confundido, porque ambos hombres estaban causando un impacto significativo en nuestra ciudad y trataban de ayudarme. Sin embargo, yo sabía que había algo en sus consejos que no estaba muy bien, al menos para mí.

La definición común de lo que es ser popular habla de ser «estimado o, al menos, conocido por el público en general».[6] ¿Quién no quiere ser popular? El problema está en que esto nos lleva a hacer y decir cosas que impresionen a los demás, y a tomar decisiones que de otra manera es posible que no hubiéramos tomado.

He tardado décadas en llegar a captar el enorme poder que tiene la tentación de ser popular. De hecho, fue una de las tres tentaciones que usó el diablo en un intento por poner distancia entre Jesús y el Padre. Satanás, citando las Escrituras, invitó a Jesús a lanzarse al aire desde el punto más elevado del templo para que las personas creyeran en él (Mateo 4:5-6). En ese momento, Jesús no era popular. De hecho, era invisible para la gente; solo se trataba de un rostro más en medio de la multitud. Sin embargo, Jesús se negó a realizar aquel acto para que lo reconocieran y salió del pináculo del templo solo y sin haber sido reconocido.

Cuando las autoridades religiosas, a las cuales Jesús no impresionaba, le pidieron una señal, Jesús se negó a hacer un milagro porque ellos se lo habían pedido (Mateo 16:1-4). De hecho, Jesús siempre parecía hacer sus milagros lo menos visiblemente que le fuera posible. Por ejemplo, los panes y los peces no los multiplicó por medio de la explosión de un trueno, sino de una forma casi invisible por medio de las manos de los Doce, hasta alimentar a más de cinco mil. Jesús se negaba a actuar de una manera que causara admiración o simpatía.

El deseo de ser popular estaba tan arraigado en la cultura secular y religiosa del siglo primero, que Jesús habló públicamente de los fariseos y los maestros de la ley, diciendo: «Todo lo hacen para que la gente los vea» (Mateo 23:5). A diferencia de ellos, los discípulos de Jesús debían rechazar por completo una espiritualidad de exhibición destinada a impresionar a los demás, ya fuera en su forma de dar, orar, ayunar u ofrecer algún otro servicio a Dios.[7]

Permíteme decirte esto de la manera más clara posible: *Jesús denunciaba toda actividad que presentara rasgos de buscar la aprobación o la admiración de los demás.* Debemos renunciar a toda actuación y toda búsqueda de que alguna otra persona nos note, ya sea construyendo un edificio más grande o teniendo un ministerio más exclusivo, acumulando más dinero o posesiones, o subiendo la escalera en nuestra carrera.

Jesús conocía la debilidad del corazón humano; él sabía que el deseo de impresionar a los demás sería una tentación constante. Esto es lo que les dijo a los líderes religiosos: «¿Cómo va a ser posible que ustedes crean, si unos a otros se rinden gloria, pero no buscan la gloria que viene del Dios único?» (Juan 5:44). Él sabía que el deseo de popularidad había envenenado la fe y el liderazgo de ellos. Y también sabía que tenía el potencial necesario para envenenar igualmente el discipulado de sus seguidores.

Nos agradaría pensar que hemos progresado más allá de la preocupación por la popularidad que tenían los líderes religiosos en los días de Jesús. Sin embargo, gran parte de nosotros le damos mayor valor a lo que piensan las demás personas que a lo que nosotros sabemos. Si tienes dudas en cuanto a esto, piensa si alguna vez has tenido pensamientos como estos:

> *¿Qué tal luzco cuando predico este mensaje y uso esta ilustración?*
> *Si hablo con esa persona sobre cómo me hirió, ¿me verá de una manera diferente?*
> *Si les comunico mis esperanzas y sueños, ¿pensarán que soy un egoísta?*
> *¿Mi supervisor me tratará de manera diferente si hablo con él acerca de mis luchas?*
> *¿Cuántos «me gusta» o seguidores conseguiría si publicara esto en las redes sociales?*

Con frecuencia, nuestro anhelo de que los demás nos noten y estimen es tan profundo e inconsciente, que nos puede resultar difícil reconocerlo por lo que realmente es. Y sin embargo, sale a la superficie de formas sutiles, pero reconocibles. Por ejemplo, diciendo «sí» cuando habríamos preferido decir «no», negándonos a hablar porque no queremos «causar un problema», o quedándonos callados en cuanto a nuestras preferencias y anhelos por temor a lo que puedan pensar los demás.[8]

En mis primeros años del ministerio, mi deseo de impresionar a los demás me llevó a tomar decisiones muy alejadas del plan de Dios y su programa para nuestra iglesia. Como había otras iglesias que parecían crecer con rapidez, no quería que me consideraran un fracasado, de manera que comencé ministerios, e incluso iglesias, antes de estar listos. Y como esas nuevas iniciativas necesitaban líderes, enviaba a personas a desempeñar ministerios de importancia de manera prematura. (Confío en que podrás imaginar cuáles fueron los resultados).

Cuando Dios estaba tratando de que tanto yo como nuestra iglesia alcanzáramos la madurez por medio de toda clase de pruebas, yo estaba más preocupado por la forma en que otros pastores o líderes podrían ver el lento y desordenado camino por el que íbamos. Lamentablemente, estaba permitiendo que las presiones que me había impuesto a mí mismo nos robaran a mí, mi familia y los líderes de nuestra iglesia los muchos gozos que Dios nos tenía preparados.

Otra consecuencia de mi necesidad de impresionar a los demás fue que mentí muchas veces sin darme cuenta. Yo mentía antes de entregarle mi vida a Cristo a los diecinueve años. Sin embargo, lo que es más alarmante es lo mucho que continué mintiendo. Me mentía primeramente y sobre todo a mí mismo, después a los demás e incluso a Dios con el fin de ser un «buen testigo» siendo todavía un joven líder. Fingía que las cosas iban bien cuando no era así. Para guardar la paz —aunque se tratara de una falsa paz— faltaba a la honradez en las conversaciones difíciles.

Cuando hacíamos nuestra revisión anual de las posiciones clave en la iglesia, tanto de los voluntarios como de las personas pagadas, no presentaba mis comentarios y opiniones con sinceridad cuando se necesitaba hacer mejoras. ¿Por qué? Porque no podía soportar que la gente no estuviera de acuerdo conmigo. Y si alguien necesitaba dejar su posición, me sentía sumamente abrumado, pensando en la forma en que aquello podría repercutir sobre mí. Como consecuencia, muchas veces no decía nada sobre algunas preocupaciones legítimas, pareciéndome más fácil inventar unos cuantos hechos en lugar de arriesgarme a perder algunas relaciones.

El problema era que yo no me sentía realmente libre. Uno es libre cuando ya no necesita ser alguien especial ante los ojos de las demás personas. *Nos tenemos que contentar con ser populares para él solamente.*

Es importante observar que Jesús no critica el deseo humano fundamental de ser popular, pero sí lo redirige. Lo que él quiere es que cambiemos ese anhelo nuestro y en vez de enfocarlo en la gente, lo enfoquemos en el Padre. Él le quiere poder decir a cada uno de nosotros al final de nuestra jornada terrenal: «¡Hiciste bien, siervo bueno y fiel!» (Mateo 25:21). Esta es la única declaración que satisfará realmente nuestro deseo de ser reconocidos. El anhelo de ser populares —amados, disfrutados y aceptados— es algo que Dios nos ha dado, pero también es un deseo insaciable en este lado del cielo. Jesús quiere que sepamos que solo Dios es la única fuente de reconocimiento que nos satisface a plenitud. Él sabe que si recibiéramos los elogios y el reconocimiento de todo el mundo, aún seguiríamos diciendo: «Eso es muy poco».[9]

Por lo tanto, el rechazo de la popularidad terrenal es esencial para poder seguir al Jesús crucificado y entregarnos a un discipulado profundamente transformador con él. Sin embargo, también necesitamos hacer lo mismo con la idea que tiene el mundo sobre la grandeza.

2. Ser grande frente a rechazar el «grandismo» (el afán desmedido de alcanzar la grandeza según la define el mundo)

Toda cultura y todo esfuerzo humano tienen sus maneras de honrar a aquellos que alcanzan la grandeza. Otorgamos el Premio Nobel para reconocer los logros académicos, culturales o científicos. Están los premios Oscar y Tony para las actuaciones sobresalientes en las películas y los escenarios. Les otorgamos medallas a los atletas olímpicos y trofeos a los campeones de las Copas Mundiales y los Super Bowl. Erigimos monumentos, creamos días de recordación e incluso canonizamos a aquellos que hacen grandes cosas por la humanidad.

También creamos definiciones de la grandeza a partir de nuestra propia cultura y nuestra familia de origen. Por ejemplo, puesto que tanto los padres de mi madre como los de mi padre emigraron a los Estados Unidos desde Italia, ellos crecieron con un deseo de triunfar que con mucha frecuencia caracteriza a las familias inmigrantes. Después nos pasaron ese impulso a mis tres hermanos y a mí. Entre las metas de grandeza que tenían para cada uno de nosotros se incluían cosas como graduarnos de la universidad, conseguir mucho dinero y subir la escala de las clases sociales. (Mi madre, al oír que yo iba a ser pastor, murmuró: «Bueno, no seas un perdedor. ¡Por lo menos sé como Billy Graham!»).

La grandeza en cualquier familia o cultura dada podría incluir obtener todas las calificaciones sobresalientes en los estudios, graduarse en una universidad prestigiosa, convertirse en abogado o médico, casarse y tener hijos, convertirse en pastor u obrero cristiano por vocación. La lista es larga.

> **EL DISCIPULADO DEL MUNDO VERSUS EL DISCIPULADO DE JESÚS**
>
> 1. Ser popular frente a rechazar la popularidad.
> 2. **Ser grande frente a rechazar el «grandismo».**
> 3. Ser exitoso frente a rechazar el «exitismo».
> 4. Evitar el sufrimiento y el fracaso frente a abrazar el sufrimiento y el fracaso.

Esta misma dinámica funciona en el ministerio, aunque con frecuencia de manera inconsciente. Nuestros deseos de grandeza podrían tomar la siguiente forma:

> *Quiero edificar una gran iglesia donde asistan cien, doscientas, o incluso quinientas personas a los servicios.*
>
> *Quiero levantar un gran ministerio que alcance con eficacia a la gente joven.*
>
> *Quiero dirigir un grupo pequeño estupendo que crezca con rapidez.*
>
> *Quiero ser un miembro estupendo de la junta que le ofrezca sabiduría y dirección al ministerio.*
>
> *Quiero ser un magnífico miembro del equipo de oración que ayude a liberar el poder de Dios sobre las personas.*
>
> *Quiero ser un gran maestro de la Palabra de Dios.*
>
> *Quiero ser un donante generoso para los ministerios.*

En mi condición de visionario, que de forma rutinaria se alimenta con tres ideas nuevas en cada desayuno, me encanta soñar acerca de las grandes cosas que nuestro ministerio podría hacer para Dios. Una vez más, el peligro está en la audiencia. ¿Para quién estoy buscando ser grande? ¿Cuál es la motivación más profunda, inconsciente con frecuencia, que hay detrás de mis visiones y sueños?

Jesús nos llama a todos a la grandeza, pero esa grandeza es diferente por completo a lo que el mundo define como grandeza, lo cual él condena. La visión culturizada que el mundo tiene de la grandeza, y que la mayoría de nosotros experimenta, es lo que se podría llamar «grandismo». Como lo describe el teólogo Frederick Dale Bruner, el grandismo es «una importante enfermedad socioespiritual y una fuente principal de una fe falsa».[10] Ese grandismo fue el que llevó a los fariseos y los maestros de la ley a considerarse a sí mismos superiores a todos los demás. Sus conocimientos de las Escrituras y su celo legalista les ganaron ciertos privilegios, como los «primeros» o mejores asientos en las sinagogas, sus títulos honorarios y los ropajes distintivos que los diferenciaban de los demás. No obstante, su grandismo contrastaba con la vida y el ministerio de Jesús, que no tenía nada de grande según las normas religiosas y culturales de aquellos días.

Los comienzos de Jesús no fueron grandes. Jesús fue puesto en un pesebre cuando nació en una pequeña población y dentro de una familia pobre. Tuvo que huir como fugitivo y ser un refugiado en Egipto. Creció en un pequeño poblado llamado Nazaret, considerado como «un pueblo de donde no podía salir nada bueno». A diferencia de otros prominentes rabinos de aquellos días, no había estudiado en ninguna de las escuelas rabínicas establecidas en Jerusalén.

Los discípulos de Jesús no eran grandes personajes. Los miembros del personal y el equipo de liderazgo que eligió eran galileos, y la mayoría de ellos obreros y pescadores sin estudios. No eran personas respetables de gran influencia o intelecto. Y con toda seguridad no incendiaron al mundo durante los tres años que estuvieron con Jesús.

El ministerio de Jesús no era grandioso. Jesús pareció tener algo así como un ministerio de ambulancia, que iba por todas partes recogiendo a las víctimas destrozadas de la opresión en lugar de esforzarse por echar abajo las malvadas estructuras opresoras políticas, militares y económicas de sus días. Los milagros de Jesús tuvieron lugar en su mayoría en los lugares más remotos de Galilea, no en lugares estratégicos como Jerusalén o Roma. Los fariseos y los saduceos, así como Herodes y el Imperio romano, permanecieron todos en el poder. El mandato dado por Jesús a sus seguidores sobre amar a sus enemigos, dentro del contexto de la cruel opresión de los romanos, parecía una estrategia débil e ineficaz para el cambio social.

El impacto de Jesús no era grande. Las pequeñas poblaciones en las cuales Jesús concentró su ministerio y sus milagros —como Capernaúm, Betsaida, Corazín, e incluso su pueblo Nazaret— lo rechazaron. Ni siquiera parece haber tenido la capacidad suficiente para convencer a Judas, su tesorero y uno de los Doce, a fin de que permaneciera con él cuando la situación se puso difícil. Hasta Juan el Bautista dudó de él mientras estaba sentado en la prisión: «¿Eres tú el que ha de venir, o debemos esperar a otro?» (Mateo 11:3).

Jesús sabía que así como él había renunciado a la grandeza cuando Satanás lo había tentado, también nosotros debemos tomar la misma decisión de rechazar categóricamente el grandismo por la amenaza mortal que significa. De hecho, Jesús nos llama a abandonar por completo la idea de la grandeza y la alta posición, incluso en los asuntos espirituales. Así que, de la misma manera en que debemos ser populares para Dios, debemos ser grandes para él también, buscando únicamente su aprobación: «¡Hiciste bien, siervo bueno y fiel!» (Mateo 25:21).

La senda que Jesús nos llama a recorrer implica alejarnos deliberadamente de ese grandismo para ser pequeños o humildes. Jesús dijo: «El que se humilla como este niño será el más grande en el reino de los cielos» (Mateo 18:4). Una humildad así no es humillación, desprecio de sí mismo o complejo de mártir. En lugar de esas cosas, es una humildad que se expresa en la disposición a ser curioso, franco, flexible y educable, cualquiera que sea el título o el puesto que tengamos. En otras palabras, no necesitamos ser siempre los que controlamos la situación. En las conversaciones, no nos dedicamos a dominar las impresiones para cubrir nuestras debilidades y con la esperanza de que la gente piense que somos alguien importante. Tampoco limitamos la clase de personas de las cuales podemos aprender o que nos pueden guiar.

Tomamos la decisión de practicar la humildad y el servicio a los demás *estando* realmente con aquellos que tienden a quedar marginados por la cultura en general: los que no son atractivos, los que no son estratégicos para la sociedad, los ancianos, los mental o físicamente minusválidos, los presos, los maltratados, los pobres. Nos unimos a Jesús para sentirnos impresionados por la gente que el mundo considera nada impresionantes, y nos maravillamos. Como el apóstol Pablo, tenemos que interiorizar cómo la cruz de Cristo ha hecho morir ese viejo mundo de distinciones, divisiones y jerarquías. Como consecuencia, «de ahora en adelante no consideramos a nadie según criterios meramente humanos» (2 Corintios 5:16).[11]

Cuando seguimos al Jesús crucificado, cambiamos nuestro enfoque de nuestro grandioso plan para Dios a la obra en gran parte escondida de realizar obras de servicio a favor de los demás. Con el fin de lograrlo, me hago constantemente estas dos preguntas:

- ¿Cuándo mis planes y aspiraciones son legítimamente para la gloria de Dios y cuándo cruzan el límite hacia mi propio anhelo de grandeza?
- ¿Cuáles oportunidades ha puesto Dios delante de mí para que sea humilde con los humildes y pequeño con los pequeños?

La primera pregunta me hace reducir mi velocidad a fin de asegurarme de que no estoy haciendo planes sin contar con Dios o no me estoy rebelando contra los límites que él ha establecido. La segunda me recuerda que es de total importancia que esté con los de abajo, los pobres y los que el mundo ignora, porque a través de ellos es como me encuentro con Jesús (ver Mateo 25:31-46).

Esta definición diferente de la grandeza dada por Jesús nos lleva al tercer aspecto básico de la reformulación que él hizo de la realidad para nosotros, sus discípulos: el rechazo del éxito según el mundo.

3. Ser exitoso frente a rechazar el «exitismo» (el afán desmedido de alcanzar el éxito según los estándares del mundo)

¿Quién no quiere ser un triunfador? Admiramos y respetamos a la gente que triunfa. Les prestamos una atención especial. Tener éxito podría muy bien ser la religión más universal del mundo, una llamada «exitismo». Por esta razón, necesitamos ver ese exitismo como lo que realmente es: una fe falsificada que tiene el poder de separarnos de Jesús.[12]

Recuerda que vivimos dentro de una cultura más amplia, la cual cree que lo más grande es *siempre* lo mejor: mayores ganancias, mayor influencia, mayor impacto. Y la iglesia cree más o menos lo mismo. Medimos el éxito por los números, y la meta siempre es lo más grande. Si nuestros números van en aumento, nos sentimos satisfechos y consideramos que nuestros esfuerzos han tenido éxito. Si no es así, nos sentimos abatidos y consideramos que nuestros esfuerzos han fracasado. Es por esto que resulta esencial que definamos el éxito de la manera correcta. De acuerdo con Jesús, el éxito consiste en convertirnos en la persona que Dios nos ha llamado a ser, y en hacer lo que Dios nos ha llamado a hacer, a su manera y de acuerdo con su programa.

> ### EL DISCIPULADO DEL MUNDO VERSUS EL DISCIPULADO DE JESÚS
>
> 1. Ser popular frente a rechazar la popularidad.
> 2. Ser grande frente a rechazar el «grandismo».
> 3. **Ser exitoso frente a rechazar el «exitismo».**
> 4. Evitar el sufrimiento y el fracaso frente a abrazar el sufrimiento y el fracaso.

Esto es tan importante que te voy a pedir que leas estas palabras una vez más. Lentamente. *El éxito consiste en convertirnos en la persona que Dios nos ha llamado a ser, y en hacer lo que Dios nos ha llamado a hacer, a su manera y de acuerdo con su programa.*

El apóstol Pedro llegó dando tumbos dirigido por Jesús, paso a paso, hasta un rechazo del éxito mundano. Como la mayoría de los líderes, Pedro quería cambiar el mundo por medio de Jesús. Sin embargo, la cultura del exitismo estaba tan profundamente arraigada en él que se resistía a Jesús en todo momento.

Sencillamente, Pedro no podía reconciliar su manera de comprender el éxito con la crucifixión: con los fracasos, los rechazos y las derrotas; con las semillas de mostaza y unos cuantos panes y peces. A pesar de los tres años que estuvo con Jesús, se mantuvo tan afectado por el exitismo que, cuando arrestaron a Jesús, pudo justificar el hecho de recurrir a la violencia para protegerlo. Con el éxito como valor supremo, no lo pensó dos veces, sacó una espada y le cortó una oreja al siervo del sumo sacerdote (Mateo 26:51).

Nosotros no somos diferentes al apóstol Pedro. Nuestro exitismo nos impulsa a tomar decisiones mal orientadas y a tratar a las personas de formas que son contrarias a lo que hay en el corazón de Jesús.

Al menos el noventa por ciento de los pastores y líderes con los que he hablado, tanto jóvenes como de más edad, experimentan una irónica consecuencia del exitismo. Se sienten fracasados. Consideran que han hecho menos de lo que deberían. Piensan que son unos representantes muy pobres de Jesús.

«Nunca es suficiente», se quejaba conmigo una pastora asociada llamada Fran. «Estoy trabajando seis días a la semana y ni así me puedo mantener al día. Mi esposo se queja y mis dos hijos varones que cursan la escuela media saben que estoy siempre distraída cuando me encuentro en casa. Sin embargo, ¿qué puedo hacer? Sencillamente, el tiempo no me alcanza».

Conozco demasiado bien este dolor que no cesa de roer el alma, junto con su peso aplastante. En mis primeros años de pastor, hasta que no tomé el camino del discipulado emocionalmente sano ese dolor no desapareció y aquel gran peso no comenzó a disminuir.

Lo que hace que esto sea tan desafiante cuando comenzamos a servir y dirigir es que nuestra relación *con* Dios se une tanto a nuestra labor *para* Dios que las dos cosas se vuelven casi indistinguibles. Cuando lo que somos, nuestra identidad como hijas o hijos de Dios, se vuelve inseparable de nuestro papel de líderes, nos volvemos especialmente vulnerables ante una de las tentaciones más sutiles y traicioneras del Maligno: equiparar lo que valemos con nuestro éxito en el ministerio y el liderazgo.

Pocos de nosotros nos damos cuenta de que la tentación final que Satanás le ofreció a Jesús en el desierto giraba alrededor del éxito (Mateo 4:8-9). Satanás le ofreció un éxito inmediato en su misión de salvar al mundo. Toda persona en el mundo se inclinaría ante él, reconociéndolo como Salvador. Y esto lo lograría sin la agonía de la crucifixión. Así Jesús podría eliminar todo lo que sabía que le vendría: un camino descendente hacia el fracaso y la derrota. Todo lo que tenía que hacer era violar el don de los límites fijados por el Padre (hablaré más de esto en el capítulo 5: «Acepta el don de los límites de Dios»).

Si Jesús hubiera sucumbido ante esa tentación, habría podido «tener éxito» en cuanto a hacer la obra de su ministerio, pero habría fracasado por completo según la definición de Dios del éxito. *No* hubiera hecho la obra de Dios, a la manera de Dios y de acuerdo con el programa de Dios.

El teólogo Frederick Dale Bruner resume acertadamente el verdadero peligro que se escondía tras la tentación del exitismo: «A veces haremos absolutamente todo a fin de evitar que nuestro trabajo fracase. Pero en el momento en que hacemos *absolutamente todo* a fin de evitar que nuestro trabajo para Dios fracase, hemos hecho que nuestro trabajo se convierta en Dios, y tal vez sin darnos cuenta hemos adorado a Satanás».[13]

Por esta razón, debemos descubrir y rechazar este exitismo que tanto impregna hoy a nuestras iglesias y nos lleva con tanta frecuencia a comprometer nuestra integridad.[14] Recuerda, no todas las oportunidades de expandir la obra de Dios son realmente invitaciones procedentes de Dios.

Esta batalla insana por lograr el éxito mundano nos lleva también a ser más resistentes aún a otro componente esencial del discipulado de Jesús: la forma única en que debemos ver el sufrimiento y el fracaso.

4. Evitar el sufrimiento y el fracaso frente a abrazar el sufrimiento y el fracaso

Las iglesias contemporáneas inmersas en la cultura occidental tienen mucho en común con la iglesia de Corinto en el siglo primero. Siendo la ciudad más rica de Grecia y una de las mayores del Imperio romano, Corinto era como las ciudades de Nueva York, Los Ángeles y Las Vegas en el mundo antiguo.[15] De todo el mundo acudían personas a Corinto para «triunfar» allí. La iglesia estaba llena de celo, era brillante y bien dotada, pero también enfrentaba una amplia variedad de problemas: divisiones, arrogancia, malos tratos a los miembros más débiles, adaptaciones peligrosas a la cultura, y unas ideas confusas sobre la sexualidad tanto de los solteros como de los casados.

Cuando Pablo comienza a responder a sus preguntas y problemas, les recuerda: «Me propuse más bien, estando entre ustedes, no saber de cosa alguna, excepto de Jesucristo, y de este crucificado» (1 Corintios 2:2). Este es el lente a través del cual Pablo veía al liderazgo, las relaciones, el discernimiento y la iglesia. Por ejemplo, se negaba a presumir de las visiones y revelaciones que recibía de Dios como una fuente de su autoridad. A los que ponían en duda su liderazgo, les señalaba sus debilidades. A otra iglesia le escribiría: «En cuanto a mí, jamás se me ocurra jactarme de otra cosa sino de la cruz de nuestro Señor Jesucristo, por quien el mundo ha sido crucificado para mí, y yo para el mundo» (Gálatas 6:14).[16]

Tal como nos sucede a nosotros hoy, los corintios olvidaban que habían sido llamados a una vida

> **EL DISCIPULADO DEL MUNDO VERSUS EL DISCIPULADO DE JESÚS**
>
> 1. Ser popular frente a rechazar la popularidad.
> 2. Ser grande frente a rechazar el «grandismo».
> 3. Tener éxito frente a rechazar el «exitismo».
> 4. **Evitar el sufrimiento y el fracaso frente a abrazar el sufrimiento y el fracaso.**

que revelara la gloria de Cristo en la debilidad y el sufrimiento, no en el escape o la negación de las dolorosas realidades que los rodeaban.[17] La cruz era un escándalo para ellos y sigue siendo un escándalo hoy para nosotros. En la vida religiosa contemporánea, «nuestro capital consiste en el "pensamiento positivo", junto con su socio, la evasión: el bloqueo de todas las cosas difíciles y dolorosas».[18] Esto es exactamente lo opuesto a una manera de vivir en la cual el poder de Dios se revela en la debilidad.

¿Qué significa para nosotros abrazar el camino de Dios de la debilidad? Esto significa, por ejemplo, que:

- Estoy dispuesto a parecer un necio, incluso alguien que está fracasando, y puedo esperar en Dios en lugar de manipular a las personas y hacer planes para el crecimiento numérico en mi ministerio;
- Estoy dispuesto a ser un verdadero pacificador siguiendo el modelo de Jesús y enfrentarme a los conflictos en lugar de barrerlos y esconderlos debajo de la alfombra, aunque el ministerio se vea peor al menos a corto plazo;
- Estoy dispuesto a limitar mis planes y actividades para no escatimar en mi propio cuidado o mis relaciones con las personas más allegadas a mí. Me niego a «fingir hasta que lo consiga»;
- Estoy dispuesto a tomarme un tiempo para lamentar las pérdidas que se produzcan a mi alrededor y confiar en que Dios me va a revelar los tesoros que tiene para mí en ellas, además de tomarme el tiempo necesario para estar presente en medio de la gente como lo estaba Jesús, aunque eso les haga parecer a los que me rodean que soy débil;
- Estoy dispuesto a ser honrado acerca de lo que está sucediendo en el ministerio y no exagerar, aunque eso limite el entusiasmo de la gente para contribuir con sus finanzas.

¿Es de maravillarnos que Jesús no cesara de recordarles a los Doce una y otra vez que el camino de la salvación de Dios es lento y pequeño como una semilla de mostaza, a fin de demostrar que el poder siempre es de Dios y no de nosotros?

Imaginémonos que Pedro no hubiera sido quebrantado por sus humillantes fallos, sino que estuviera guiando a la iglesia después de Pentecostés desde una actitud de soberbia, considerándose intocable.

Imaginémonos que Pablo, con todos sus dones, su energía y su intelecto, no hubiera tenido una «espina» en su cuerpo que no podía eliminar ni hacer desaparecer con la oración.

Imaginémonos que Moisés no hubiera pasado cuarenta años en el destierro en Madián después de asesinar al egipcio, o no hubiera experimentado las humillaciones de las acusaciones injustas y las rebeliones contra su autoridad durante sus cuarenta años en el desierto.

El sufrimiento y el fracaso siempre han sido los medios que Dios ha utilizado para transformarnos de voluntariosos a dispuestos, de nadar contra la corriente del amor divino a flotar corriente abajo, confiando en que él cuida de nosotros. Esa es también su forma primaria de enseñarnos a ser pacientes.

El mayor milagro de Jesús fue su resurrección, pero el segundo en importancia fue algo que él *no* hizo. Jesús fue nuestro modelo de paciencia cuando se negó a usar su poder para descender de la cruz. La tentación le llegaba con los insultos que le lanzaban los que pasaban por allí: «¡Sálvate a ti mismo! ¡Si eres el Hijo de Dios, baja de la cruz!» (Mateo 27:40). Sin embargo, aquello que parecía un descomunal fracaso resultó ser una gran victoria. El peor momento de la historia se convirtió en el momento más grande.

Y así son las cosas para nosotros si somos pacientes. Jesús podía escoger entre dejar la cruz o permanecer en ella. Nos enfrentamos a esta misma elección cada vez que nos hallamos en situaciones en las cuales todo en nosotros quisiera que «nos salváramos a nosotros mismos».

¿Cómo sería que nos salváramos a nosotros mismos; que descendiéramos de la cruz? En mi propia vida, desciendo de la cruz cuando no quiero dar la impresión de ser un fracasado. Lanzo iniciativas motivado por la impaciencia, tomo decisiones a la ligera sin dedicar el tiempo para buscar un consejo sabio, y trabajo en exceso frenéticamente por temor a que el ministerio caiga en decadencia o se estanque.[19]

Pregúntate a ti mismo:

- ¿De qué maneras trato de evitar el sufrimiento y el fracaso que Jesús podría estarme poniendo delante?
- ¿Ante quiénes tengo más temor de quedar como un tonto? Di sus nombres.

Y descansa seguro de que Dios te quiere mostrar que tus peores momentos de fracaso y derrota pueden convertirse realmente en tus más grandes momentos de éxito en términos de la obra transformadora de Dios en ti y por medio de ti.

Al pedirte que hagas los cambios necesarios para seguir al Jesús crucificado, no al americanizado, no te estoy pidiendo que añadas un punto más a tu ya repleta agenda de trabajo. Te estoy pidiendo que hagas un giro en sentido contrario y reorganices tu vida alrededor de una manera totalmente nueva de servir y guiar para Jesús. Esto constituye ni más ni menos que un acto de rebelión innovador y que desafía la cultura, el cual va contra gran parte del cristianismo occidental.

DA TUS PRIMEROS PASOS PARA SEGUIR AL JESÚS CRUCIFICADO

En estos momentos puedes estarte preguntando: «¿Quieres que yo rechace la popularidad y abrace el sufrimiento y el fracaso? ¡Sonará bien cuando se predica, pero tienes que estar bromeando! ¿Cómo es posible vivir con esa libertad?».

¡Vivir de esa manera no solo es posible, sino que es aquello para lo cual fuiste creado! Y hay tres prácticas esenciales y bíblicas que puedes usar para comenzar tu jornada: relajarse en Jesús, desprendernos de todo por Jesús y escuchar a Jesús.

Práctica 1: Relajarse en Jesús

El día después que Jesús alimentó a los cinco mil para desaparecer más tarde misteriosamente, la multitud vino a buscarlo. Cuando lo hallaron, se produjo este fascinante intercambio de palabras:

—¿Qué tenemos que hacer para realizar las obras que Dios exige? —le preguntaron.

—Esta es la obra de Dios: que crean en aquel a quien él envió —les respondió Jesús. (Juan 6:28-29)

Cuando le preguntaron acerca de las «obras» que Dios exige, la gente tenía en mente cosas como la oración, los actos de misericordia, las ofrendas o el estudio de la Biblia. Para sorpresa suya, Jesús les respondió que solo había *una* obra: «crean en aquel a quien él [Dios] envió». Las palabras *creer en [aquel]* significan *confiar en él* —y no solo una vez, sino continuamente— de una manera constante, momento a momento y día a día.

Jesús hace esta invitación a confiar en él noventa y ocho veces en el Evangelio de Juan. De hecho, el mismo Juan declara que su propósito al escribir todo su Evangelio es «que ustedes crean [*estén confiando siempre, momento a momento*] que Jesús es el Cristo» (Juan 20:31). El teólogo Frederick Dale Bruner capta la riqueza de esta clase de fe cuando escribe: «"Relajarse en" es una buena traducción moderna de "confiar en" o "creer en"».[20] Nos relajamos cuando nos permitimos a nosotros mismos ser sostenidos por él, cualesquiera sean las tormentas y las circunstancias en las que nos hallemos.

Relájate en Jesús.

Si pensamos en esto, ¿acaso no es esta la meta de todo lo que hacemos en el ministerio, incluyendo la adoración, la predicación, los grupos pequeños, la programación, las clases, la labor de alcance, el servicio y las ofrendas? ¿No se trata de lograr que las personas se relajen en Jesús? Jesús nos dice que si entendemos esto correctamente —si hacemos que nuestra labor consista en relajarnos en él— él se encargará del resto.

Relájate.

Por supuesto, resulta más fácil hablar de esto que vivirlo, especialmente cuando estamos rodeados por la ansiedad o el ministerio parece ir hacia atrás en lugar de hacia delante. Y, sin embargo, eso es precisamente lo que Jesús ejemplificó para nosotros en su propio ministerio.

A veces olvidamos que él experimentó una deserción en masa en la cual perdió a miles de discípulos. Después de darles de comer a los cinco mil, grandes multitudes comenzaron a seguirlo. No obstante, más tarde, cuando comenzó a enseñar verdades difíciles acerca de la necesidad que tendría la gente de comer su carne y beber su sangre, esas multitudes se ofendieron y dejaron de seguirlo (Juan 6:66). Miles de personas lo abandonaron. Solo quedaron los Doce, ¡y uno de ellos era Judas!

Como respuesta a la incredulidad de las multitudes, y después de los discípulos, Jesús hace tres declaraciones, cada una de las cuales nos ofrece revelaciones sobre la forma en que él se podía relajar en Dios:

- «Todos los que el Padre me da vendrán a mí» (Juan 6:37).

- «Nadie puede venir a mí si no lo atrae el Padre que me envió» (Juan 6:44).
- «Por esto les dije que nadie puede venir a mí, a menos que se lo haya concedido el Padre» (Juan 6:65).

Aun en los momentos en que miles de personas se alejaban de él, Jesús se relajaba, fundamentado en un profundo sentido de la soberanía y el plan del Padre. Él comprendía que, en última instancia, era el Padre el que atraía a los discípulos, y era el Padre el que los mantenía allí. Cualesquiera que fueran los resultados, Jesús confiaba en que el Padre era el responsable de su misión y le enviaría a las personas indicadas. Él es modelo de un contentamiento constante en hacer la voluntad de Dios, a la manera de Dios y siguiendo el programa de Dios.

¿Hasta qué punto te sentirías relajado en circunstancias similares?

Es posible que la mayoría de nosotros reaccionara de manera similar a los hermanos de Jesús, los cuales sintieron pánico. Ellos le dijeron que llegara a Jerusalén lo más pronto posible para lograr que el número de sus seguidores volviera a ser como antes. Sin embargo, Jesús no siempre obraba de una manera que consideraríamos estratégica. Él vivía de acuerdo con la estrategia del Padre, no según lo que cualquier otro reconocería como las mejores prácticas. Por eso se limitó a decirles a sus hermanos: «Para ustedes cualquier tiempo es bueno, pero el tiempo mío aún no ha llegado» (Juan 7:6).

Jesús rechazó la popularidad, el triunfalismo y los delirios de grandeza para abrazar el sufrimiento y el fracaso... al menos ante los ojos del mundo. Sabía que los discípulos que se quedaran con él le habrían sido dados por el Padre. Era el Padre el que estaba al frente de la misión. Todo estaba bien, aunque las cosas parecieran como si se estuvieran derrumbando.

Jesús se relajaba.

Entonces, ¿qué aspecto tendría ese «relajarse» dentro del contexto del ministerio y el liderazgo? Aquí tienes unas pocas señales que debes buscar:

> ## Sé que me estoy relajando en Jesús cuando...
>
> - Disfruto de la comunión con Jesús, aun en medio de la desilusión y las tormentas.
> - Experimento una falta de ansiedad en mi cuerpo.
> - No hago por los demás lo que ellos mismos pueden y deben hacer.
> - Mantengo mis ritmos para *estar con* Jesús en temporadas de gran presión.
> - Me afecta cada vez menos que las cosas marchen mal.
> - Estoy presente a la belleza y la maravilla de aquellos que me rodean.
> - Disfruto de la profunda sensación de saber que no tengo nada que ganar y nada que perder, porque solo quiero la voluntad de Dios.
> - Experimento un profundo contentamiento al cuidar a la gente que Dios me ha confiado.
> - Acepto los límites como un don de Dios, en lugar de pelear, ignorarlos o negarlos.
> - Estoy discerniendo y abrazando la temporada en la cual Dios me ha puesto.

Práctica 2: Desprendernos de todo por Jesús

La meta de la vida cristiana consiste en una amorosa unión con Dios, a fin de permitir que Dios y su voluntad tengan pleno acceso a todos los aspectos de nuestra vida. Esta amorosa unión con Dios es una unión que se comprende mejor al pensar en la analogía del matrimonio, en el cual dos personas se convierten en una sola carne y sin embargo al mismo tiempo permanecen separadas entre sí. Esta es la respuesta a la siguiente oración de Jesús: «Padre, así como tú estás en mí y yo en ti, permite que ellos también estén en nosotros» (Juan 17:21).

La clave para compartir esa rica vida de unidad con Dios se encuentra en una práctica llamada *desapego*. A diferencia del frío desapego que podríamos esperar de un juez o de un contador cuando calcula nuestros impuestos, nuestra motivación para esta clase de desapego consiste en estar con Jesús. Él habla del desapego diciendo que se trata de perder nuestra vida para después poder encontrarla (ver Marcos 8:35-36). Pablo lo describe como no aferrarnos a ninguna cosa ni retener nada —ya sea el matrimonio, la angustia, el gozo o algo que poseamos— motivados por Cristo. Él escribe:

De aquí en adelante los que tienen esposa deben vivir como si no la tuvieran; los que lloran, como si no lloraran; los que se alegran, como si no se alegraran; los que compran algo, como si no lo poseyeran; los que disfrutan de las cosas de este mundo, como si no disfrutaran de ellas; porque este mundo, en su forma actual, está por desaparecer. (1 Corintios 7:29-31)

En otras palabras, renunciamos a todo deseo de posesión y a nuestra propia voluntad.

El Maestro Eckhart (1260-1328), fraile dominico, pastor y teólogo alemán, usa la historia de María, la madre de Jesús, para enseñar la práctica del desapego. Al verse enfrentada a la pérdida de su reputación, su seguridad y sus sueños, María se vació de lo que ella quería para su vida con el fin de someterse de manera radical al nacimiento de Jesús en su seno. De igual manera, sostiene Eckhart, nosotros debemos vaciarnos de todas las cosas creadas para estar llenos de Dios y lo que él quiere hacer nacer en nosotros. Él escribe: «Estar vacíos de todas las cosas creadas es estar llenos de Dios, y estar llenos de las cosas creadas es estar vacío de Dios».[21]

¿Qué significa esto en la práctica? Muchas cosas. No obstante, aquí tenemos tres para comenzar:

- Estamos abiertos al desarrollo de sucesos y circunstancias en nuestra vida, aceptándolo todo, sin apegarnos a ninguna experiencia o meta terrenal, pero confiando en que Dios está organizándolo todo para nuestro bien, su gloria y el bien del mundo.
- Establecemos metas y directrices para nuestra vida y nuestro ministerio, pero nos negamos a apegarnos a ningún resultado en particular. Nos entregamos al servicio activo para Jesús con un activismo apasionado y al mismo tiempo desprendido, reconociendo que no podemos manipular ni predecir lo que él quiere hacer.
- Somos personas de oración, no para conseguir lo que queremos, sino para someter nuestra voluntad a la voluntad de Dios, reconociendo que los apegos que no son saludables constituyen un reflejo de nuestro problema espiritual fundamental: nuestra propia voluntad.

He aquí cómo el relajamiento desempeñó un papel en una de las decisiones más difíciles que he tenido que tomar en todo mi ministerio.

Yo había sido el pastor principal de la iglesia New Life Fellowship durante veintidós años cuando vi con claridad que necesitaba comenzar un proceso de sucesión durante los cuatro años siguientes. Cuando empezamos a trabajar con un consultor para ejecutar un plan que fuera sólido, me sentí profundamente consciente de que tal vez Dios no nos enviaría un candidato que nos pareciera «el correcto» dentro de ese marco de tiempo. Por esa razón, comencé a batallar con ciertas preguntas. *¿Acaso querrá Dios que esta iglesia deambule por el desierto durante algún tiempo? ¿Será la voluntad de Dios para New Life que se disgregue por una temporada y enviar el mensaje de que incluso cuando practicamos un discipulado emocionalmente sano, eso no garantiza que todo va a funcionar de la manera que nosotros queremos? ¿Querrá Dios esparcir a la gente de New Life para que sirva y bendiga en otras iglesias locales?*

Mi trabajo a lo largo de esos cuatro años fue dejarle los resultados a Jesús mientras nosotros lidiábamos con los muchos éxitos y reveses del proceso.[22] No fue nada fácil. De hecho, exigió de nosotros una entrega y sometimiento constante. Soy profundamente consciente de que la organización de Dios de una transición positiva a un nuevo pastor principal fue una gracia y un regalo, permitiendo que la iglesia New Life Fellowship floreciera de formas que no se habrían producido de no ser por nuestro duro esfuerzo para ponernos en la posición de no aferrarnos y relajarnos, cualquiera que fuera el resultado.[23]

Práctica 3: Escuchar a Jesús

Ni siquiera los mejores dentro del equipo de líderes formado por Jesús —Pedro, Jacobo y Juan— fueron buenos para escuchar. Vemos esto con claridad cuando Jesús los invitó a subir con él a un monte alto donde se transfiguró y ellos vieron su gloria celestial en compañía de Moisés y Elías (Mateo 17:2).

Habríamos esperado que Pedro cayera sobre su rostro ante aquel espectáculo asombroso, abrumador y deslumbrante. O por lo menos que esperara y escuchara. En cambio, lo que Pedro hizo es lo que nosotros hacemos con mucha frecuencia. Él vio una oportunidad e interrumpió para presentar su propio plan. ¡Sugirió que ellos levantaran tres albergues como testimonio de lo que Dios estaba haciendo!

Sin embargo, no fue muy lejos con su plan. Dios mismo lo interrumpió diciendo: «Escúchenlo a él [Jesús]» (Mateo 17:5, NTV). Jesús había conversado con Pedro antes acerca de su crucifixión y de lo que esta impli-caba para el discipulado, pero Pedro no lo había escuchado.

¿Por qué? Porque la dirección en la que Jesús se dirigía a Pedro le pare-cía contraproductiva y carente de sentido.

Me identifico con este incidente más de lo que quisiera tener que admi-tir. Me pasé un buen número de años dirigiendo a los demás en el nombre de Jesús, pero *sin* escucharlo a él. Pedro pensaba que todo lo que estaba haciendo era seguir sus mejores ideas. Así lo hacía yo. El problema era que sus mejores ideas los iban a llevar por el mal camino, tanto a él como a los demás. Lo mismo sucede hoy cuando seguimos nuestras mejores ideas sin escuchar primero: nos herimos a nosotros mismos y a aquellos a quienes guiamos.

La palabra de Dios dirigida a Pedro es la palabra de Dios para nosotros: *Escuchen a Jesús.*

Seamos sinceros. Todos queremos tener una vida espiritual, pero preferi-mos ser nosotros mismos quienes la controlemos y desarrollarla de acuerdo con nuestro propio programa y a nuestra propia manera. Sin embargo, seguir a Jesús no implica en primer lugar hacer cosas para él, sino que lo primero es escuchar a Jesús cuando hable y después hacer lo que nos dice. Esa es la razón por la cual escuchar a Jesús es más importante que escuchar a cualquier otra persona, proyecto, programa o causa en este mundo.

No obstante, esta forma de escuchar no es un contacto rápido y ocasio-nal con Dios. Es una escucha profunda que permite que las directrices de Dios hagan todo su trabajo en nosotros, de manera que estallen en nuestro interior con poder, incluso cuando lo que nos pida que hagamos sea tan contrario a la cultura como rechazar la popularidad, el afán de grandeza o el éxito según el estándar del mundo, o abrazar el fracaso y el sufrimiento.

Durante los primeros quinientos años de la iglesia, esta práctica de escu-char de manera deliberada recibía el nombre de *discreción* y era considerada como el más valioso de los dones espirituales, o carismas, que alguien pudiera tener.[24] Se entendía que sin discreción, las personas individuales y las comunidades de fe se podían desorientar y arruinar con facilidad. De hecho, todos los abades de las comunidades monásticas se debían dis-tinguir por su sabiduría en cuanto a la discreción. Los líderes espirituales que carecían de discreción eran considerados peligrosos, porque sin saberlo ponían sobre las personas unas cargas que no podrían llevar, y les daban consejos espirituales superficiales o equivocados.

La discreción es la práctica de esperar con una expectativa apoyada en la oración para ver cómo se desarrollan las cosas. Implica la humildad y la paciencia necesarias para discernir cuándo dejar las cosas en paz, sabiendo en qué momento nuestra interferencia solo va a complicar la situación. Fluyendo desde un espacio de silencio y quietud, la discreción nos da, como escribió el apóstol Pablo, una aguda capacidad para distinguir entre los espíritus buenos y los malos (1 Corintios 12:10). Además, nos capacita para ejercer el dominio propio y esperar.

Uno de los aspectos más destacados de la enseñanza clásica sobre la discreción es el énfasis en someter humildemente nuestro mejor discernimiento a los ancianos sabios en la fe. ¿Por qué? Porque así podremos «discernir lo que es correcto, y en particular, evitar excesos de todo tipo, incluso los de un bien aparente».

Por esa razón, tanto en nuestra toma de decisiones en general, como cuando estemos considerando nuevas oportunidades que nos parezcan magníficas, un compromiso a crecer en lo que respecta a escuchar y la discreción tal vez sea una de las cosas más importantes que podamos hacer.

Hace poco tiempo tuve que poner en práctica la discreción cuando nos vimos enfrentados a un cambio de importancia crucial en el ministerio que dirigimos, llamado Discipulado Emocionalmente Sano. Aunque es una organización sin fines de lucro, orgánicamente funcionamos como un ministerio de la iglesia New Life Fellowship. Geri y yo hemos sido apartados para llevar las riquezas desarrolladas durante décadas en New Life a la iglesia global. Funcionamos con una directora ejecutiva a tiempo completo y entre siete y ocho empleados contratados a tiempo parcial que están supeditados a ella. Junto a este pequeño equipo, nos sentimos sorprendidos cuando el ministerio comenzó a experimentar un crecimiento explosivo en América del Norte y alrededor del mundo entero, sobre todo después de publicar el *Curso de discipulado emocionalmente sano*.

Este crecimiento significó para nosotros una enorme presión a fin de hacer crecer la organización a medida que las exigencias y las peticiones de ayuda iban excediendo en gran medida nuestras limitadas capacidades de respuesta. Un amigo que también es un consultor reconocido nacionalmente pasó un tiempo con nosotros y nos recomendó que, aunque mantuviéramos la expansión de la organización en un mínimo, debíamos tener un plan para añadir entre ocho y diez empleados a tiempo completo con quince o más asociados, y establecer la meta de contar con de seis a siete millones de dólares en el presupuesto de operaciones al cabo de unos pocos años. Durante bastante más de un año estuve batallando con esto. La necesidad nos estaba golpeando fuertemente a la puerta. Podíamos hacerlo. Sin embargo, tanto Geri como yo sabíamos que nuestra mayor contribución era desarrollar un contenido de alta calidad, ofrecer mentoría y entrenar a las iglesias en la formación de un discipulado emocionalmente sano.

Nuestro proceso de discreción culminó con una reunión de la junta en la cual los miembros señalaron haber sentido claramente de parte de Dios la indicación de que debíamos mantener el Discipulado Emocionalmente Sano como un ministerio con un solo empleado a tiempo completo, y que Geri y yo nos concentráramos en lo que hacemos mejor, desarrollar la mentoría y el contenido. Después de un año de escuchar profundamente y tener una discreción común, decidimos hacer lo mejor que podíamos con nuestros limitados recursos y confiarle el resto a Dios. El fruto de escuchar eso ha sido una gran paz y una fructificación que van más allá de todo lo que nosotros nos habríamos podido imaginar.

CONSUÉLATE, NO ESTÁS SOLO

Dar tus próximos pasos para relajarte en Jesús, desprenderte de todo por Jesús y escucharlo es algo contracultural y profético, en especial porque es poco probable que vivas en una comunidad monástica en la cual ya existan una estructura y apoyo. Puedes esperar que haya cosas que comienzan y cosas que se detienen, éxitos y fracasos, mientras tratas de saber qué funciona mejor para ti a la luz de tu llamado único, tus responsabilidades, límites y temperamento.

Lo más importante es que adoptes la visión a largo plazo del llamado de Dios para tu vida —y las vidas de aquellos sobre los cuales ejerces incluencia— para seguir al Jesús crucificado, no al americanizado. *Relájate*, permitiendo que sea Jesús quien te sostenga. *Despréndete*, sometiendo tu voluntad y tus planes a él. Y *escucha*. Puede estar totalmente seguro de la realidad de que el compromiso y la capacidad de Jesús de hablarte a ti son mucho mayores que tu compromiso y tu capacidad personales de escucharlo a él.

Capítulo 5
Acepta el don de los límites de Dios

É rase una vez un hombre que había dedicado una gran cantidad de pensamiento y esfuerzo a determinar lo que quería de la vida. Entonces, un día se le abrió una puerta para realmente vivir su sueño. No obstante, la oportunidad duraría poco tiempo, y él tendría que embarcarse en un largo viaje.

Comenzó a caminar y se sentía cada vez más emocionado mientras se imaginaba que su sueño sobre el futuro se convertía en realidad. Sin embargo, mientras iba avanzando a toda prisa, llegó a un puente muy alto encima de un río peligroso que corría con gran rapidez.

Cuando comenzó a avanzar hacia el otro lado del puente, notó que un extraño se le acercaba en la dirección contraria. Aquel hombre tenía una soga que le daba vuelta varias veces alrededor de la cintura. Le pareció que la soga podría extenderse al menos hasta unos diez metros.

El extranjero comenzó a desenrollar la soga mientras iba caminando. En el momento preciso en que los dos hombres estaban a punto de encontrarse, el extraño le dijo:

—Perdone, señor. ¿Tendría usted la amabilidad de sostenerme el extremo de esta soga?

Sin pensarlo, casi de manera instintiva, el hombre extendió su mano y tomó la soga.

—Gracias —le dijo el extraño—. Ahora agárrela con las dos manos y recuerde, sosténgala firmemente —añadió después.

¡En ese mismo momento, el extraño se tiró desde el puente!

El tirón procedente de la soga, ahora extendida, fue tan fuerte que casi arrastró al hombre por el costado del puente hasta el peligroso río que corría debajo.

Entonces este gritó por encima de la baranda:

—¿Qué está usted tratando de hacer?

—Solo siga sosteniendo la soga con firmeza —fue la respuesta de aquel extraño.

Esto es ridículo, pensó el hombre. Así que comenzó a tratar de subir al extraño, pero aquella tarea era superior a sus fuerzas.

—¡¡Por qué ha hecho usted esto!? —gritó con frustración sobre el borde de la baranda.

—Recuerde —le dijo aquel extraño—, si usted me suelta, yo me muero.

—Pero es que yo no tengo fuerzas para subirlo —gritó el hombre.

—Yo soy responsabilidad suya —le dijo el extraño.

—No pedí esa responsabilidad —le contestó el hombre.

—Si usted suelta la soga, estoy perdido —repitió el extraño.

El hombre comenzó a mirar a su alrededor en busca de ayuda, pero no había nadie por todo aquello.

Entonces empezó a pensar en su situación. Ahí estaba él, ansioso en la búsqueda de una oportunidad única para realizar su sueño, y ahora se encontraba desviado de su propósito por quién sabe cuánto tiempo.

Tal vez yo pueda atar la soga en algún lado, pensó. Examinó cuidadosamente el puente, pero no halló manera de librarse de su recién hallada carga.

De nuevo gritó por el borde de la baranda:

—¿Y usted, qué quiere?

—Solo quiero que me ayude —fue la respuesta.

—¿Y cómo lo puedo ayudar? No lo puedo subir, y no hay lugar donde atar la soga mientras busco a otra persona que lo pueda ayudar.

—Solo siga ayudándome —contestó el extraño colgado de la soga—. Mi vida está en sus manos.

El hombre estaba perplejo. *Si lo suelto, toda la vida me estaré lamentando haber dejado morir a este hombre. Si me quedo aquí, nunca voy a alcanzar mis sueños ni mi destino. De la forma que sea, esto me va a perseguir para siempre.*

El tiempo pasó y nadie aparecía. El hombre se dio cuenta claramente de que ya casi era demasiado tarde para reanudar su viaje. Si no se marchaba de inmediato, no llegaría a tiempo.

Por fin le vino a la mente una nueva idea.

—Escuche —le explicó al hombre que estaba debajo, colgado de la soga—, creo que sé de qué forma lo puedo salvar.

Él no podía subir al extraño con sus propios esfuerzos, pero si el hombre quería acortar la soga envolviéndola una y otra vez en su cintura, entre los dos lo podrían lograr.

Sin embargo, el hombre que colgaba de la soga no tenía interés alguno en hacerlo.

—¿Me quiere usted decir que no va a ayudar? —le gritó al extraño—. ¡Yo no lo puedo seguir aguantando por mucho tiempo más!

—Si no lo hace, me voy a morir —fue su contestación.

En ese momento, una revelación vino al hombre del puente, una idea que hasta aquel momento no había tenido en cuenta.

—Escúcheme con cuidado —dijo el hombre—. Lo que le voy a decir es en serio.

El extraño colgado de la soga miró hacia arriba, desesperado y abatido.

—No estoy dispuesto a aceptar la posición de decidir con respecto a su vida, solo respondo por la mía —le dijo el hombre—. ¡A partir de este momento, le devuelvo el poder de elegir sobre su propia vida!

—¿Y qué quiere decir con eso? —le preguntó el extraño, claramente asustado.

—Sencillamente quiero decir que la decisión es suya. Usted decide su futuro. Yo le voy a hacer de contrapeso. Usted tira y va subiendo, y yo voy a jalar un poco desde aquí.

El hombre desenrrolló la soga que tenía alrededor de su cintura y se afirmó para hacer de contrapeso.

—Usted no está hablando en serio —chilló el extraño—. No es posible que sea tan egoísta. Yo soy su responsabilidad. ¡¿Qué podría haber más importante para que usted me deje morir?!

Después de un largo silencio, el hombre que estaba en el puente dijo lentamente:

—Acepto su decisión.

Entonces soltó la soga y continuó su viaje atravesando el puente.[1]

EL RETO DE CONTROLAR NUESTROS LÍMITES

Esta es solo una fábula, pero dice mucho, ¿no es cierto?

En algún momento, me parece que todo líder cristiano ha pasado por la experiencia de ser el hombre del puente. Para demasiados de nosotros esto incluso se ha convertido en un estilo de vida. Queremos ayudar a las personas que se han caído del puente, y comprendemos que seguir a Jesús es algo que exige sacrificio. Así que hacemos nuestros mejores esfuerzos para tirar de ellos hacia arriba, con frecuencia a expensas de nuestra propia salud emocional y espiritual. ¡Y entonces, muchas de las personas que creíamos que por fin habíamos rescatado terminan cayendo o saltando de otro puente al mes siguiente!

Durante años estuve extendiendo el brazo para sujetar las sogas de esas personas. Una vez que ya tenía sus sogas y ellos seguían colgados de ellas, me sentía atascado. *¿Cómo podría soltarlas? Yo soy cristiano. ¿Acaso Jesús no tiraría de sus sogas para levantarlos? ¿Soy un egoísta si no tiro de sus sogas? ¿Por cuánto tiempo necesito poner mis propios sueños y esperanzas en un compás de espera? ¿O acaso lo que yo quiero no importa porque soy un siervo de Cristo? ¿Dónde están todos los demás? ¿Por qué tengo que ser yo quien se aferre a todas estas sogas?*

Igual que sucede con muchos otros que sirven en ambientes donde hay relaciones exigentes, lentamente me fui sintiendo resentido contra aquellos que no estaban «sufriendo» por Dios como yo. En la parábola de Jesús, el buen samaritano solo había encontrado a una persona junto al camino (Lucas 10:29-37). Me sentía como si continuamente tuviera a quince personas al mismo tiempo haciendo fila en el puente, cada una de ellas esperando para ponerme una soga en la mano. Y había muchos momentos en los cuales hubiera querido no tener que ver a ninguna. Simplemente conocer todas las necesidades que me rodeaban me dejaba sintiendo como si cada una de ellas fuera una soga más que me ponían en las manos.

Hubo un momento en que una madre soltera con seis hijos de menos de diez años vivía frente a nuestra casa. Geri y yo le dábamos un descanso algunas veces y cuidábamos a sus niños. Sin embargo, las necesidades de esa familia eran grandes y al parecer interminables, lo cual despertaba en nosotros toda clase de preguntas. *¿Le deberíamos dar un descanso también la semana que viene, y después en la semana que sigue? ¿Deberíamos ser mentores de sus hijos? ¿Sostenerlos económicamente? ¿Cuándo será adecuado* que dejemos de hacerlo? ¿Cómo sé si satisfacer esta necesidad es hacer «algo difícil pero bueno», algo que viene con seguir a Jesús, o si se ha pasado el límite y es hacer «algo difícil y destructivo», que dañe mi alma y perpetúe la inmadurez en otros?

En realidad, no tenía manera de responder a esas preguntas. Lo que me faltaba era una comprensión del don de los límites que Dios nos da, el cual resulta esencial al discernir qué hacer, o no hacer, por un prójimo necesitado.

Una marca básica del discípulo emocionalmente sano es una profunda comprensión teológica y práctica de esos límites. Sin eso, comprometemos gravemente nuestra capacidad para amar a Dios, amarnos a nosotros mismos y amar a los demás a largo plazo. Esos límites sanos son importantes en todos los aspectos de la vida —ya sea en nuestro lugar de trabajo, la crianza de los hijos, el matrimonio, las amistades o el noviazgo—, pero son especialmente necesarios para aquellos de nosotros que somos líderes en esa nueva familia de Jesús llamada Iglesia.

Los límites son necesarios porque constituyen una cuestión profundamente espiritual. Cuando nos sometemos a ellos, estamos reconociendo que no somos Dios. Dios es Dios, y nosotros no lo somos. En lugar de esto, aceptamos que somos criaturas suyas, y nos sometemos a la realidad de que solo él tiene el control sobre el mundo.

LOS LÍMITES SON UNA CUESTIÓN PROFUNDAMENTE ESPIRITUAL

La forma en que decidimos comprender nuestros límites y responder ante ellos llega al centro mismo de nuestra relación con Dios. De hecho, es algo tan fundamental que el Maligno hizo de los límites un blanco de su estrategia desde el principio mismo.

Los límites en el jardín

El pecado original de Adán y Eva consistió en desafiar el don divino de los límites. Piensa en esto. Dios les dio una inmensa libertad en el jardín del Edén. Debían disfrutar de su trabajo y sus logros. Luego, sin dar explicaciones, les fijó un límite. «Puedes comer de todos los árboles del jardín, pero del árbol del conocimiento del bien y del mal no deberás comer. El día que de él comas, ciertamente morirás» (Génesis 2:16-17). Esta limitación no había sido escogida al azar. El árbol del conocimiento del bien y del mal, que veían en medio del jardín, los confrontaba con la autoridad de Dios.

Dios quería que Adán y Eva confiaran en él y se entregaran a su bondad y su amor. Ellos debían inclinarse ante sus incomprensibles caminos. La serpiente, sabiendo esto, ideó una tentación para destruir ese límite creado por Dios, convenciendo a Adán y Eva de que al fin y al cabo Dios no era bueno. De hecho, aquel límite que les había puesto indicaba que solo era un tacaño y no los amaba. Así que la serpiente le dijo a la mujer: «¡No es cierto, no van a morir! Dios sabe muy bien que, cuando coman de ese árbol, se les abrirán los ojos y llegarán a ser como Dios, conocedores del bien y del mal» (Génesis 3:4-5).

Por lo tanto, en lugar de aceptar el límite señalado por Dios, Adán y Eva se convencieron de que era posible que Dios estuviera reteniendo algo bueno para que ellos no lo conocieran. Sucumbieron ante la tentación del Maligno y escogieron «ser como Dios», *no tener* límites. Las consecuencias de esta decisión suya permanecen con nosotros hasta el día de hoy.

Sin embargo, y por fortuna para nosotros, esta historia no termina con el primer Adán.

Los límites en el ministerio de Jesús

No es por accidente que el apóstol Pablo hiciera una conexión directa entre Adán y Jesús, refiriéndose a él como el último Adán (Romanos 5:12-21). Con el fin de invertir las consecuencias de la caída, Jesús también se tuvo que enfrentar a las tentaciones del Maligno relacionadas con el asunto de los límites. Cuando el diablo lo tentó tres veces en el desierto, la confianza en su Padre le exigió que aceptara límites, concretamente el de permitir que sus necesidades más inmediatas no fueran satisfechas.

En la primera tentación, el diablo comenzó diciéndole: «Si eres el Hijo de Dios, ordena a estas piedras que se conviertan en pan» (Mateo 4:3). Jesús tenía el poder necesario para ordenar que cayera maná del cielo o para crear pan a partir de aquellas piedras. No obstante, en lugar de hacerlo, esperó y aceptó que el Padre hiciera las cosas según su propio tiempo. Límites.

En la segunda tentación, Satanás lleva a Jesús al punto más elevado de la Ciudad Santa y lo invita a saltar desde allí, demostrándole así a la multitud que Dios estaba realmente con él. Jesús sabía que debía esperar al tiempo de Dios, así que aceptó los límites divinos y descendió caminando por las escaleras del templo. No hubo milagro. No hubo gente que creyera en él. Límites de nuevo.

En la tercera tentación, el Maligno llevó a Jesús a un monte alto y desde allí le mostró las grandezas de los reinos de este mundo. Todas ellas podían ser suyas ese mismo día. Todo lo que Jesús tenía que hacer era pasar por encima de los límites señalados por Dios, los cuales consistían en un programa lento que incluía sus sufrimientos y su cruz. Sin embargo, no lo hizo. En lugar de esto, se inclinó con humildad ante la sabiduría del Padre. Otra vez los límites.

Jesús continuó aceptando esos límites durante los tres años de su ministerio.

Él no sanó a todas las personas enfermas y poseídas por demonios que se encontraba. No levantó un gran ministerio en Capernaúm cuando le suplicaron que se quedara en esa ciudad (Marcos 1:21-45). Se negó a permitir que ciertas personas lo siguieran, como el hombre del cual había echado fuera una legión de demonios (Marcos 5:18-20). Estuvo orando toda la noche y solo escogió doce discípulos para que fueran los que estuvieran más cerca de él, aunque sin duda hubo otros que se sintieron desilusionados. Jesús tampoco fue en persona a satisfacer las necesidades de todos los habitantes de Europa, África, Asia o las Américas.

Sin embargo, al final de su vida, oró diciendo: «He llevado a cabo la obra que me encomendaste» (Juan 17:4).

El contentamiento y la paz tan extraordinarios que observamos en el ministerio de Jesús cuando él acepta sus límites lo encontramos también en alguien del cual ya hemos hablado: la imponente figura de Juan el Bautista.

Los límites en la vida de Juan el Bautista

La vida de Juan el Bautista nos ofrece un maravilloso ejemplo de lo que significa aceptar el don de Dios que son los límites. Cuando él comenzó a predicar, acudían a oírlo unas muchedumbres inmensas. Sin embargo, cuando Jesús comenzó su ministerio, las multitudes que antes habían seguido a Juan cambiaron el objeto de su lealtad. Comenzaron a dejar a Juan parar seguir a Jesús. Algunos de los seguidores de Juan se incomodaron por este drástico cambio de situación. Ellos se quejaron con Juan diciéndole: «Todos acuden a él» (Juan 3:26).

Juan, basándose en la teología de los límites, les contestó: «Nadie puede recibir nada a menos que Dios se lo conceda» (Juan 3:27). Esencialmente, fue capaz de decir: «Yo acepto mis límites, mi humanidad, la caída de mi popularidad. Yo no soy el centro del universo. Dios sí. Él es quien debe crecer; yo debo menguar».

Como puedes observar en estos tres estudios de casos —Adán y Eva, Jesús y Juan el Bautista— lo que hagamos con nuestros límites tiene consecuencias a largo alcance, para bien o para mal. Imagínate las consecuencias si, por ejemplo, Juan el Bautista se hubiera negado a aceptar los límites que le ponía Dios y hubiese insistido en ser el líder de un gran movimiento creciente. ¿Qué habría sucedido, tanto con él como con aquellos que le seguían? La confusión, los retrasos en la obra general de Dios y los conflictos en las relaciones entre los seguidores de Jesús y los de Juan, por mencionar unas pocas consecuencias, habrían estado a la orden del día.

Las cosas no son diferentes en nuestros ministerios hoy.

EL ALTO PRECIO DE UN MINISTERIO SIN LÍMITES

En mis primeros años de ministerio, no tenía idea de que existiera algo llamado «el *don* de Dios de los límites». Siempre sentía como si tuviera muy poco tiempo y demasiado que hacer. Me sentía presionado de una manera crónica, frustrado por tener tan poco margen o flexibilidad en mi vida. Me parecía que nunca terminaría de satisfacer las necesidades que me rodeaban. Aun así, seguía intentándolo. Le pedía ayuda a Dios y planificaba el manejo de mis prioridades y mi tiempo. Asistía a seminarios que me ayudaran a guiar y delegar con mayor eficacia. Nada me ayudaba.

¿Cuál era el problema?

Que nunca había llegado a relacionar una teología de los límites —esos límites que son un buen don de Dios— a lo que es seguir y servir a Jesús.

Nuestra falta de comprensión sobre cómo las líneas divisorias y los límites se aplican a servir a Cristo casi causaron que Geri y yo dejáramos el pastorado. Conozco pastores que comenzaron con gran entusiasmo su servicio a los demás, pero más tarde lo abandonaron porque no sabían cómo atravesar los puentes que se van presentando en el ministerio sin aceptar todas las sogas que les ponían en la mano. No se nos había entrenado para ayudar a las personas a asumir la responsabilidad por sus propias vidas, ni para discernir cuál era nuestro nivel de responsabilidad con ellas.

Como consecuencia, pasé años en mi labor de líder tratando de ser alguien que no era. Pensaba que si me podía volver semejante a otros líderes que habían triunfado, podría llegar finalmente a controlar mi vida y mi ministerio. Así que asistía a conferencias y leía libros que pregonaban una especie de «pornografía eclesiástica», para usar el término de Eugene Peterson.[2] Todos me prometían una iglesia libre de los problemas de las iglesias comunes como la nuestra. Los programas y las personas mejores y más brillantes se destacaban en ellos. La promesa no escrita era que si yo podía ser y actuar como esos líderes, entonces nuestra iglesia sería igualmente grande y próspera.

O eso pensaba yo.

El problema estaba en que Dios no me había dado a mí la capacidad, las habilidades o el llamado que les había dado a esos otros líderes. Yo había aportado unas fortalezas diferentes a la tarea del liderazgo. El hecho de no estar dispuesto a aceptar mis propios límites me condujo a través de senderos por los que Dios nunca tuvo la intención de llevarme. Pasé años tratando de vivir de acuerdo con un guion para mi vida que no era el mío. Aunque el guion necesitaba un actor, yo estaba aspirando a desempeñar un papel que no era el correcto.

Dios me había dado entre tres y cinco talentos. No me había dado ocho o diez. Mis padres me dijeron que podría ser todo lo que quisiera en mi vida: doctor, músico, profesor, escritor, atleta profesional... Traté de jugar baloncesto como Michael Jordan en la secundaria. No pude. Perdíamos la mayoría de nuestros juegos. Sin embargo, no acababa de darme cuenta del mensaje. *No* podía hacer todo lo que quisiera. Sí, tenía mis dones y mi potencial, pero también tenía limitaciones importantes. ¡Y en lugar de ver esas limitaciones como un don de Dios, las consideraba como obstáculos al poder y el control![3]

Lo que no podía ver era que al pasar por alto o negar mis límites, estaba pasando por alto y perdiéndome a Dios también. Y esa misma dinámica la llevé a la iglesia, afectando desde el ritmo de la multiplicación de iglesias, la adición de nuevos ministerios y grupos pequeños, hasta las expectativas que ponía sobre el personal y los voluntarios.

Durante años nos limitábamos a mantener el mismo nivel febril de actividad, ignorando la enseñanza de la Biblia sobre los límites como un don. Y por esa razón pagamos un alto precio en nuestra vida personal, nuestras familias y el ministerio como un todo.

Aún no habíamos descubierto que había otro camino, uno que exigía un proceso de discernimiento y la atención a las pequeñas diferencias en torno a las dos clases de límites.

EL DISCERNIMIENTO ENTRE LAS DOS CLASES DE LÍMITES

Para recibir el don de los límites es necesario hacerse dos preguntas primordiales de manera constante:

- ¿Cuáles son los límites que necesito *aceptar* para someterme a ellos con gozo como invitaciones de Dios a confiar en él?
- ¿Cuáles son los límites que Dios me está indicando que *supere* por fe de manera que otros lo puedan conocer, o para que me convierta en la persona que él quiere que sea?

La primera pregunta se refiere a límites que aceptamos como dones, porque nos debemos rendir ante ellos. Esta es una de las verdades más contradictorias y difíciles de aceptar que contienen las Escrituras, sobre todo para los líderes con una personalidad tipo A. El segundo tipo de límites ofrece una clase diferente de don, porque Dios usa esos límites para manifestar su poder y hacer milagros. A nosotros nos encanta superar esos límites, porque nos dan los resultados que esperamos, como la sanidad y las respuestas a nuestra oración. El ministerio se expande, nuestra vida diaria se vuelve más fácil y el nombre de Dios es glorificado... ¡todo al mismo tiempo!

Veamos más de cerca ambos tipos de límites, comenzando con el primero y más difícil: el de los límites que debemos aceptar.

Los límites a aceptar

A una iglesia le hace falta gran madurez para identificar las nuevas oportunidades de ministerio y sin embargo escoger *no* aprovecharlas. ¿Cuántos servicios debemos tener los domingos? ¿Qué tal sería celebrar un servicio los sábados por la noche? Si ya somos doscientas personas, por qué no llegar a cuatrocientas, u ochocientas, o mil? Uno de los ejemplos más poderosos de esto se encuentra en la vida de David en el momento más fuerte de su ministerio.

El poder de David había quedado consolidado. Él estaba experimentando una gran oleada de popularidad durante la cual publicaba constantemente poderosos salmos de adoración a Dios. Sentía un ardiente deseo de construirle un templo a Dios para que las naciones que los rodeaban conocieran al Dios de Israel. Ya tenía el dinero, la mano de obra y la buena voluntad de toda la nación que lo seguía. Hasta el profeta Natán lo animaba a poner manos a la obra.

Sin embargo, Dios le dijo «no».

Aquel fue uno de los momentos cruciales en la vida del rey David. Aquello lo calificaría o lo descalificaría como un verdadero rey con un corazón entregado a Dios.[4]

No es difícil imaginarnos lo profundas que fueron la desilusión y la turbación de David. ¿Qué pensarían todos los reyes paganos que lo rodeaban? Todos ellos habían levantado magníficas estructuras de templos en honor a sus dioses. David y todo Israel darían una impresión de debilidad en comparación con ellos.

La Biblia dice que David se sentó a orar. Cuando hubo terminado, se había sometido al límite impuesto por Dios, confiando en un plan divino que él no podía ver. «Nuestro Dios está en los cielos y puede hacer lo que le parezca» (Salmos 115:3).

David tuvo que luchar con el problema espiritual fundamental al que todos nos tenemos que enfrentar cuando estamos tratando de vivir dentro de los límites que nos ha fijado Dios: *¿puedo confiar en que Dios es bueno y que en realidad tiene el control de todas las cosas?*

David aceptó que su conocimiento era demasiado limitado para captar cuál era la intención de Dios y por qué él se negó a permitirle seguir adelante con sus planes. Mientras tanto, se mantuvo fiel a los límites que Dios le había impuesto y preparó los materiales para que Salomón, su hijo, construyera el templo en la próxima generación.

Por supuesto, ese tipo de momentos y decisiones son igualmente críticos para nosotros.

Un límite es un don que pocos de nosotros queremos. La pregunta es por qué.

La respuesta es doble. En primer lugar, casi todos los mensajes que nos llegan de la cultura más amplia rechazan esta verdad tan contracultural, pero que encontramos tan clara en las Escrituras. Y en segundo lugar, esto se relaciona con la raíz de nuestra rebelión contra Dios, de la misma manera que ocurrió con Adán y Eva en el huerto.

Y, sin embargo, los límites nos ofrecen numerosos dones. Nos protegen para que no nos lastimemos a nosotros mismos, dañemos a otros, o a la obra de Dios. Nos mantienen con los pies en el suelo y humildes, recordándonos que no somos nosotros los que estamos encargados de gobernar al mundo. Quebrantan nuestra voluntad personal. Son los medios que Dios tiene para dirigirnos a nosotros y nuestro ministerio si lo escuchamos. Son una de las formas principales en que crecemos en sabiduría. Y, tal vez lo más importante, los límites son lugares en los cuales nos encontramos con Dios en maneras que de otra forma serían imposibles.

Con el fin de discernir la voluntad de Dios en cuanto a nuestros límites, necesitamos en primer lugar identificar el aspecto que tiene nuestro conjunto de límites personales exclusivos. Esto exige de nosotros una honrada evaluación, no solo de la amplia variedad de límites a los que nos enfrentamos, sino también de sus diversos grados de severidad. A continuación presento seis aspectos clave de la vida que debemos tener en cuenta para comenzar.

¿Cuáles son los límites de tu personalidad y tu temperamento? ¿Recibes mayor energía cuando estás con otras personas (extrovertido) o cuando estás solo (introvertido)? ¿Eres más espontáneo y creativo, o más controlado y ordenado? ¿Eres más tolerante y relajado, o más centrado y motivado por tus impulsos? En cuanto a la audacia y la tendencia a arriesgarme, recibí una puntuación de diez en una escala del uno al diez (en la cual el diez era la puntuación más alta). Estaba dispuesto a convertirme en Robin Hood y tomar Nottingham con mi grandiosa visión. Al mismo tiempo, también recibí una puntuación de diez en cuanto a sensibilidad. Esto último haría que calificara para ser consejero o trabajador social, pero no el gerente ejecutivo de una compañía grande. El Eneagrama, el Myers-Briggs y el DiSC son todos instrumentos útiles para ayudarte a descubrir más detalles acerca de los límites de tu personalidad y tu temperamento.

¿Cuáles son los límites que presenta tu momento actual en la vida? El momento de la vida que vives en la actualidad es también un límite dado por Dios. Eclesiastés nos enseña lo siguiente: «Todo tiene su momento oportuno; hay un tiempo para todo lo que se hace bajo el cielo» (Eclesiastés 3:1). Hay temporadas en la vida en las que tal vez se requiera nuestra presencia en el hogar con los hijos pequeños, quizá incluso con necesidades especiales. Hay momentos en los que pasamos por desafíos físicos o emocionales, o crisis externas que alteran el curso de nuestra vida. Hay temporadas en las cuales, debido a razones de salud, nuestros padres nos necesitan. Hay temporadas de prosperidad económica y tiempos de dificultad. Hay temporadas de estudio intenso y labor escolar. Hay temporadas con altos niveles de actividad. Y hay temporadas en las cuales nos tenemos que apartar de las responsabilidades y sufrir a causa de una pérdida importante.

¿Cuáles son los límites que te impone tu estado de casado o soltero? Si estás casado, eso es ya un límite. Si eres soltero, eso significa una clase de límite diferente. El voto matrimonial de ser una sola carne con otra persona le da forma a todas las decisiones que tomamos. Una de las principales razones por las cuales nosotros no realizamos un servicio en la noche del sábado o el domingo cuando yo era pastor principal en New Life tenía que ver con los límites impuestos por nuestro matrimonio y nuestra familia. Si eres soltero, necesitas preguntarte: *¿qué necesito hacer hoy para guiar a los demás a partir de una sana soltería para Cristo?* Y esta misma pregunta se aplica a las parejas: *¿qué necesito hacer hoy para guiar a los demás a partir de un sano matrimonio para Cristo?* Saber disponer de un tiempo para dar y recibir amor en una comunidad sana y dedicarnos a cuidar de nosotros mismos son cosas que no resultan negociables para nadie.[5]

¿Cuáles son los límites de tus capacidades emocionales, físicas e intelectuales? Tus capacidades emocionales, físicas e intelectuales constituyen también un límite que nos ha sido dado por Dios. Tengo una gran capacidad para la gente y la complejidad en mi trabajo. Me encanta leer cuatro o cinco libros a la vez. Al mismo tiempo, si trabajo todo el día con personas durante más de dos días consecutivos, me encuentro letárgico y deprimido. Necesito tiempo para leer, orar y estar solo. No puedo trabajar setenta horas a la semana de forma física, emocional o espiritualmente. También me hacen falta entre tres y cinco minutos para hacer la transición de una reunión a otra con el fin de estar centrado y atento.

Cuando envejecemos físicamente, nos encontramos con que nuestro cuerpo no puede hacer lo que solía hacer antes. Cuando somos jóvenes y no tenemos mucha experiencia de la vida, hay ciertas puertas que se mantienen cerradas para nosotros. Si tenemos alguna discapacidad física o emocional, o alguna enfermedad, es posible que nos encontremos con que esto nos impide ir por un sendero que tal vez estaba en nuestros planes.

Muchas veces la ira, la depresión y los temores funcionan como las luces del automóvil que se encienden para decirnos que revisemos el aceite del motor y nos hacen ir más lento, informándonos que hay algo que no anda bien en el interior del motor de nuestra vida. Esta es una forma clave en la cual Dios me hace detenerme, limita el paso al que voy en la vida y atrae mi atención.

¿Cuáles son los límites en la familia de la cual procedes? Tu familia de origen también tiene límites y dones que le han sido dados por Dios. Si indagamos sobre la forma en que se ha movido la mano de Dios en la historia de tu familia, hasta en los momentos más dolorosos, vamos a hallar pepitas de oro en ese suelo rocoso. Los malos tratos, el descuido, el abandono, la pobreza, la opresión y otras cosas similares pueden causar que sintamos que nos hemos quedado «atrás», siempre tratando de alcanzar a los demás. Eso Dios lo ve de una manera distinta.

Los límites que heredé de mi familia resultaron ser dones una vez que los acepté. Ahora me encuentro más dependiente de Dios, más sensible y menos dispuesto a juzgar a los demás. Amo mejor a las otras personas y las exhorto a vivir llenas de gozo dentro de los límites que les ha señalado Dios.

¿Cuáles son los límites que existen en tu tiempo? Tú solo tienes una vida que vivir. Y no puedes hacerlo todo. A mí me gustaría tratar de vivir en Asia, Europa, África o alguna zona rural de los Estados Unidos. Me gustaría probar unas cuantas profesiones diferentes. Sin embargo, no puedo. Mi tiempo en la tierra, como el tuyo, se está acabando.

Cada década de nuestra vida nos lanza a una temporada distinta: nuestra adolescencia, los veintitantos, los treinta, los cuarenta, los cincuenta, los sesenta, los setenta y más allá, y cada una de esas temporadas nos presenta un tipo diferente de límites. Las Escrituras nos llaman de forma explícita a orar pidiendo sabiduría con respecto a nuestro tiempo limitado: «Enséñanos a contar bien nuestros días, para que nuestro corazón adquiera sabiduría» (Salmos 90:12).

Descubrimos, como Jacob mientras huía de su hermano Esaú, que «en realidad, el Señor está en este lugar, y yo no me había dado cuenta» (Génesis 28:16). Dios se revela a nosotros, y también al mundo, por medio de los límites de una forma exclusiva y al mismo tiempo poderosa... si tenemos los ojos abiertos para ver. Analice estos ejemplos tomados de las Escrituras.

- Fue dentro del límite de cinco panes de cebada y dos peces que Jesús se reveló como el Pan de Vida. El milagro de alimentar a los cinco mil hombres (tres o cuatro veces esa cantidad de personas si se hubieran contado las mujeres y los niños)[6] resulta tan importante que, con excepción de su resurrección misma, es el único milagro que aparece en los cuatro Evangelios.

- Dentro del límite de un ejército de trescientas personas fue que Gedeón venció a un ejército de 135.000 madianitas.

- Fue dentro de los límites de la lentitud de Moisés para hablar (Éxodo 4:10-12) y su ya avanzada edad (ochenta años) que él guio a dos o tres millones de hijos de Israel y los sacó de Egipto.

- Fue dentro del temperamento melancólico de Jeremías que Dios le dio la comprensión de su propio dolor y el amor que tenía en el corazón hacia su pueblo.

- Fue dentro del doloroso matrimonio de Oseas que este recibió una de las revelaciones más grandiosas sobre el amor que Dios le tiene a su pueblo, en el cual meditan decenas de millones de personas hasta el día de hoy.

Si algunos de estos héroes bíblicos se hubieran rebelado contra los límites establecidos por Dios, se habrían perdido lo que Dios quería hacer en ellos y por medio de ellos. Dicho en pocas palabras, muchas veces los límites son dones de Dios disfrazados.

Nosotros solo vemos una pequeña parte del plan de Dios en un punto determinado del tiempo. Sus caminos no son nuestros caminos. Sin embargo, lo que él hace en nuestros límites y por medio de ellos es más de lo que nosotros podríamos realizar jamás con nuestras propias fuerzas. Permítame ilustrar esto con una de mis historias favoritas.

Esta procede de un antiguo cuento hasídico que se refiere a nuestra tendencia a querer vivir la vida de alguna otra persona en lugar de aceptar los límites de la nuestra. El rabino Zusya, cuando era ya anciano, dijo: «En el mundo venidero, no me van a preguntar: "¿Por qué no fuiste Moisés?". Me preguntarán: "¿Por qué no fuiste Zusya?"».[7] La verdadera vocación para todo ser humano consiste en, tal como dijera Kierkegaard, «la voluntad para ser uno mismo».[8]

Una de las indicaciones de que estamos en el camino a la madurez espiritual es que vivamos con gozo dentro de los límites que Dios nos ha puesto. El problema está en que la mayoría rechazamos esos límites... en nosotros y en los demás. Esperamos demasiado de nosotros mismos y con frecuencia llevamos una vida de frustración, desilusión o incluso ira como consecuencia. De hecho, en gran parte nuestro agotamiento es consecuencia de que estemos dando lo que no poseemos.

Una vez que aceptemos nuestros límites, podremos entonces ayudar a nuestro ministerio y a aquellos que sirven en él para que ellos también acepten sus límites. He tratado mucho el tema de *aceptar* el don de los límites porque esto se halla en la raíz misma de muchas rebeliones contra Dios, en especial cuando se hace en medio de nuestra obra *para* él. Este sigue siendo uno de mis mayores retos espirituales hasta el día de hoy. Al mismo tiempo, las Escrituras nos ofrecen muchos ejemplos bíblicos de siervos de Dios que han *superado* sus limitaciones por medio del poder de Dios. Muchos (yo entre ellos) no han sabido comprender también este segundo aspecto de los límites y han impedido innecesariamente que se produjera una explosión de la obra de Dios en ellos y por medio de ellos.

Tal vez te preguntes: «Me parece que yo también he hecho eso. Sin embargo, ¿cómo puedo saberlo?».

Una vez más, me alegra que me lo hayas preguntado.

Los límites a superar

La segunda forma en la cual experimentamos los límites como un don es al superarlos. He aquí las cruciales preguntas de discernimiento que necesitamos hacer: *¿cuáles límites me está pidiendo Dios que supere por fe en su nombre en el mundo? ¿Cuáles son los límites de inmadurez que Dios me está pidiendo que supere en mi vida personal?*

¿Cómo se ve que alguien supere límites por fe? Permítame ilustrarlo bíblicamente y después personalmente.

Dios llamó a muchos de sus siervos a superar sus limitaciones de formas sobrenaturales.

- Sara tenía noventa años y Abraham «estaba como muerto» (Romanos 4:19). Sin embargo, Dios hizo a Sara madre de naciones.
- El profeta Elías tenía la tendencia a sufrir de ataques graves de depresión, pero a pesar de esto, Dios lo usó de manera poderosa.
- Los doce discípulos de Jesús no eran personas que tenían un alto grado de educación, no eran brillantes por naturaleza o poseían

una excelente red de conocidos. Tampoco tenían una experiencia anterior en el liderazgo que los habría preparado para dirigir el movimiento más importante en la historia humana.

- Timoteo, que parece haber sido temeroso y tímido por naturaleza, fue llamado por Dios a ser líder de una iglesia grande e influyente, pero difícil, en Éfeso, la cual estaba llena de divisiones, problemas y conflictos.

- María era una joven adolescente, miembro de una familia pobre, que vivía en un pequeño pueblo en el cual había entre cincuenta y doscientos habitantes llamado Nazaret, en unos tiempos en los cuales el hecho de que una joven saliera embarazada sin estar casada era algo más que escandaloso. Ella podría haber terminado apedreada. Sin embargo, fue la persona escogida por Dios para dar a luz a Jesús.

Dios usó a cada una de estas personas de formas extraordinarias, de tal manera que cada una de ellas tuvo que superar los límites de su fe. Quisiera haber aprendido esta misma lección mucho más temprano en mi propia vida y mi liderazgo.

El hecho de que no fuera capaz de responder cuando Dios quería que superara un límite importante casi causó que renunciara a mi posición de pastor principal en New Life, lo cual significaba que me habría perdido el honor de guiar a nuestra iglesia para llevarla a sus mejores años bajo mi liderazgo. Durante años luché con mi falta de capacidades organizacionales y administrativas como pastor. Tomar decisiones en cuanto al personal, el manejo de los presupuestos, el control de los detalles y la redacción de descripciones de trabajo fueron tareas difíciles para mí. Me destacaba en cuanto a la proyección de las visiones y la enseñanza. Me decían: «No tienes esos dones, así que trabaja sobre todo dentro de tus puntos fuertes y contrata personas que te ayuden en los débiles. Dedica tu tiempo a predicar y proyectar tu visión. Deja que otros lleven el control de la iglesia».

Probamos varias configuraciones diferentes del personal, contratamos gente de fuera, contratamos gente de dentro, dividimos el trabajo entre personas distintas. En todo lo que hacíamos, chocábamos contra una pared. Nada parecía funcionar a largo plazo. La tensión se mantuvo presente hasta que yo estuve dispuesto a enfrentarme a los fallos en mi propio carácter en torno a nuestro callejón sin salida.

Aunque es cierto que mi principal llamado no consiste en ser pastor ejecutivo (tengo unos límites dados por Dios en este aspecto), el verdadero problema tenía que ver con mi personalidad. Prefería la labor más fácil de predicar y orar (que era lo mío), al trabajo más arduo de controlar a la gente. No me agradaba invertir el tiempo necesario a fin de prepararme a conciencia para las reuniones del personal, ni batallar con las planificaciones estratégicas. Me parecía más fácil ser impulsivo y estar dirigido por mi visión que tener en cuenta las duras realidades. ¿Por qué querría yo confrontar a un voluntario que no estaba haciendo nada cuando podría pasar ese mismo tiempo hablándoles en público a los demás y recibiendo validación por parte de ellos?

Esa seria debilidad en mi carácter no la había recibido de Dios. Mi afán por lograr que la gente me estimara era tan grande que evadía los conflictos, en especial los análisis sinceros del desempeño de las personas en su trabajo. Mi pereza me impedía redactar unas descripciones de responsabilidades bien detalladas, dedicar tiempo a planificar cuidadosamente las reuniones, o seguir hasta el final los detalles de los proyectos. El hecho de que evitara las reuniones que sabía que serían difíciles o estarían llenas de tensión tenía que ver con mis temores, no con un uso mejor del tiempo para Dios.

Una vez que llegué a darme cuenta de mis formas tan inmaduras de conducirme, pude superar mi estado de negación del liderazgo, que había estado presente en mí durante veinte años. Reconocí que la iglesia había chocado contra un muro y que yo era el causante original de todo. Esto me llevó a un largo proceso de dos años en el que observé con detenimiento mi vida por debajo de su superficie. Tal cosa conllevó no aceptar compromisos externos con el fin de poder realizar el duro trabajo que significaba aprender las tareas ejecutivas que son necesarias en un buen liderazgo.

Dios me cambió de una manera profunda durante este proceso. ¡Cuando todo terminó, no me reconocía a mí mismo! Sin temor a equivocarme, puedo decir que la temporada que utilicé para superar ese límite tal vez fuera la más significativa y la que más utilizó Dios para transformarme de todo el camino de mi liderazgo. Además, Dios hizo crecer rápidamente el ministerio de New Life, y vimos más fruto en mis seis años finales de pastor principal que en los veinte anteriores.

LA ACEPTACIÓN DEL DON DE LOS LÍMITES POR PARTE DE LA IGLESIA

Aceptar el don de los límites al nivel de toda la iglesia es algo esencial que constituye todo un desafío. Esto resulta esencial, porque si no lo hacemos, nos perderemos las formas exclusivas y creadoras en que Dios quiere que nos movamos en medio de nuestras comunidades. Y es un desafío porque exige que creemos una nueva cultura de discipulado que no solo afirme los límites como un valor, sino que también ayude a las personas a integrar los límites a su vida de maneras prácticas.

A lo largo de los años hemos trabajado por lo menos de cuatro maneras para establecer profundamente el don de los límites en el espíritu de nuestra iglesia: sistematizamos el cuidado de nuestros líderes de sí mismos, fijamos límites para las personas invasivas, les dimos a las personas libertad para decir «no» y enseñamos a tener límites sanos.

1. La sistematización del cuidado de los líderes de sí mismos

Como sucede con todas las señales de un discipulado emocionalmente sano, esta comienza con los líderes. Buscamos ser modelos de la prioridad de que nuestra vida personal y la de nuestra familia van primero, no el ministerio. Se espera del personal, los miembros de la junta y los líderes que tengan un adecuado cuidado de sí mismos y establezcan límites basados en quiénes los ha creado Dios para ser, y en los límites de la situación familiar.

La comprensión del don de los límites nos permite confirmar la necesidad de cuidar de uno mismo, y, sin embargo, muchas veces esto constituye un gran desafío para aquellos que han sido adiestrados en el principio de darles prioridad a las necesidades de los demás por encima de las suyas propias. Me encanta lo que dice Parker Palmer acerca de esta dinámica:

> El cuidado de uno mismo nunca es un acto de egoísmo; sencillamente, es una buena mayordomía del único don que tengo, el don con el cual fui puesto en esta tierra para ofrecérselo a los demás. Cada vez que podemos escuchar a nuestro verdadero yo y darle el cuidado que nos está pidiendo, no solo lo hacemos por nosotros mismos, sino también por muchos otros cuyas vidas tocamos.[9]

Este valor es tan vital para la salud de nuestra iglesia que hemos creado una «Regla de vida» para nuestro personal pastoral que incluye mantener el Sabbat semanal, un día al mes a solas con Dios, y el compromiso de hacer una pausa al día para el Oficio Diario (llamado con frecuencia «oración a horas determinadas»). Esto es parte de la forma en que sistematizamos el valor del cuidado de uno mismo en la cultura de nuestra iglesia; esencialmente, lo hacemos parte de la descripción de trabajo de todos. No nos basta con decirles: *cuiden de sí mismos*, o bien, *la familia va primero*, en una reunión del personal. Queremos que los miembros de nuestro personal y nuestros voluntarios tengan el tiempo que necesitan a solas *con* Dios, de manera que la vida de Cristo fluya desde ellos hacia los demás. Cuando podemos ayudarnos a nosotros mismos y a los que nos rodean con este delicado equilibrio, nos sabemos tan profundamente enraizados en Dios, que nuestra actividad para él queda marcada por una paz y un gozo abundantes.

2. La fijación de límites para las personas invasivas

Una cuestión crítica para una iglesia es la creación y el mantenimiento de una cultura de amor y respeto por cada persona de la comunidad. Por esta razón, una de las tareas primarias para cada líder es definir los valores de su cultura y los límites de una conducta aceptable y una inaceptable. Esto exige la enseñanza deliberada de los límites y fronteras, así como «reeducar» a las personas invasivas.

Las personas invasivas operan dentro de una secuencia continua que tiene un rango que va de leve a severo. Todos nos tenemos que relacionar regularmente con estas personas invasivas. Ellas son las que ocupan demasiado espacio a expensas de otros, las que no permiten que los demás se expresen, o las que dañan a la comunidad al enfocar las situaciones o las personas de formas que no son bíblicas. Sin embargo, la acción de fijarles límites constituye un momento tan significativo para ellas como para la comunidad. ¿Cómo sucede esto?

- Matt viene todas las semanas a la reunión del grupo pequeño seriamente deprimido por la pérdida de su trabajo de veinticinco años y su reciente divorcio. Debido a que no ha estado dispuesto a consultar a un consejero o terapeuta entrenado que le brinde toda la atención personal individual y sin distracciones que necesita, sale cada semana de las reuniones frustrado, porque el grupo no ha satisfecho sus

necesidades. Él se queja del grupo con otras personas de la iglesia.
Te reúnes con Matt fuera del grupo y le aclaras cuáles son los límites
y la razón de ser de los grupos pequeños en las iglesias, a diferencia
de los grupos de Doce Pasos, la terapia personal individual, o las
conversaciones con un pastor o director espiritual.

- Jane ha llegado quince o veinte minutos tarde a la reunión semanal del equipo durante las últimas tres semanas. A pesar de esto,
no está consciente del impacto que tiene en el grupo. La invitas a
tomar un café después de la tercera vez que llega tarde para ver si
puedes descubrir qué posibles cuestiones subyacentes causan su
impuntualidad.

Estos son los casos leves.

En el otro extremo del espectro se hallan las personas gravemente
invasivas, que como las malas hierbas que ahogan a nuestras plantas sanas,
invaden y ocupan los espacios de otras personas de maneras destructoras.
Ellos son los que manipulan y usan a las demás personas para sus propios
propósitos y no están dispuestos a cambiar.[10] Con demasiada frecuencia, en
las iglesias se les permite que sean quienes establecen la agenda y ejercitan
un fuerte poder tras el escenario. A continuación, una historia verdadera
acerca de Paul, quien me sirvió muy pronto como caso modelo para mí
este aspecto.

Paul tenía el hábito de ayunar y orar. Empleaba sus vacaciones para
asistir a conferencias sobre la oración y el ministerio profético. Durante las
reuniones del grupo pequeño se le podía encontrar leyendo su Biblia para
recibir de Dios palabras personales dirigidas al grupo. Él ofrecía palabras
personales de profecía dondequiera y a cualquiera, tanto si las personas las
querían como si no. El problema estaba en que era imposible de enseñar,
ni tampoco se lograba que no fuera condescendiente con todos aquellos
(incluso conmigo) que no fueran tan «espirituales» como él. El amor exigió que se establecieran límites a su alrededor y se le confrontara acerca de su
orgullo y su espíritu crítico. ¿Por qué? Porque estaba ejerciendo un liderazgo
extraoficial en medio de nosotros, y ese liderazgo no era compatible con
nuestra visión ni con la cultura que estábamos creando.

Esta no fue la última ocasión en que tuve que establecerle límites a una
persona invasiva y difícil. Sin embargo, descubrí por medio de mi reunión
con Paul que el hecho de fijarle límites a una persona difícil era en realidad

un don de Dios... ¡para la comunidad en general, para la persona, y para mí mismo! Ese nivel intenso de conflicto, junto con la incomodidad y los malentendidos que lo suelen acompañar, contiene dones para llevarnos a una madurez y a una diferenciación que solo se pueden encontrar en situaciones desafiantes como esas.

3. Darles libertad a las personas para decir «no»

En New Life les enseñamos a nuestros miembros a usar sus dones espirituales en la iglesia, y también los animamos a servir al menos en un ministerio que esté fuera de sus dones primarios. Al mismo tiempo, aplaudimos a alguien por decir «no», en especial a aquellos que trabajan de manera incansable o tienen dificultad para cuidar de sí mismos. Y esto lo hacemos modelando los límites en nuestra manera de ser líderes y servir.

Por ejemplo, yo no estoy disponible para el trabajo del ministerio ni recibo llamadas durante el Sabbat (desde el anochecer del viernes y todo el sábado hasta las seis de la tarde), durante mis vacaciones, o durante los tiempos que haya apartado para estar con Dios.

Cuando las personas me dicen: *Pete, sé que estás ocupado, pero estarás dispuesto a...*, les permito que terminen de decirme lo que quieren. Entonces les sonrío y les contesto lentamente: *Bueno, mira... Yo no estoy ocupado... Solo estoy limitado.* Lo que quiero decir con esto es que dispongo de mucho tiempo para hacer lo que Dios me ha llamado a hacer. Por supuesto, la cuestión está en mi discernimiento sobre cuáles son sus prioridades.

Maritza es una sierva incansable y poseedora de diversos dones, a quien he conocido por casi treinta años. Desde que era niña, antes de venir a la fe en Jesús, su papel en su familia consistía en cuidar a sus hermanos más pequeños, ya que sus padres estaban emocionalmente ausentes. El discipulado que le enseñamos a Maritza incluye animarla a *no* saltar sin pensarlo para atender las necesidades que la rodean. Su caminar en el discipulado emocionalmente sano le ha permitido discernir sus propios sentimientos por vez primera, escuchar a sus propios deseos, y no hacer por otros lo que ellos pueden y deben hacer por sí mismos.[11]

Durante años ella ha estado en este viaje con nosotros. Y hasta el día de hoy, Geri y yo sonreímos cuando oímos cómo responde cuando le piden ayuda diciendo: *Le agradezco mucho su invitación, pero eso no está de acuerdo con mis planes en este momento.*

A aquellos que se sienten culpables cuando ven una necesidad no satisfecha, les hacen falta mucha valentía y mucha fortaleza para *no* ofrecerse. En ese caso, al negarse, en realidad están rechazando su naturaleza de pecado (que quiere ser como Dios) para seguir a Jesús. Ellos están confiando en que Dios atenderá a esa necesidad por medio de otras personas.

Sin avergonzarnos, sin sentir culpabilidad o vernos presionados, queremos ayudar a que crezcan personas maduras que tengan la libertad de decir: *No, gracias*. La consecuencia de esto es que la calidad del ministerio que proporcionamos es más amorosa. Las personas están menos malhumoradas y estresadas. Aman y dan amor con libertad. Tal vez lo más importante de todo sea dar a las personas la libertad de decir «no» es crear una cultura en la cual la gente se siente amada en lugar de sentirse usada.

4. Modelar y enseñar límites sanos

Adán y Eva fueron los primeros en romper límites. Se saltaron el límite que Dios había establecido para ellos cuando comieron la fruta del árbol prohibido y después huyeron de Dios. Desde ese momento en adelante, los seres humanos hemos estado saltándonos límites y cruzando líneas con Dios y entre nosotros mismos. La Caída distorsionó para el resto de la historia de la humanidad nuestro sentido de la separación, los límites y las responsabilidades. Desde entonces, hemos vivido confundidos en cuanto al punto en que terminamos nosotros y comienza otro.[12]

Los límites son una expresión del hecho de que soy una persona aparte, separada de las demás. Con los límites debidos, sé de qué cosas soy responsable y de cuáles no lo soy.

Si yo soy una persona con unos límites pobres, me siento obligado a hacer lo que deseen los demás, incluso cuando no sea lo que yo quiero hacer. Vivo con el temor constante de desilusionar a alguien o de que me critiquen. Deseo agradarles a los demás, y por supuesto no quiero que me consideren un egoísta. Es posible que diga cosas como las siguientes:

- «Dije que iba a estar al frente del ministerio de deportes porque el pastor me lo pidió. Sé que no dispongo del tiempo en estos momentos, pero es que no le podía decir "no"».

- «Tengo que ir al estudio bíblico para hombres los sábados por la mañana a las siete. En realidad, los demás esperan que yo vaya. Sé que Joe y los demás sentirían que les he fallado si no asisto».
- «Cariño, sé que estás agotado, pero *tenemos* que ir a cenar con esa pareja de la iglesia. ¿Sabes lo heridos y molestos que se sentirían si les dijéramos "no"?».

El problema en cada una de estas situaciones es que no sé dónde termino yo y dónde comienza la otra persona. Eso es lo crucial en el tema de los límites: «¿Dónde termino yo y dónde comienzan los demás?».

Necesito definir y proteger mis límites con respecto a todo lo que respira. Esos límites son puestos a prueba numerosas veces al día: por el cónyuge, los amigos, los compañeros de trabajo, los miembros de la iglesia, los vendedores y los hijos. Sencillamente, cada cual quiere lo que quiere. Eso no está mal. La gente siempre querrá conseguir cosas de ti y de mí, como tiempo, apoyo emotivo o dinero. Esto es normal.[13]

El problema está en que las necesidades del mundo son mucho mayores que todo lo que puedo dar personalmente. Y así, debo discernir cuál es mi mejor respuesta a largo plazo, en lugar de qué es lo más fácil que puedo hacer en estos momentos.

El gráfico siguiente ilustra cuáles son los límites sanos:

Cada círculo representa a una de dos personas diferentes. Cada una de ellas tiene pensamientos, opiniones, sentimientos, valores, esperanzas, temores, creencias, capacidades, deseos, gustos y desagrados. Cada persona se mantiene dentro de su propio círculo separado, sin cruzar la línea de la propiedad o el círculo de la otra persona. Esta distinción es crítica, puesto que cada uno de nosotros es un individuo único hecho a la imagen de Dios.

Él nos ha coronado de gloria y honor (Salmos 8:5). Ha puesto como sello sobre nosotros la unicidad, la sacralidad, la alta estima y el valor. Cada vida individual constituye un milagro.[14]

Al mismo tiempo, la Biblia nos llama a relacionarnos entre nosotros como familia, a conectarnos unos con otros de una forma tan amorosa que el mundo sepa que Jesús es real y vive (Juan 13:34-35). Sin embargo, es necesario que esta conexión con los demás se produzca sin que tengamos que sacrificar nuestra individualidad o nuestra separación personal.

Cuando una iglesia o un ministerio llevan a la práctica el *Curso de discipulado emocionalmente sano, Partes 1 y 2,* nosotros entrenamos cuidadosamente a los líderes de mesa para que sean modelo de estos límites sanos y los enseñen. Establecemos directrices que el líder de mesa pone en práctica con gentileza para que las personas tengan una experiencia de lo que son los dones y los límites de una comunidad sana.[15]

Te extiendo mi invitación para que reorganices tu ministerio al aceptar el don divino de los límites. Si lo haces, estarás participando en nada menos que un acto de rebelión innovador y desafiante de la cultura, que va en contra de la forma occidental contemporánea de hacer iglesia. Sin embargo, puedes estar seguro de una cosa: cuando alguien hace la obra de Dios a la manera de Dios y en el tiempo de Dios, siempre produce el fruto de Dios.

RECORDANDO LOS LÍMITES DE NUESTRA OBRA

Leaf by Niggle [Hoja de Niggle] es una historia breve que escribió J. R. R. Tolkien en un momento en que estaba luchando con sus límites y lo incompleta que era su obra como escritor.[16] Encuentro tan profundo este relato que conservo un breve resumen de la historia pegado a la última página de mi diario. Lo consulto con frecuencia como una manera de mantenerme relajado y con los pies sobre la tierra.

La historia se refiere a un hombre llamado Niggle, un artista, el cual siente pasión por pintar un paisaje hermoso, una escena grande y detallada que se centra alrededor de un magnífico árbol. El único problema está en que Niggle tiene demasiadas distracciones para poder pintar todo el árbol. Los vecinos le piden ayuda en todo tipo de trabajos, y él se siente atascado por las interrupciones de la vida diaria.

«Solía dedicar un largo tiempo a una sola hoja, tratando de captar su forma. Sin embargo, lo que quería era pintar todo un árbol». Nunca estaba satisfecho con las hojas que pintaba, así que trabajaba en ellas sin nunca acabar.

Un día, Niggle muere y se despierta en un lugar que no le es familiar. Él se encuentra una bicicleta que llevaba amarrada al manubrio una etiqueta amarilla donde se leía «Niggle». Niggle se sube a la bicicleta y comienza a recorrer en ella un prado. Levanta la mirada y ve algo tan increíble que se cae de su bicicleta. ¡Allí está... *el árbol!* Era el árbol que él había estado pintando durante toda su vida sin poderlo terminar. Y allí estaba, terminado. Sin embargo, no era una pintura; era un árbol vivo.

Tolkien escribe: «Ante él se erguía el Árbol, su Árbol, terminado. Si es que podía decirse eso de un Árbol que estaba vivo, con hojas que se abrían, ramas que crecían y se doblaban con el viento que Niggle había sentido o adivinado con tanta frecuencia, y que a menudo no había sido capaz de capturar. Él contempló el Árbol, y lentamente alzó los brazos y los abrió lo más que pudo. "¡Es un don!", dijo».

Niggle se da cuenta de que la obra que ha realizado durante su vida terrenal ha sido un don. Pero más aún, descubre que esa obra que realizó durante su vida terrenal solo era un reflejo parcial de una obra mayor que solo encontraría su terminación en la vida venidera.

Lo mismo sucede con nosotros.

Algunas veces podrá parecer que vivir dentro de fronteras y límites no es algo que busca nuestros mejores intereses, o incluso el mejor interés de la misión que Dios nos ha dado. Sin embargo, es así, y más de lo que nosotros podríamos imaginar jamás.

Cuando confiamos en la bondad de Dios aceptando sus límites como dones y expresiones de su amor, maduramos en nuestra sabiduría. No obstante, a veces esto exige que lamentemos la pérdida de los sueños que podamos tener para nuestra vida, una realidad que nos lleva al siguiente principio del discipulado emocionalmente sano: la capacidad para descubrir los tesoros escondidos en la aflicción y la pérdida.

Capítulo 6

Descubre los tesoros escondidos en la aflicción y la pérdida

Jerry y Lynda Sittser, junto con la madre de él y sus cuatro hijos de edades entre los dos y los ocho años, iban en su camioneta por una solitaria porción de carretera en los campos de Idaho. Habían estado visitando una reservación de indios americanos nativos cercana como un proyecto de la escuela para sus dos hijos mayores. Tal como sus amigos los describían, parecían «la familia de los dos millones de dólares». Se sentían como si estuvieran «en la cima del mundo».

A los diez minutos de haber comenzado su viaje de regreso a su casa, Jerry notó que un auto viajaba en sentido contrario a ellos a toda velocidad. Redujo la velocidad en una curva, pero el auto que se acercaba a su encuentro, que iba a cerca de ciento cuarenta kilómetros por hora, chocó de frente con su camioneta. El conductor estaba ebrio. En un instante, la familia Sittser perdió tres generaciones: la madre de él, su esposa y su hija de cuatro años de edad. Él escribe: «En un instante mi familia, tal como la había conocido y amado, quedó destruida».[1] Sentado sobre una carretera vacía, Sittser las vio morir.

En el juicio que siguió, el conductor del otro vehículo terminó siendo declarado no culpable y puesto en libertad, porque no se pudo probar sin sombra de duda que él (no su esposa embarazada, que había muerto en el accidente) había estado conduciendo el auto.

Después del incidente, Sittser escribió un libro acerca de su descenso a un abismo insondable de dolor y angustia que cambió su vida. Sin embargo, también escribió acerca del inesperado tesoro que halló escondido en medio de su aflicción y su pérdida:

> Por lo tanto, no es cierto que nos volvamos menos a causa de una pérdida, a menos que permitamos que la pérdida haga que seamos menos, moliendo nuestra alma hasta que no quede nada... *La pérdida también hace que seamos más...* Yo no superé la pérdida de mis seres queridos; más bien, absorbí la pérdida en mi vida, como el suelo recibe los materiales en descomposición, hasta que se convirtió en parte de quien soy. El dolor tomó residencia permanente en mi alma *y la engrandeció...* El alma es elástica, como los globos. *Puede crecer por medio del sufrimiento* (énfasis añadido).[2]

Sittser descubrió la dolorosa verdad de que las pérdidas abren una senda que nos adentra en la misteriosa forma que tiene Dios de formarnos por medio de «los tesoros de las tinieblas, y las riquezas guardadas en lugares secretos» (Isaías 45:3).

Me llevó mucho tiempo descubrir esta verdad. De hecho, estuve cubriendo todas mis pérdidas durante años, sin darme cuenta de que estaban moldeando mis relaciones e impidiendo mi discipulado. Dios estaba tratando de agrandar mi alma y transformarme de una manera profunda; yo estaba buscando una forma rápida de acabar con mi pena. Yo veía las pérdidas como obstáculos que tenía que superar con el fin de madurar en Cristo; Dios las veía como requisitos para con el fin de que madurara en Cristo. Nunca me habría imaginado que los tesoros profundamente escondidos en mis dolores contenían los dones que necesitaba para crecer y convertirme en un adulto emocional y espiritual.

Aquel era el último lugar al que habría deseado ir.

LA NATURALEZA AMPLIAMENTE VARIADA DE NUESTRAS PÉRDIDAS

Piensa por un momento en la gran variedad de las pérdidas que acumulamos durante el transcurso de una vida.

Hay pérdidas que son devastadoras, como el fallecimiento de un hijo, la muerte temprana de un ser amado, una discapacidad, el divorcio, la violación, el abuso emocional o sexual, una enfermedad incurable, la esterilidad, la destrucción de un sueño de toda una vida, el suicidio, la traición y muchas más.

Algunas veces las pérdidas llegan de manera inesperada, por medio de desastres naturales o sucesos catastróficos. Comenzando el 11 de septiembre de 2001, cuando unos terroristas suicidas hicieron volar dos aviones llenos de personas inocentes hasta chocar con los edificios más altos de nuestra ciudad, matando a casi tres mil personas, nuestra comunidad de Queens experimentó el trauma a diario durante más de un año. Después llegó la pandemia del Covid-19, que comenzó en una ciudad en el 2019 y ha infectado y matado a millones de personas en todo el planeta. Esta pandemia ha cambiado la vida normal tal como la conocíamos y devastado la economía de los países en el mundo entero.

Otras veces, las pérdidas se producen de maneras más naturales o esperadas. Por ejemplo, es posible que nos graduemos de la escuela secundaria o la universidad y experimentemos una pérdida en nuestra seguridad emocional y nuestras relaciones. Tal vez nos mudemos a un lugar nuevo y nuestras antiguas amistades se desvanezcan. Nuestros hijos se van independizando de nosotros a medida que crecen. Se producen cambios en el liderazgo de nuestra iglesia. Se acaba nuestro grupo pequeño. Muere uno de nuestros abuelos. Todas estas cosas se pueden considerar como pérdidas normales, pero eso no hace que sean menos dignas de ser lamentadas. Las aflicciones que no se sufren se acumulan en nuestra alma como pesadas piedras que vamos cargando. Cuando no nos ocupamos de ellas, impiden que vivamos con libertad y sinceridad ante Dios y los demás.

De cualquier manera que se presente, una pérdida es una pérdida. Nadie escapa al sufrimiento y el dolor en esta vida. Aquello que a ti te podría parecer una pérdida insignificante podría ser una pérdida catastrófica para mí. Esto se debe a que Dios nos ha hecho único a cada uno de nosotros, con nuestro propio temperamento y nuestras propias historias.

El hecho de que seamos afectados de maneras diferentes por las pérdidas no cambia la realidad de que lo que experimentamos como pérdida es algo real, incluso si otros no lo sufren de igual manera que nosotros. Cada ser humano reacciona de manera diferente. Por ejemplo, Geri consideraba la crianza de nuestros hijos en el área de Nueva York —una ciudad donde hay más de ocho millones y medio de habitantes— como una pérdida. Aunque criar a nuestros hijos en una ciudad densamente poblada, llena de personas del mundo entero, conlleva muchos beneficios, ella sabía que nuestros hijos se estaban perdiendo la rica experiencia de crecer en una comunidad pequeña, como lo había hecho ella. En cambio yo, que había crecido en el área de la ciudad de Nueva York, no tuve esa misma sensación de pérdida.

El liderazgo también tiene su propia clase de pérdidas, y con frecuencia se trata de un número desmesurado de ellas: las personas en las cuales hemos invertido se marchan, los sueños mueren, los líderes y los miembros del personal se mudan o ya no colaboran, se producen traiciones, se rompen matrimonios de miembros de la iglesia, se destruyen las relaciones, y las crisis externas como los desastres naturales y las caídas de la economía se cobran su precio en la comunidad. Uno no puede ser líder de una iglesia y esperar que vaya a escapar ileso.

De hecho, más de un gran escritor y poeta ha descrito toda la vida como un crecimiento en el arte de perder, que culmina en el momento en el que esta vida terrenal termina y lo perdemos todo.[3] Por lo tanto, aprender a recibir bien el dolor y la angustia para presentarlos ante Dios es algo central en la labor del discipulado.

La pregunta consiste entonces en saber cómo llegamos a la idea de que podríamos crecer en la madurez espiritual sin aprender a manejar las pérdidas de la manera que Dios quiere.

LA PROBLEMÁTICA RESPUESTA DE LA IGLESIA A LA AFLICCIÓN Y LA PÉRDIDA

Son pocos los cristianos de América del Norte y Europa que comprenden a plenitud lo que son el sufrimiento y la pérdida, en especial en lo relacionado con Dios, la madurez espiritual y la expansión de la misión de Jesús. Creemos de manera errada que la aceptación de nuestra aflicción nos va a hacer ir más despacio en la vida y va a impedir que realicemos la misión de Dios en el mundo. En realidad, lo cierto es lo opuesto. Aceptar nuestras pérdidas a la manera de Dios realmente hace avanzar esa misión.

En ese caso, la pregunta es por qué somos tan alérgicos a la pérdida y la aflicción, y a los numerosos tesoros escondidos en ellas. Existen dos razones primordiales: nuestra resistencia a no tener el control y una teología defectuosa que interpreta las pérdidas como interrupciones.

Nos resistimos a no tener el control

La cultura occidental en general devalúa la pérdida y la aflicción porque otorga un alto valor al control y al ascenso continuo a lo largo de la vida. En cambio, la aflicción y la pérdida exigen un sometimiento y un descenso. Nos agrada que las cosas vayan «para arriba y derechas», tanto si se trata del mercado de valores, la economía, los números en nuestro ministerio, o una sensación de que somos expertos en la vida espiritual.

Por esa razón, cuando el dolor entra a nuestra vida, nuestros reflejos nos llevan a negar o minimizar lo que sucede al distraernos o insensibilizarnos. Algunas veces culpamos a otros. Nuestras maniobras defensivas contra la pérdida y la aflicción no tienen fin.

Ninguno de nosotros se quiere enfrentar al hecho de que, para comenzar, realmente nunca hemos tenido el control. No es una exageración afirmar que nuestra cultura y lamentablemente también nuestras iglesias niegan las pérdidas y le tienen fobia a la aflicción.

Mis propios temores a perder el control fueron un factor significativo en mi costumbre de evitar el dolor y la pérdida. Me sentía incómodo ante lo que podría suceder si me permitía sentir mi depresión, mi ira y mis dudas sobre Dios. Tenía temor de soltar el proverbial timón de mi vida. ¿Adónde me llevaría Dios? Carecía de una teología para la oscura noche del alma, o para el choque contra un muro,[4] así que mantenía un estrecho control aferrándome a mi timón. Incapaz de afligirme, encubrí mis pérdidas durante años. Temía tener que descender a un abismo sin fondo de dolor, sin imaginarme ni por un momento que Jesús me podría estar esperando allí.

Nuestra sociedad nos ha entrenado bien para prestarle atención al éxito, nunca a la pérdida y el dolor. Y, sin embargo, la pérdida nos exige que nos angustiemos por ella, y el dolor clama para que lo sintamos. Con el fin de mantener lejos de nosotros esos sentimientos, desarrollamos una serie de estrategias para lidiar con ellos, muchas de las cuales toman la forma del abuso de alguna sustancia. Esa sustancia podría ser casi cualquier cosa —el trabajo, las películas, las drogas, el alcohol, las compras, la comida, el estar siempre ocupados, las escapadas sexuales, los apegos a relaciones enfermizas, e incluso la dedicación a servir en una iglesia— siempre que desvíe nuestra atención, apartándola de cuanta realidad dolorosa estemos enfrentando.

Año tras año, evitamos las dificultades de la vida y minimizamos nuestros fracasos y desilusiones. El resultado es una incapacidad generalizada de enfrentarnos al dolor.

Lo que no somos capaces de entender en medio de todo esto es que negarnos a aceptar nuestras aflicciones y a lamentarnos por ellas a plenitud nos condena a nosotros y a nuestras iglesias a una espiritualidad poco profunda que bloquea la obra del Espíritu Santo en nosotros. Esto contribuye a una sensación general de superficialidad en nuestras iglesias y a la ausencia de una compasión profunda.

Vemos las pérdidas como interrupciones

Solía creer que la aflicción era una interrupción, un obstáculo a mi deber de servir a Cristo. En pocas palabras, la consideraba como una pérdida de tiempo que me impedía vivir «aprovechando al máximo cada momento oportuno» (Efesios 5:16) para Dios. «Supéralo», musitaba para mí mismo. Mi consejo a las personas que estaban luchando con la amargura era un insensible: «Olvídelo y perdone. ¡Eso es lo que dice la Biblia!».

Después de una pérdida dolorosa, sentía presión y presionaba a los demás, para regresar a lo normal y volver a la obra del ministerio lo más pronto posible. Me disculpaba con mis compañeros de trabajo si me sentía triste. ¿Por qué? En lo que a mí concernía, la angustia era un problema que había que resolver, ¡y mi papel como pastor era resolver problemas!

Un gran obstáculo a la aflicción, al menos para mí, era que algunas veces era yo quien había creado en primer lugar las situaciones que nos causaban ese dolor a mí y a los demás miembros de la iglesia. Tomaba en cuenta las consecuencias de la disciplina de Dios, así que la quería recibir, tal como había recibido la disciplina de mi padre durante mi crecimiento: de manera estoica, sin derramar una lágrima. Al fin y al cabo, ¿qué bien me haría permanecer en la tristeza y la frustración por el desastre que había causado?

A pesar del hecho de que me había pasado años leyendo y estudiando la Biblia —la cual tiene mucho que decir sobre la pérdida y la aflicción— nunca había pasado un tiempo de dolor por las pérdidas que había experimentado. Claro, predicaba sermones sobre el libro de Job y consolaba a la gente dando enseñanzas acerca de que Jesús comprendía sus sufrimientos. Sin embargo, permanecía frío por dentro. A mi pensamiento nunca entró la idea de que la angustia y el dolor fueran cosas que yo también necesitaba experimentar. Mis pérdidas, desde los tiempos de mi niñez y mi familia de origen, estaban dentro de mí, guardadas bajo llave. Y no tenía idea alguna sobre la forma de liberarlas.

Esta tendencia a ver la pérdida y la aflicción como una interrupción también está presente en nuestras iglesias. Por ejemplo, la iglesia se muda a un vecindario y un edificio nuevos, pero hay un grupo de personas a las que les cuesta ese cambio. Por alguna razón, no se sienten bien al respecto, e interpretan su malestar como una señal de Dios en cuanto a que la iglesia no se habría debido mudar. No obstante, en realidad lo que necesitaban era el tiempo y la oportunidad para lamentarse por el edificio en el cual Dios había hecho tantas obras maravillosas. En lugar de honrar su pérdida recorriendo el edificio anterior para recordar a los que fueron transformados en su santuario, a los bebés que se dedicaron en su plataforma, y las recepciones de bodas en el centro de actividades, vemos su resistencia como rebelión y una falta de disposición a participar en la obra futura de Dios.

Celebramos del Día de las Madres y el Día de los Padres, pero olvidamos ser sensibles con aquellos para los que esos días pueden estar entre los más difíciles del año: las parejas que no pueden tener hijos, los solteros que anhelan tener hijos propios, los que han perdido recientemente a un padre o un hijo, o aquellos cuyos padres están ausentes o son abusivos.

Unos miembros fieles que han pertenecido por mucho tiempo a nuestra iglesia se mudan lejos, y nosotros nos sentimos culpables o incómodos por nuestra tristeza y aflicción. Así que lo cubrimos todo a base de citar con muy poca sinceridad versículos como «Alégrense siempre en el Señor. Insisto: ¡Alégrense!» (Filipenses 4:4), o «Den gracias a Dios en toda situación» (1 Tesalonicenses 5:18).

Un joven de veintitantos años comienza a explorar su pasado y por vez primera se enfrenta al abuso y el abandono que sufrió en un hogar de acogida dentro del sistema de la ciudad durante dieciocho años. De inmediato se le aconseja que ponga todo esto detrás de sí y se esfuerce por triunfar en su nueva relación con su Padre celestial. No estamos seguros sobre qué decirle y tratamos de cerrar la herida tan pronto como nos sea posible, sin tener en cuenta la infección que permanece allí y que tal vez nunca sane correctamente.

Todos estos ejemplos tienen que ver con el hecho de ignorar las dolorosas realidades de la pérdida y la aflicción. Preferimos apresurarnos a dejarlas atrás o mencionarlas de forma superficial para podernos mover cuanto antes a lo que sigue. Quedarse al lado de aquello que no comprendemos es duro y desgarrador, pero necesario. Como la mayoría de los líderes, descubrí que era más fácil dar respuestas superficiales que consigan un amén de una audiencia.

Preferimos pasar por alto lo que no comprendemos. Y cuando hacemos eso, nos quedamos sin descubrir los tesoros que nos esperan: riquezas que solo pueden ser nuestras cuando le confiamos a Dios nuestras pérdidas. En cambio, Dios tiene para nosotros otro camino a recorrer, un camino que ha revelado con claridad en las Escrituras.

LAS TRES FASES DE DIOS PARA PROCESAR LA AFLICCIÓN Y LA PÉRDIDA

Elisabeth Kübler-Ross ha hecho famosas cinco etapas de respuesta ante la muerte y la pérdida: negación, ira, negociación, depresión y aceptación.[5] Más tarde se añadió una sexta etapa: hallar sentido.[6] Aunque el trabajo de Kübler-Ross es muy útil, y se lo recomiendo, Dios nos ofrece una teología bíblica exhaustiva como nuestro primer y principal marco de referencia.

Las Escrituras describen tres fases bíblicas para procesar la aflicción y el sufrimiento: prestar atención al dolor, esperar en el intermedio confuso, y permitir que lo viejo dé a luz a lo nuevo. Cada una de estas tres fases tiene sus características distintivas, y no se presentan necesariamente de forma escalonada. De hecho, es frecuente que se superpongan. ¡Y como veremos, también es posible experimentar las tres fases al mismo tiempo! Sin embargo, el proceso comienza cuando se les presta atención a las pérdidas y se siente el dolor que causan.

Primera fase: Prestar atención al dolor

Cuando experimentamos una pérdida en nuestra vida o iglesia, es frecuente que nos sintamos molestos o enojados con Dios y tratemos la situación como una invasión extraña procedente del espacio exterior. Olvidamos que atender el dolor de la aflicción y la pérdida es algo que ha sido distintivo del pueblo de Dios desde el principio. Observa los siguientes ejemplos:

- Los antiguos hebreos expresaban sus lamentos de manera dramática y física, rasgando sus ropas, vistiéndose de luto y sentándose sobre ceniza (Ester 4:1-3; Daniel 9:3).

- Durante la generación de Noé, las Escrituras indican que a Dios mismo «le dolió el corazón» por causa de la perversidad de los seres humanos (Génesis 6:6).
- En el libro de Job, treinta y seis capítulos describen a un hombre que se sentía angustiado y enojado, en ocasiones tenía ideas suicidas, se deprimía y estaba desconcertado (Job 4:1—36:33).
- El escritor de sabiduría nos dice: «Todo tiene su momento oportuno; hay un tiempo para todo lo que se hace bajo el cielo», incluyendo «un tiempo para llorar» y «un tiempo para estar de luto» (Eclesiastés 3:1, 4).
- El profeta Jeremías escribió todo un libro de la Biblia que lleva el nombre de Lamentaciones.
- Jesús mismo oró «con fuerte clamor y lágrimas» (Hebreos 5:7). En Getsemaní, él se sintió angustiado, lleno de dolor y espiritualmente sobrecogido, pero no emocionalmente congelado o paralizado (Lucas 22:39-44).

Desde Génesis hasta Apocalipsis, las Escrituras nos invitan a asimilar las temporadas de aflicción y tristeza como uno de los aspectos centrales de la vida espiritual. Rechazar estas temporadas es vivir solamente la mitad de la vida, y vivir una espiritualidad marcada por lo irreal. Y si la vida espiritual auténtica es algo, es una entrega absoluta a la realidad, no un escape de ella.

Tal vez los ejemplos más motivadores e instructivos que tenemos en cuanto a prestar atención al dolor se encuentran en el libro más popular de la Biblia a lo largo de la historia, el libro de los Salmos.

> **LAS TRES FASES DE DIOS PARA PROCESAR LA AFLICCIÓN Y LAS PÉRDIDAS**
>
> 1. **Prestar atención al dolor.**
> 2. Esperar en el confuso intermedio.
> 3. Permitir que lo viejo dé a luz a lo nuevo.

Aprendamos a lamentarnos a partir de los Salmos

Los Salmos constituyen un libro amado y con razón, porque hay «un salmo para cada suspiro». En este libro, el más largo de la Biblia, encontramos salmos de adoración, acción de gracias, sabiduría, arrepentimiento, e incluso otros que manifiestan duda. Según la tradición, la mayoría fueron escritos por David.

Sin embargo, la mayor parte de ellos distan mucho de ser alegres. Como señala el erudito Bernhard Anderson: «El número de las lamentaciones sobrepasa en gran medida a todas las demás clases de cantos en el Salterio».[7] Entre la mitad y los dos tercios de los ciento cincuenta salmos se pueden clasificar como lamentaciones. Ellos nos fueron dados al pueblo de Dios para enseñarnos de qué manera orar sobre nuestras emociones y luchas para llevarlas a Dios.

Los salmos de lamento nunca dejan de prestarle atención a la realidad de que la vida puede ser dura, difícil, e incluso brutal. Se quejan de la aparente ausencia de Dios. Ponen atención cuando las circunstancias parecen decir que Dios no es bueno. Claman a Dios en busca de consuelo y atención, y luchan con las dudas acerca del amor leal y fiel de Dios:

- «Mis lágrimas son mi pan de día y de noche» (Salmos 42:3).
- «¿Por qué debo andar de luto y oprimido por el enemigo?» (Salmos 43:2).
- «Me has echado en el foso más profundo, en el más tenebroso de los abismos... me has abrumado» (Salmos 88:6-7).

Los salmos operan con la certeza de que Dios le permite a su pueblo experimentar grandes sufrimientos, aunque no siempre comprendamos las razones del porqué.

David, el autor de muchos de los salmos, es bien conocido por haber sido un hombre conforme al corazón de Dios (Hechos 13:22). No obstante, de lo que pocos se dan cuenta es que esto se refleja en la forma en que él les prestaba atención repetidamente a sus pérdidas, desilusiones y temores. Y David no solo notaba esas cosas, sino que hasta componía canciones acerca de las numerosas pérdidas que sufrió, y se las cantaba a Dios en forma de oraciones.

Por ejemplo, David tenía un amor y un respeto profundos por el rey Saúl, a pesar incluso de que este lo había perseguido y buscado para matarlo durante muchos años. David también tenía como mejor amigo a Jonatán, el hijo de Saúl. Cuando Saúl y Jonatán murieron en una batalla contra los filisteos, David no se limitó a seguir adelante y entrar en el plan que Dios tenía para su vida como el nuevo rey. En lugar de esto, dedicó un tiempo a lamentarse.

David escribió un cántico; una lamentación conmovedora, hermosa y detallada acerca de aquel suceso tan terrible. Se encuentra en 2 Samuel 1:17-27. Él sentía angustia debido a aquella catástrofe: «¡Cómo han caído los valientes!... ¡Saúl! ¡Jonatán! ¡Nobles personas! Fueron amados en la vida». David llega incluso a dirigirse de manera directa a su amado amigo Jonatán: «¡Cuánto sufro por ti, Jonatán, pues te quería como a un hermano!» (2 Samuel 1:19, 23, 26).

Lo que resulta más instructivo para nosotros como líderes no es solo que David le prestara atención a su propio dolor, sino que también ordenara que ese lamento le fuera enseñado al pueblo de Judá que lo seguía (2 Samuel 1:18). ¿Se lo puede imaginar? Precisamente en el momento en que se enfrentaba a la monumental tarea de hacer la transición de todo un país a un nuevo gobierno, David ordenó que todos se unieran a él primeramente en una expresión común de dolor. Él quería que su pueblo *aprendiera* a lamentarse al expresar su dolor por la gran pérdida que Israel había sufrido.

¿Cuándo fue la última vez que tu iglesia dedicó todo un servicio a lamentarse o a enseñar sobre lo importante que es llorar las pérdidas para la madurez espiritual?

En su calidad de líder, David comprendió lo indispensable que es el lamento para una vida espiritual sana. Él sabía que llorar las pérdidas antes de seguir adelante era una elección.[8] Sin embargo, siguió este descenso hasta las tinieblas, confiando en que Dios iría a encontrarse con él y su pueblo allí.

Lo que esto exige de nosotros es que nos neguemos a vivir paralizados e insensibles, a ponernos una máscara o a contener nuestros sentimientos, incluso si eso ha sido lo que decidimos hacer durante décadas. Hasta que no estemos dispuestos a aprender a sentir nuestras emociones, nos perderemos la gran revelación y el gran tesoro que se encuentran en la forma en que Dios procesa la aflicción.

Aprendamos a sentir

Cuando nuestro dolor y nuestra aflicción quedan sin expresarse o sin que los sintamos, los estamos sepultando vivos. Como consecuencia, perdemos el acceso a la profundidad y la amplitud de los sentimientos que Dios nos ha dado y nuestra vida emocional queda comprimida dentro de una caja muy limitada. Al final, los sentimientos que sepultamos se van abriendo paso a través de la tierra de nuestra vida y se manifiestan en síntomas como la depresión, la ansiedad, el vacío interno y la soledad.

Cuando emprendí el viaje del discipulado emocionalmente sano, una de las primeras cosas que hice fue abrir esa caja y permitirme sentir. Finalmente, hice de esto una parte de mi rutina diaria, integrándolo a mi tiempo con Dios y recogiendo en un diario lo que estaba sucediendo en mi interior. Escuchaba a mi cuerpo, lo cual estaba con frecuencia muy por delante de mi reconocimiento mental de mis emociones. Mi cuerpo «hablaba» a través de cosas como la tensión en mi cuello, los nudos en mi estómago, o la opresión en mi garganta.[9] Entonces reflexionaba sobre la *razón* por la que podría estar experimentando cada emoción, y cómo se estaría comunicando Dios conmigo por medio de ellas.

Comencé a leer y orar los salmos. Dios usó la crudeza de los escritos de David para ayudar a que todo lo que había reprimido en mí volviera a la vida. Estos «ejercicios con los sentimientos» fortalecían mi consciencia de mis emociones. Una vez que hice amistad con esas partes vulnerables de quien yo era, surgió una variedad mayor aún de emociones: asombro, gozo, deleite, admiración. Mi alma cobró vida de formas nuevas. Y comencé a experimentar libertad y paz mayores. Aunque al principio era difícil, al final, identificar y dar nombre a mis emociones se convirtió en algo tan natural como respirar.

Con el tiempo, desarrollamos una práctica espiritual destinada a ayudarnos a todos a aprender cómo identificar y prestar atención a nuestras emociones sepultadas. Nosotros la llamamos «Explora el iceberg».[10]

Explora el iceberg

A continuación encontrarás cuatro preguntas para ayudarte a identificar y prestar atención a tus emociones, en particular aquellas que puedan estar escondidas por debajo de la superficie. Antes de dedicarte a ver las preguntas, cierra los ojos y siéntate tranquilo por un momento. Pide a Dios que te guíe y te hable. Mantente atento a cualquier cosa que Dios quiera hacer aflorar.

Utiliza unos dos minutos para reflexionar sobre cada una de las cuatro preguntas y escribir tus respuestas. Escribe todo lo que te venga a la mente. Anota cosas del presente, el pasado reciente y el pasado distante.

¿Qué es lo que motiva que te sientas *enojado* (una traición, un comentario hiriente hecho por un compañero de trabajo, un desperfecto del automóvil, una oración no contestada, etc.)?

¿Qué es lo que te *entristece* (una pérdida grande o pequeña, una desilusión, o una decisión que tomaste u otros)?

¿Qué te mantiene *ansioso* (tus finanzas, tu futuro, tu familia, tu salud, tu iglesia)?

¿Qué te hace sentir *alegre* (tu familia, una oportunidad, tu iglesia)?

Como opción, también podrías explorar el iceberg con un amigo en el que tengas confianza. Tu amigo se limitaría a hacerte las preguntas, una a una, y a escuchar atentamente mientras expresas lo que sucede en tu interior.

Me he encontrado con muchas personas que tienen temor de sentir algo; les preocupa que al entrar en contacto con sus emociones, liberen un verdadero torrente de odio, amargura o desesperación desde su interior. Tal vez esto sea cierto. Sin embargo, un maravilloso producto secundario de prestar atención a nuestro dolor es un nuevo descubrimiento de la misericordia de Dios en el evangelio. Descubrimos que Dios nos ama y nos acepta realmente tal como somos. De hecho, cuando me hago consciente de mis emociones, no solo me conecto con su amor, sino que se comienzan a derrumbar las murallas de defensa que he levantado para aislarme de las personas. Y así me doy cuenta de que si me arriesgo a vivir en Cristo a partir de mi auténtico yo, no moriré.[11]

Sin embargo, para que esto suceda es crítico que le prestemos atención a nuestro dolor ante la presencia de Dios como expresión de una oración dirigida a él. Esto al mismo tiempo se superpone y nos guía hacia la siguiente fase del proceso que Dios realiza con nuestro dolor, la cual consiste en esperar en el confuso intermedio.

Segunda fase: Esperar en el confuso intermedio

Las pérdidas y el dolor nos obligan a detenernos, esperar, e incluso cambiar nuestros planes. Esto puede resultar especialmente arduo para aquellos de nosotros que vivimos en una cultura que valora el ajetreo, la productividad y la previsibilidad. Por esta razón, es posible que esperar sea una de las lecciones más difíciles que aprender como seguidores de Jesús. Como un neoyorquino clásico al que le gusta terminar lo que dice la gente cuando habla con lentitud, conozco esto demasiado bien. Sin embargo, las Escrituras están llenas de ejemplos de personas que tuvieron que aprender a esperar en Dios.

- Noé esperó largo tiempo que llegaran las lluvias y después que las aguas se retiraran.
- Abraham y Sara esperaron casi veinte años para que Dios cumpliera su promesa de darles un hijo.
- José esperó más de veinte años —la mayoría de ellos en esclavitud, servidumbre y prisión— antes de saber cuál era el propósito de Dios al permitir sus grandes sufrimientos, durante esos tiempos difíciles y a pesar de ellos.
- Moisés esperó cuarenta años en el desierto antes de recibir el llamado de Dios para guiar a su pueblo en su salida de Egipto, y después esperó otros cuarenta años antes de alcanzar la Tierra Prometida.
- Ana esperó años para que sus oraciones por un hijo tuvieran una respuesta.
- Elisabet esperó décadas antes del nacimiento de su hijo Juan.
- Job esperó años, no meses, antes de que Dios se le revelara y le diera un nuevo comienzo en la vida.
- Los apóstoles esperaron, confusos y desconcertados, entre la crucifixión de Jesús el viernes santo y la llegada de Pentecostés.

Desde el principio hasta el fin de las Escrituras, descubrimos relatos en los cuales Dios enseña a su pueblo a esperar. Y esa temporada de espera era casi siempre confusa y desorientadora.[12] Las tentaciones son grandes: caer en un pozo de desesperación, medicarnos o aturdirnos con alguna conducta adictiva, dejar de hablar con Dios debido al enojo.

Lo que hace tan difícil la espera es que no estamos seguros de dónde está Dios, qué está haciendo o cuándo va a terminar esta espera, si es que termina. Nos sentimos indefensos y confiamos en él con una dependencia total. No podemos ver el futuro y tampoco tenemos manera de volver al pasado, donde teníamos una sensación de estabilidad y orden.

> **LAS TRES FASES DE DIOS PARA PROCESAR LA AFLICCIÓN Y LA PÉRDIDA**
>
> 1. Prestar atención al dolor.
> 2. **Esperar en el confuso intermedio.**
> 3. Permitir que lo viejo dé a luz a lo nuevo.

Nos hallamos justo frente a la cruz, con el fuego purificador que Juan de la Cruz, nuestro místico y escritor del siglo diecisiete, describe como la noche oscura del alma.[13] Una noche oscura no es un simple sufrimiento, sino toda una experiencia de crisis por la desolación espiritual. Es posible que nos sintamos indefensos, agotados, vacíos y consumidos por una sensación de fracaso o derrota. La profunda comprensión de Juan de la Cruz en cuanto a esta fase intermedia de confusión es que se trata de la manera común de crecer en Jesús. Sin excepciones. Esto es lo que él escribe:

> Dios percibe las imperfecciones que hay en nuestro interior, y a causa de su amor por nosotros... no se contenta con dejarnos en nuestra debilidad, y por esta razón nos lleva a la noche oscura... ningún alma crecerá con profundidad en la vida espiritual a menos que Dios trabaje de forma pasiva en esa alma por medio de la noche oscura.[14]

Sin embargo, es en esos tiempos intermedios y confusos que Dios desarraiga nuestra voluntad propia, nos despoja de las capas de nuestro falso yo, y nos libera de los apegos malsanos. En estos tiempos intermedios es cuando somos vaciados, y este vaciamiento tiene un propósito principal: hacer espacio para algo nuevo y mejor.

Enfrentémoslo: esperar en Dios en medio de una pérdida es algo que desafía los instintos humanos y las soluciones inmediatas. Esto va en sentido contrario a la cultura occidental y a nuestra inclinación hacia nuestra propia voluntad. Esa es la razón por la cual necesitamos con tanta urgencia que el Espíritu Santo nos sostenga en momentos así.

En un brillante ensayo titulado «De Patientia» [«Sobre la paciencia»], el autor cristiano Tertuliano (160-220 d. C.) escribe con detalle sobre un tema del que raras veces hablamos hoy: que la naturaleza de Dios es ser paciente. Él nos recuerda que cuando el Espíritu Santo desciende, la paciencia y la espera están siempre presentes también. ¿Por qué? Porque esa es su naturaleza.

Tertuliano llega incluso a sostener que la raíz de la rebelión original de Adán y Eva fue la impaciencia. «Porque, para decirlo en pocas palabras, todo pecado se puede remontar a la impaciencia. Yo encuentro el origen de la impaciencia en el diablo mismo».[15] Nosotros funcionamos de acuerdo a unos horarios muy distintos a los de nuestro Dios, para quien mil años son como un día (2 Pedro 3:9).[16] ¿Acaso es de maravillarse que esta segunda fase de esperar en el confuso intermedio durante la pérdida sea tan desafiante, si no casi imposible, sin el Espíritu Santo?

La mayor parte de mi crecimiento espiritual se ha derivado de estas experiencias dolorosas, misteriosas y confusas —los tiempos intermedios— sobre los cuales tenía tan poco control. Puedo identificar por lo menos cinco noches oscuras notables en mis cuarenta y cinco años de caminar con Cristo. Una de las maneras en que sé que estoy en una noche oscura es cuando mis oraciones suenan algo parecido a esto: «Señor, no puedo seguir. Tú te excediste conmigo. ¡Me has dado más de lo que puedo soportar, aunque me habías prometido no hacerlo! Por favor, llévame al hogar. Amén».

Cuando me he resistido a Dios al sencillamente buscar más ocupación y tratar de mantenerlo todo unido, he causado una interrupción en la preparación que necesitaba a fin de recibir el nuevo comienzo que Dios tenía para mí. Cuando he esperado en él, he descubierto que esta confusión intermedia estaba llena de revelaciones y misericordias. Ese tiempo que se veía como una temporada vacía, imprecisa e inactiva resultó ser un lugar sorprendente de transición y una poderosa obra de Dios por debajo de la superficie de mi vida.

El mismo principio de los confusos intermedios, o noches oscuras, se aplica igualmente a los grupos y las iglesias. La siguiente historia describe una de esas situaciones que experimentamos en nuestra iglesia, la cual nunca olvidaré.

La iglesia New Life Fellowship había ahorrado y orado durante cuatro años para comprar el edificio que habíamos alquilado durante ocho años. Era una Logia de los Elks [Alces] con una superficie total de casi 5.600 metros cuadrados en el centro de Queens, en la ciudad de Nueva York.

Nosotros creíamos que habíamos llegado a un acuerdo en los términos con los dueños, pero a última hora llegó un gran promotor de propiedades para ofrecerles un trato que nosotros no podíamos igualar. Cuando los dueños del edificio rompieron nuestro acuerdo, fuimos de repente de tener un glorioso futuro a no disponer posiblemente de ningún lugar para reunirnos y con un plazo de solo seis meses para hallar un nuevo lugar. Aquel golpe cayó como un inmenso martillo sobre nuestra congregación, en particular sobre nosotros los líderes, que habíamos invertido tanto tiempo y energía para realizar la compra.

Muchas personas estaban confundidas, heridas y desilusionadas con Dios. *¿Dónde está Dios? ¿Por qué no responde a nuestras oraciones? Dios mío, ¿por qué permitiste esto?* Una sensación de agotamiento, indefensión y fracaso descendió sobre nosotros. Nuestras oraciones ya no parecían funcionar. Ya no podíamos ver lo que Dios estaba haciendo. Contra nuestra voluntad, nos vimos forzados a esperar en el confuso intermedio.

Durante ese tiempo salió a la venta otro edificio mayor, más barato y con más espacio para el estacionamiento. Oramos acerca de ese edificio, pero un anciano miembro de la junta se dio cuenta de que comprarlo nos sacaría de nuestra comunidad y lejos de nuestro llamado como iglesia multirracial que servía a los pobres en el corazón de una parte difícil de Queens. Así que decidimos no hacer el intento de comprarlo y esperar.

Pasaron las semanas, y después los meses.

A lo largo de toda esta experiencia, Dios hizo algo profundo en mí y en todos nosotros como comunidad. Nos purificó un poco más en cuanto a nuestra voluntad propia y nuestro empecinamiento, y nos llevó a un lugar más profundo de paz verdadera y descanso en su voluntad. Al final, el trato del promotor con los dueños del edificio se vino abajo y pudimos comprar el edificio dos años más tarde.

Nosotros pensábamos que esa espera era un paréntesis. No lo fue. Dios estaba obrando, pero nosotros no lo podíamos ver.

A veces nos rebelamos durante el confuso período intermedio en lugar de abrazar el período de espera en el que nos encontramos. Cuando Dios parece estar ausente, la tentación consiste en huir de él, renunciar a la fe o caer en la desesperación. La buena noticia es que incluso entonces, Dios nos encuentra y se reúne con nosotros.

Después de haber vivido una gran cantidad de temporadas como esa, lo que me capacita para mantenerme fiel cuando llega la siguiente desorientación en el tiempo intermedio es la verdad de que nada se desperdicia. Dios usa todas las cosas —incluso las confusas noches oscuras del alma— para nuestro beneficio, su gloria y el bien de los demás.

Huir de Dios y nuestras angustias durante esas temporadas de desorientación no es lo que sana nuestro dolor; al contrario, esto solo lo empeora. Para sanar y crecer, necesitamos atravesar el valle de sombra de muerte mientras caminamos hacia la luz. En las tinieblas, descubrimos cosas nuevas, como bien lo expresa Barbara Brown Taylor:

> He aprendido cosas en la oscuridad que nunca hubiera podido aprender en la luz, cosas que me han salvado la vida una y otra vez, de modo que realmente solo hay una conclusión lógica. Necesito la oscuridad tanto como la luz.[17]

Cuando somos fieles en el confuso intermedio, pasamos finalmente a la fase siguiente de nuestra respuesta a la aflicción y la pérdida: permitir que lo viejo dé a luz a lo nuevo. Aquí es donde le permitimos a Dios que reformule nuestras pérdidas para que podamos recibir los tesoros que él tiene para nosotros.

El confuso intermedio y el perdón

Los que afirman que la decisión de perdonar es solo un acto de la voluntad, sin importar cuál sea la gravedad de la injusticia, no comprenden la enseñanza bíblica más amplia sobre la aflicción y la pérdida. Con el fin de perdonar realmente a otra persona de corazón, primero debemos sentir el dolor de la pérdida y permitir que Dios nos guíe a través de la confusa fase intermedia de la aflicción.

Cuando Jesús dio su vida para perdonarnos, no dijo: «Bueno, ellos hicieron lo mejor que pudieron. No pudieron hacer nada más». Él no era indiferente ni carecía de emociones. Al contrario, Jesús sentía realmente el dolor de nuestra rebelión, de nuestra falta de voluntad para recibirlo, mientras pendía de aquella cruz y oraba diciendo: «Padre, perdónalos, porque no saben lo que hacen».

El proceso del perdón siempre incluye sufrir antes de desapegarse, tanto por parte de la persona que ofrece su perdón como de la persona que lo pide.

Tuve que luchar con este aspecto del perdón hace muchos años cuando fui tomado por sorpresa con una división en una de nuestras congregaciones. Sin advertencia alguna, doscientas personas de la congregación de habla hispana que había pastoreado durante cuatro años se marcharon con el pastor asociado. Había invertido una gran cantidad de amor, energía y oración en ellos, y me sentí traicionado. Aunque sabía que necesitaba perdonar al pastor asociado, mientras más trataba de hacerlo por medio de mi fuerza de voluntad, más se intensificaba mi ira. Trataba de seguir adelante predicando, enseñando, dirigiendo, pero internamente sufría bajo la culpa que sentía por mi incapacidad para perdonarlo. Al mismo tiempo, también trataba de negar la horrible realidad de lo sucedido, lo cual solo servía para profundizar mi resentimiento hacia Dios.

No comprendía que era posible que existiera un *proceso* para perdonar. No comprendía que necesitaba tiempo y espacio para sufrir mi pérdida. No comprendía que esto exigía una travesía, y que mientras más honda fuera la herida, más largo tendría que ser el proceso. No comprendía que el perdón de corazón es muy difícil, y que exige un milagro de Dios.

Yo había batallado todo el tiempo con el perdón superficial: tratar de perdonar sin hacer el trabajo de duelo que hace falta para perdonar realmente. Lewis Smedes resume los peligros del perdón superficial cuando dice: «Me preocupan los que perdonan enseguida. Tienden a perdonar con rapidez para evitar su propio dolor. O perdonan con rapidez para adquirir una ventaja sobre las personas a las que perdonan. Y su perdón instantáneo solo empeora las cosas».[18]

Perdonar a una persona que nos ha herido profundamente es algo que requiere un milagro que solo Dios puede hacer. No obstante, si esperamos con él durante ese confuso intermedio, pidiéndole que haga lo que solo Dios puede hacer (como cambiar nuestro duro corazón por uno blando), se libra algo nuevo dentro y por medio de nosotros.

Y así permitimos que la tercera fase de Dios se haga realidad en nuestra vida.

Tercera fase: Permitir que lo viejo dé a luz a lo nuevo

La verdad central del cristianismo es que Jesús murió una muerte real en la cruz y se levantó de entre los muertos. ¡Él resucitó! Esto es lo que nos capacita para afirmar que nuestras pérdidas y nuestros finales son puertas que se abren hacia nuevos comienzos, incluso cuando no podemos ver nada bueno que pudiera brotar de ellos. Nuestras pérdidas son reales. Sin embargo, también lo es la resurrección que nuestro Dios vivo trae a partir de esas pérdidas.

Dios nos invita a confiar en él durante las numerosas muertes pequeñas por las que pasamos en nuestra vida. Jesús mismo dijo: «Si el grano de trigo no cae en tierra y muere, se queda solo. Pero, si muere, produce mucho fruto» (Juan 12:24).

> **LAS FASES DE DIOS PARA PROCESAR LA AFLICCIÓN Y LA PÉRDIDA**
>
> 1. Prestar atención a la pérdida.
> 2. Esperar en el confuso intermedio.
> 3. **Permitir que lo viejo dé a luz a lo nuevo.**

Esta certeza de la promesa de Dios nos afirma, incluso cuando sentimos que hemos descendido al infierno y no tenemos esperanza alguna de un buen futuro. La siguiente historia es de un pastor amigo que se encontró en una situación como esa.

La iglesia de Michael había sido sacudida hasta lo más profundo por un escándalo financiero que al parecer había estado sucediendo durante varios años. Decenas de miles de dólares, como mínimo, se habían perdido. El agujero en el que se estaba hundiendo solo se hacía más grande con cada día que pasaba. ¿Sobreviviría la iglesia? ¿Sobreviviría él mismo? Aunque mi amigo no estaba directamente involucrado, sí había confiado en la persona equivocada.

Él lloraba con una angustia pura y total.

Yo lo escuchaba.

Entonces le dije: «Michael, sé que tienes un inmenso deseo de renunciar, de acabar con todo y salir corriendo. Pero escucha esto: "Jesús resucitó"». Solo el silencio me respondió por el teléfono.

Me pregunté si habría podido escuchar mis palabras. Era mucho lo que estaba en juego para él, su familia y las personas que pastoreaba. Sabía que prestar atención a su dolor y esperar en el confuso intermedio iban a ser tiempos muy difíciles para él.

«Es posible que ahora estés en un verdadero infierno en la tierra», le dije. «Y sí, este es solo el principio. Pero recuerda, Jesús resucitó. A la larga, es mucho el bien que saldrá de esto si te mantienes junto a Jesús y vas sacando de esta situación a tu iglesia».

Michael se mantuvo junto a Jesús, y ahora, muchos años más tarde, tanto él como su iglesia están prosperando. Su historia es solo un ejemplo que demuestra cómo Dios puede sacar nueva vida de la muerte. Debido a que Jesús vive y la resurrección es una realidad, nos esperan dones enormes al otro lado de la pérdida y la aflicción... si esperamos en él y permanecemos en él.

Lo que hace que esta tercera fase sea tan diferente a las fases anteriores es que hacemos realmente la transición hacia algo nuevo. Conozco a personas que son buenas para prestar atención a su dolor (la primera fase) y esperar en Dios (la segunda fase), pero no sueltan lo viejo para que puedan hacer la transición hacia lo nuevo que Dios tiene para ellos (la tercera fase). ¡Conozco bien este problema, porque esta es una de mis tentaciones!

Me identifico con los prisioneros de la Segunda Guerra Mundial que salieron de los campos de concentración después de ser liberados solo para regresar a sus barracas restrictivas e infestadas de piojos. ¿Por qué? Porque se sentían más cómodos en ellas. Habían aceptado una indefensión aprendida que los mantenía atascados en un mal lugar.[19]

Con frecuencia, lo que parece ser un final catastrófico se convierte en cambio en el fundamento de un grandioso nuevo comienzo si seguimos el camino marcado por Dios para nuestro dolor. He experimentado esto en mi propia vida y lo he presenciado en un incontable número de vidas de otras personas a lo largo de los años. De hecho, se producen cambios milagrosos en nosotros cuando seguimos el camino radical de Dios: prestar atención al dolor que acompaña a la pérdida y esperar en él cuando todo lo que quisiéramos hacer sería huir de su lado.

A continuación hallarás cinco tesoros de resurrección que he experimentado en mi propia vida y he visto convertirse en realidades en las vidas de un número incontable de personas que han sufrido su dolor valientemente a la manera de Dios.

Dios nos ofrece una revelación de sí mismo. Cuando aceptamos nuestras pérdidas, se nos ensancha el corazón ante lo incomprensible, lo imposible de rastrear, lo infinito, lo trascendente, lo inagotable y lo perfecto que es Dios. (Esa es la razón por la cual, como el Maestro Eckhart dijo, cuando algunas personas abandonan a Dios, en verdad se están acercando al Dios real, ¡y eso es algo bueno! El Dios que están abandonando no es el Dios que encontramos en las Escrituras).[20] Los caminos de Dios son mucho más altos y amplios de lo que podríamos imaginar. Y como Jeremías en medio del desastre de la destrucción de Jerusalén a mano de los babilonios, descubrimos las profundidades de su amor y su fidelidad, que son nuevos cada mañana (Lamentaciones 3:22-24). Nos damos cuenta de que nunca terminaremos de progresar o crecer en la inagotable vida de Dios.[21]

Dios nos hace más gentiles y compasivos. La tristeza suaviza nuestras defensas, y los demás consideran que somos envases más seguros de Jesús. Con razón, el autor y teólogo Henri Nouwen dice que el grado en el que suframos nuestras propias pérdidas está en proporción directa a la profundidad y la calidad de la compasión que les podemos ofrecer a los demás. «No hay compasión sin muchas lágrimas... Para llegar a ser como el Padre, cuya sola autoridad es la compasión, tengo que derramar un número incalculable de lágrimas y de esa forma preparar mi corazón para recibir a todos, cualquiera que haya sido su camino, y perdonarlos de corazón».[22] Al asimilar nuestro propio dolor, somos capaces de entrar al dolor de los demás. Nos convertimos en personas amorosas maduras y en verdaderos padres y madres de la fe.

Dios nos da una revelación mayor de nosotros mismos. La aflicción nos revela hasta qué punto la voluntad propia permanece profundamente enraizada en nosotros. Nunca comprendí, al menos al nivel del corazón, el hecho de que Jesús yaciera sobre el suelo en Getsemaní, luchando y abrumado ante la voluntad del Padre, hasta que experimenté mi propio dolor. La pérdida nos desprende de algo, de manera muy parecida a como el jardinero poda una planta para que dé mayor fruto. Dios hace algo en nosotros por medio del fuego de la aflicción que engrandece nuestra capacidad para esperar y someternos a su voluntad. Este quebrantamiento nos distancia y vacía de manera que él pueda llenarnos con su vida. Y entonces, a partir de nuestra unión con Jesús, él nos puede llenar con una capacidad de fructificación nueva y extraordinaria.[23]

Dios nos convierte más en nuestro verdadero yo en Cristo. El dolor tiene un impresionante poder para quitarnos las máscaras que presentamos ante el mundo. Los logros o dones con los cuales nos identificamos en exceso desaparecen y se desintegran. Estamos más liberados de tener que impresionar a los demás y evitar el dolor como si fuéramos aún adolescentes. Nos sentimos capaces de seguir el plan de Dios con una nueva libertad y ahora nos podemos deshacer de las cosas insignificantes de la vida que tantos otros anhelan con desesperación. Lentamente, va surgiendo algo más verdadero: Cristo en nosotros y a través de nosotros. Reconocemos nuestro quebrantamiento y nuestra vulnerabilidad en lugar de cubrirlos de nuevo. Y nos liberamos de la ilusión de que hay algo más valioso o hermoso que el don de amar a Dios y ser amados por él.

Dios hace que estemos realmente más vivos ante nuestro asombroso mundo. Disfrutamos una valoración nueva y vívida de lo sagrado que es todo en la vida: el cambio de estaciones, el viento, la caída de las hojas, los días festivos, la belleza interna de las personas. Nuestro corazón se expande para experimentar las profundidades de la vida que se hallan debajo de su superficie. Y nos sorprendemos con mayor frecuencia ante la maravilla y el milagro de la vida.

Después de esta fase final en el proceso de la aflicción, no somos las mismas personas. Por fin nos hemos dado cuenta de que, así como el Jesús resucitado les mostró sus heridas a sus discípulos después de su resurrección, ahora nos envía a nosotros al mundo para que también le mostremos las nuestras (ver Juan 20:19-28).

Tres ideas a fin de integrar el camino de Dios para la aflicción en la iglesia

Adiestra a las personas para que identifiquen sus pérdidas y reflexionen acerca de ellas, tanto las personales como las del mundo en general. Ofrece talleres o ministerios que apliquen la teología de la aflicción y la pérdida a las transiciones que las personas experimentan a lo largo de las diferentes temporadas de la vida: un divorcio, una jubilación, una muerte, una enfermedad grave, una mudanza geográfica, un hijo que pasa a ser un adulto joven, la pérdida de un trabajo, etc. La iglesia tiene una posición única para servir a las personas durante estos momentos críticos de desorientación en su vida.

Enseña o predica una serie de mensajes sobre las expresiones bíblicas de la aflicción. Salmos, Lamentaciones, el libro de Job y la vida de David son útiles para dar a las personas una base bíblica y un marco de referencia en lo que respecta al sufrimiento. En una ocasión, prediqué una serie en catorce semanas sobre los diferentes tipos de cantos que hay en el Salterio. Después invité a todos los que quisieran en la congregación a escribir sus propios salmos o poemas a partir de su experiencia con Dios a través de la vida. No fue sorprendente que recibiéramos mayormente lamentaciones dirigidas a Dios.

Crea oportunidades, como ritos o momentos de lamentación, en las cuales las personas tengan permiso para afligirse. Podría ofrecer la mitad de un día, o un día entero, para un retiro dirigido sobre la aflicción. Otra opción sería visitar lugares donde se manifiesta el dolor, o monumentos como el Memorial a los Veteranos de Vietnam, el Museo del Holocausto, el Monumento a la Masacre de Wounded Knee, el Museo Nacional de Historia y Cultura Afroamericanas, el Memorial Nacional para la Paz y la Justicia, el Museo Memorial al 11 de septiembre, el Memorial de la Paz en Hiroshima, y otros museos y monumentos de importancia. Invita a las personas que hayan sufrido grandes pérdidas, junto con las víctimas del racismo, el sexismo y el clasismo, para que compartan sus historias.

UNA HISTORIA SOBRE ABRAZAR LA AFLICCIÓN Y LA PÉRDIDA

Al terminar este capítulo acerca del descubrimiento de los tesoros escondidos en la aflicción y la pérdida, permíteme hablarte de la historia de una notable dama a la que he conocido durante muchos años, y las formas tan únicas en las que ella ha llevado al mundo sus heridas y su resurrección. Se llama Bianca.

La vida de Bianca fue difícil desde su principio. Ella recuerda haber sido atormentada por pesadillas de tipo sexual desde que tenía once años. Se sacudía y daba vueltas, sintiéndose sucia. Aún era demasiado joven para saber que sus pesadillas eran el resultado de años de haber sido objeto del abuso y de la violación por parte de un pariente al que amaba mucho.

Bianca fue creciendo sin darse cuenta de que se sentía constantemente ansiosa, y que estaba incómoda con su propia sexualidad y la sexualidad de los demás. A lo largo de los años, habló de lo que le había sucedido en su niñez con tres personas. Ninguna de ellas le hizo preguntas. Una comentó: «Bueno, tal vez él solo estaba experimentando».

Ella estaba consciente de que había sufrido abusos sexuales. No lo había sepultado. No tenía necesidad de recordarlo, porque siempre estaba presente.

Cuando comenzó a trabajar para la junta de educación en el distrito escolar más grande de la ciudad de Nueva York —en una escuela en la cual el noventa y cinco por ciento de los estudiantes vivían por debajo del nivel de pobreza— sus pesadillas regresaron con gran fuerza. La falta de protección y seguridad en la vida de algunos de sus estudiantes evocaba las horribles imágenes de su propia niñez. De nuevo sus sueños se vieron llenos de violencia, violación y ansiedad. El insomnio hizo su aparición.

Ya para entonces hacía doce años que era cristiana y asista con fidelidad a los estudios bíblicos y las reuniones de oración. Sin embargo, la sensación de tristeza que siempre había impregnado su vida se volvió abrumadora.

La iglesia estaba interesada en sus fortalezas y sus servicios. Ella era una persona muy talentosa en numerosos sentidos. Sin embargo, no podía hablar respeto a que se estaba muriendo por dentro. Ninguno de los líderes había sido modelo de vulnerabilidad, debilidad, confusión o dolor extremo. Todo era aquello de «Alaben al Señor, porque él es bueno».

Bianca servía a un Dios en quien no confiaba, un Dios que sentía distante e interesado únicamente en sus puntos fuertes. Muchos domingos después de la reunión de la iglesia lloraba fuertemente y largo tiempo, pensando en que sus hijos tendrían que visitarla bajo algún paso elevado de alguna carretera, porque terminaría convirtiéndose en una prostituta. Se preguntaba de qué manera una vida tan quebrantada se podría enderezar de nuevo alguna vez. En secreto, también se preguntaba cómo era posible que Dios hubiera visto esas noches de abuso y no hubiera actuado para protegerla.

En medio de su desesperación, Bianca acudió a una buena amiga para hablar de su aflicción, y la amiga la ayudó a hallar a un experto consejero cristiano. Allí comenzó a explorar y lamentar la devastación sufrida por su integridad cuando era una niña pequeña. Entró en el caos y las tinieblas de la muerte de su niñez a manos de este pariente. Las compuertas quedaron ahora abiertas. Y aquellas cosas solo le parecieron peores a medida que sus sentimientos y su rabia hasta entonces congelada explotaban en ira y depresión.

En su iglesia, respondió a un llamado al altar para las personas con quebrantos sexuales en su pasado. Comenzó a hablar de su abismo de aflicción con algunas amigas cercanas en quienes confiaba. Dejó de trabajar tan fuerte con el fin de ganarse la aprobación de Dios, y comenzó a captar el amor y la gracia que contiene el evangelio. Todo esto le llevó años.

Bianca tiene en su alma un vacío que nunca va a desaparecer. Algo murió en ella a manos del abusador de quien no podía vengarse. Sin embargo, va camino a la integridad. Esto es un proceso. Los temas relacionados con su abuso sexual surgen con frecuencia, y a veces ella se atasca un poco. Las injusticias hacia los niños se agitan a veces en sus dolorosos recuerdos.

Sin embargo, Bianca sigue adelante, amando y sirviendo a Cristo. Su caminar le ha dado una profundidad y una claridad con respecto al evangelio que pocos poseen. Ella ofrece enseñanzas y consejos de muchas formas pequeñas, pero poderosas, en New Life por medio de la danza, su participación en los grupos pequeños y los dones de sabiduría, de manera que «nuestra teología esté limpia», como Bianca lo describe.

La historia de Bianca nos recuerda de manera poderosa lo que Dios puede hacer cuando estamos dispuestos a abrazar la pérdida y la aflicción. Descubrimos que Dios nos ha dado tesoros en una senda a través de la aflicción que nunca esperábamos o habríamos escogido por nosotros mismos. Son tesoros escondidos en las tinieblas (Isaías 45:3).

Cuando hagamos discípulos que aprendan a crecer por medio del dolor, el rico fruto de una compasión hacia los demás semejante a la de Dios fluirá de nosotros hacia el mundo. Vivir siguiendo el ejemplo de Jesús, quien amó a los seres humanos de maneras extraordinarias, se convierte ahora en una posibilidad muy real para nosotros.

Capítulo 7

Haz del amor la medida
de la madurez

En 1914, el año en que estalló la Primera Guerra Mundial en Europa, un joven llegó a visitar a Martin Buber, un teólogo y escritor judío famoso. He aquí cómo relataba Buber más tarde aquella reunión:

> Lo que sucedió fue que una tarde, después de una mañana de entusiasmo «religioso», recibí la visita de un joven desconocido, sin estar allí en espíritu. Ciertamente, no fallé en cuanto a permitir que aquel encuentro fuera amistoso... Conversé atenta y francamente con él, solo que omití adivinar las preguntas que no me hizo. Más tarde, no mucho después de aquello, supe por uno de sus amigos, puesto que él ya no estaba vivo, el contenido esencial de estas preguntas; supe que él no me había venido a visitar de manera casual, sino traído por el destino; no para una charla, sino para una decisión suya. Él había acudido a mí, había venido en aquella hora.[1]

Antes de comenzar la guerra, Buber se consideraba a sí mismo como un hombre profundamente religioso, interesado principalmente en unas experiencias místicas que lo hicieran elevarse de las experiencias terrenales y ordinarias de la vida cotidiana. El rabino y teólogo William Kaufman caracteriza el pensamiento de Buber en aquellos momentos como más interesado en lo eterno que en lo temporal, más enfocado en el éxtasis que en la existencia diaria, y más preocupado por lo que se halla más allá del mundo que por el mundo mismo.[2] Todo aquello cambió después que el joven que llegó aquel día del 1914 a visitar a Buber se suicidara posteriormente.

La culpa que sentía Buber no era tanto que no hubiera eliminado de alguna forma el desespero del joven, sino que no había sabido estar plenamente presente para él. Estaba tan preocupado por su propia experiencia con Dios temprano en aquella mañana, que no había sido capaz de brindar todos los recursos de su atención en la conversación con él. No se acercó al joven con todo su ser. En lugar de escucharlo genuinamente, le presentó el equivalente a las sobras de una comida, una entrega cortés, aunque parcial.

Buber sintió aquella experiencia como un juicio sobre todo su estilo de vida.[3] Se dio cuenta de que es posible contar con experiencias espirituales profundas, una «fe que mueve montañas», pero que esa fe no valga nada sin un amor profundamente presente por los seres humanos.

Aunque este fue uno dentro de una serie de encuentros formativos que Buber tuvo a lo largo de los años, capta de forma eficaz el contexto de su innovador clásico *Ich und Du* [Yo y tú], que fue publicado por vez primera en 1923, solo cinco años después del final de la Primera Guerra Mundial.[4]

Me identifico con la experiencia de Martin Buber el día en que tuvo el encuentro con aquel joven. Durante los diecisiete primeros años de mi vida cristiana, la presencia que llevaba a las demás personas era la de alguien distraído y preocupado. Nunca se me ocurrió ver cuánto estaba fallando en una enseñanza central del evangelio: que el amor por los seres hechos a la imagen de Dios está inextricablemente unido al amor a Dios. Esto ponía al descubierto el lado sombrío del modelo de liderazgo cristiano en el que había sido educado, y también el lado sombrío de la iglesia que estaba levantando. Al igual que Buber, estaba interesado en tener ricas experiencias con Dios y aprender más acerca de él. En cuanto a lo que a mí concernía, esa era la medida de mi madurez espiritual.

HACIENDO DISCÍPULOS, PERO PERDIENDO A LAS PERSONAS

Cuando me convertí en cristiano, sentí una abrumadora carga por lograr que mis amigos y mi familia llegaran a conocer el amor de Jesús. El mensaje del perdón y el amor incondicional de Dios enardeció mi corazón. Con ese fin, me entregué a aprender todo lo que podía acerca de la oración, las Escrituras, el evangelismo y el discipulado. Estudié liderazgo, predicación y la forma de edificar la comunidad y multiplicar a los líderes. Pastoreaba a las personas lo mejor que podía y buscaba maneras de llevarlas a una verdad más elevada acerca del Dios vivo. Y, sin embargo, aquello que comenzó tan puro y claro en cuanto a lo que me motivaba a servir a los demás se fue haciendo cada vez más confuso y difícil de comprender.

Mi enfoque y mi meta eran hacer discípulos y lograr que la iglesia creciera. Para hacer esto, necesitaba que la gente respondiera, participara, se me uniera. Había algo que necesitaba que hicieran con el fin de llevar a cabo la misión de Cristo de una forma más exitosa. Allá afuera había todo un mundo que necesitaba a Jesús —iglesias que fundar, personas que entrenar, pobres que alimentar— y necesitaba obreros que se me unieran en ese trabajo.

Con el tiempo, se hizo difícil distinguir entre amar a las personas por quienes eran y usarlas teniendo en cuenta cómo podrían contribuir a la misión. ¿Necesitaba que vinieran a la fe en Jesús para levantar nuestra iglesia, o sencillamente debería amarlas sin contar con su decisión de seguir a Jesús y servirle en el ministerio? Estaba tan enfrascado en lograr que se hiciera la obra de Cristo, que la línea divisoria se había vuelto imposible de distinguir.

De todas maneras, no tenía tiempo para aclararlo. Sencillamente, había muchas cosas que hacer.

No recuerdo que nadie me enseñara nunca que amar bien a las personas era la característica que definía a un cristiano maduro. Yo no sabía cómo hacerlo, qué significaba o qué aspecto podría tener en la práctica, sobre todo en un líder. En el seminario no se me había enseñado, ni formaba parte de ninguna conferencia de líderes a la que hubiera asistido. En lugar de esto, el énfasis en todo lo que se me había enseñado estaba en que necesitaba aprender todo lo que pudiera de Dios y sobre Dios, de manera que fuera capaz de guiar mejor a los demás. ¿Bastaba con eso?

No; no era suficiente.

Una de las cosas que hicieron que mi incapacidad para amar bien a las personas fuera tan difícil de identificar fue mi alto nivel de dedicación a cruzar las barreras raciales, económicas, culturales y de género desde mis primeros días como seguidor de Cristo. Siendo un adulto joven, me pasé tres años trabajando con estudiantes universitarios afroamericanos e hispanos, parte de lo cual incluyó una estancia de cuatro meses en las Filipinas. Por rutina asistía a iglesias en las cuales yo pertenecía a la minoría.

Después de graduarme del seminario, Geri y yo nos mudamos a Centroamérica. Dejamos nuestro mundo, física y culturalmente. Dejamos detrás lo que era cómodo y familiar para podernos sumergir en otra cultura y ser uno con la gente. Comimos su comida. Aprendimos su idioma. Celebramos sus costumbres y tradiciones. Vivimos con una familia numerosa, sacrificando nuestra privacidad y nuestro deseo de tener un espacio personal. La casa estaba encima de un taller de carpintería que arrojaba su serrín a través de los agujeros que había en nuestro suelo puntualmente a las seis de la mañana, de lunes a sábado.

Cuando Geri y yo regresamos a los Estados Unidos, nos mudamos a Nueva York para criar a nuestra familia y fundar la iglesia New Life Fellowship. Nos despedimos de la cómoda vida de la clase media de la que habían disfrutado nuestras familias de origen para mudarnos al mundo complejo, multiétnico y fuertemente congestionado del barrio de Queens.

En la pequeña cuadra donde hemos vivido durante la mayor parte de los últimos treinta y siete años, hemos tenido por vecinos a drogadictos, prostitutas, huérfanos, viudas, viudos, madres solteras, y un hombre de cincuenta y tantos años que trabajaba como extra en películas. Entre nuestros vecinos ha habido afroamericanos, chipriotas, coreanos, chinos, hispanos, brasileños, solteros, casados y retirados. Condujimos a nuestras hijas a través de los dones y las responsabilidades de pertenecer a una minoría racial en la iglesia, la escuela y su vecindario.

Ante todo esto, podrías pensar que Geri y yo hemos sido muy deliberados en cuanto a darle prioridad a la gente, ¿no es cierto? Y, sin embargo, lo más increíble de todo es que, aunque pasamos tantos años de nuestra vida joven con personas de diferentes razas y culturas, no supimos cómo estar realmente presentes entre ellas.

¿Cómo habríamos podido hacerlo? *¡Geri y yo no sabíamos de qué manera estar presentes el uno con el otro, así que mucho menos con nuestros vecinos o nuestra comunidad más amplia!*

Durante años, Geri trató de decirme que se sentía sola en nuestro matrimonio, que no sentía que yo la viera o la oyera. Sin embargo, yo no tenía idea de lo que ella me decía. Sencillamente, sus palabras rebotaban en mí.

Como mencioné anteriormente, esto llevó a Geri a marcharse de la iglesia en enero de 1996. Entonces nos fuimos a un retiro intensivo con dos consejeros cristianos. A mediados de esa semana aprendimos una sencilla habilidad a la que hoy llamamos «escuchar de manera encarnacional». Ni siquiera recuerdo el contenido preciso de la conversación. Lo que sí recordaré, y para siempre, es que vi a Geri y ella me vio a mí por vez primera. Aquello fue verdaderamente extraordinario. La presencia y el amor de Dios nos abrumaron y nos sentimos maravillados y estupefactos.

Había sido cristiano durante muchos años en ese momento, pero nada me había preparado para la gloria de Dios que descendió en medio de nosotros. Era algo totalmente distinto a un sermón increíble, un tiempo de adoración ungido, una reunión de oración poderosa, o una sanidad dramática. No tenía un marco teológico para lo que había sucedido, pero sabía que habíamos probado un poco del cielo, y que era algo que excedía en gran medida cualquier otra experiencia que hubiera tenido con Dios hasta aquel momento. Y fue esa experiencia la que me llevó muy pronto a un cambio radical en nuestra manera de hacer el discipulado; un cambio que finalmente lanzó el movimiento global que ahora llamamos Discipulado Emocionalmente Sano.

Antes de aquel encuentro, Geri y yo nos habíamos pasado años sumergiéndonos en lo mejor del discipulado y el entrenamiento del liderazgo cristiano. Habíamos captado lo que significa que Cristo muriera por nosotros personalmente, y practicábamos las disciplinas espirituales clásicas: todas, desde el estudio de la Biblia y la oración hasta el ayuno, la adoración y la vida en comunidad.

Y, sin embargo, había algo que estaba desesperadamente equivocado en nosotros y en el ministerio que estábamos levantando.

Aunque las personas parecían estar creciendo en el amor y el deseo de Dios, aquello no se estaba traduciendo en un amor mayor por los demás. Muchos tenían celo por las Escrituras, pero seguían estando a la defensiva, juzgando a los demás, criticando, mostrándose inaccesibles y poco seguros como personas.

Finalmente, tuvimos que reconocer la dolorosa realidad de que la calidad del amor que se expresaba dentro de la iglesia no era en verdad tan diferente a la forma en que las personas se relacionaban entre sí fuera de la iglesia. Por ejemplo:

- No sabíamos qué hacer con la ira o la tristeza.
- Teníamos temor de ser sinceros en nuestras relaciones.
- Evitábamos los conflictos y queríamos que nos vieran como personas agradables.

- Muchas veces decíamos «sí» cuando en realidad queríamos decir «no».
- Asumíamos lo que los demás estaban pensando sin comprobarlo con ellos.
- Realizábamos actividades excesivas, haciendo por los demás lo que ellos podían y debían hacer por sí mismos.

Resultó obvio que una persona puede tener cronológicamente treinta y cinco años, o cincuenta y cinco, o incluso setenta y cinco, y aún funcionar como un bebé o un niño en sus relaciones. Fue entonces que nos dimos cuenta de una verdad fundamental: *la salud emocional y la madurez espiritual son inseparables. Es imposible ser espiritualmente maduro y al mismo tiempo mantenerse emocionalmente inmaduro.*

Cuando Geri y yo descubrimos que el amor —no las actividades en el ministerio ni las prácticas espirituales— es la verdadera medida de la madurez espiritual, nos embarcamos en un viaje dedicado a cerrar esa brecha mortal en nuestro discipulado. Al mismo tiempo que redescubríamos la urgencia con la cual Jesús enlazó el amor a Dios con el amor a los demás, comenzamos a discipular a las personas en lo que respecta a amar bien a los otros, en especial cuando estaban bajo tensión o en medio de algún conflicto.

Queríamos que la calidad de las relaciones en nuestra iglesia reflejara el hecho de que formábamos parte de la nueva familia de Jesús. Eso exigía un discipulado que pudiera llevar a las personas desde el quebrantamiento hasta una integridad mayor en sus relaciones. Para ayudarlos a comprender el cambio radical que esto exigía, identificamos algunos síntomas clave o que marcaban tanto el quebrantamiento como la integridad.

Durante un período de veintiún años, también desarrollamos ocho habilidades poderosas para ayudar a las personas a hacer la transición desde el quebrantamiento hasta la integridad. Después de refinar y poner a prueba estas habilidades en una variedad de contextos de iglesia en Norteamérica y otros lugares del mundo, terminamos publicándolas en el *Curso de relaciones emocionalmente sanas*. Nuestra meta consistía en equipar a nuestra gente para amar como Jesús en el hogar, el trabajo, la escuela, con los amigos, en su vecindario y, por supuesto, en la iglesia.[5] Esencialmente, el curso les daba a las personas «rueditas de entrenamiento» en las relaciones, habilidades básicas para que ellos pudieran aplicar las Escrituras a la vida y rompieran patrones relacionales insanos y profundamente enraizados procedentes de su familia de origen.

LAS RELACIONES EN LA NUEVA FAMILIA DE JESÚS

**Desde el
QUEBRANTAMIENTO
(Génesis 3)**

**Hasta la INTEGRIDAD
(Génesis 1 y 2)**

Desde el QUEBRANTAMIENTO (Génesis 3)	Hasta la INTEGRIDAD (Génesis 1 y 2)
A la defensiva	Accesible
Poca consciencia de sí mismo	Alta consciencia de sí mismo
Aislado	Conectado con otros
Rápido para culpar a otro	Rápido en asumir la responsabilidad
Reacciona con facilidad	No reacciona por cualquier motivo
Miedoso	Valiente
Absorto en sí mismo	Entregado
Adicto	Libre
Deshonesto	Honesto

Cuando comenzamos a llevar esto a las iglesias, encontramos resistencia. Para algunos pastores, la idea de dedicar tiempo y energías a discipular a las personas con respecto a habilidades destinadas a tener relaciones saludables era demasiado extraña e intimidante. No lo veían como algo tan espiritual y profundo como la predicación, la oración o los cultos de sanidad.

Un pastor me llamó para decirme: «Pete, no soy realmente bueno en el asunto de las relaciones. Pero sí tenemos un buen número de conflictos constantes en nuestra iglesia. ¿Me podrías transmitir lo esencial de todo esto en cuestión de una hora más o menos?».

Tuve que contener una risa, recordándole que equipar a las personas para amar como Jesús requería el mismo nivel de energía que él utilizaba a fin de equiparlas para que amaran a Dios. Si no hacía esa clase de inversión, estaría dejando que su gente permaneciera emocionalmente inmadura. Los conflictos seguirían, y terminarían gravemente discapacitados en su habilidad para tener las conversaciones más difíciles que dividen a las personas, como las relativas a la raza o la política. En cambio, si él estaba dispuesto a realizar este trabajo y hacer del amor la medida de la madurez espiritual, esto liberaría una verdadera revolución del discipulado en su iglesia.

Para ayudar a pastores como mi amigo y otros a comprender mejor el cambio que estábamos haciendo, desarrollamos un marco de referencia convincente que presentara con claridad el vínculo existente entre la madurez emocional y la espiritual. Esto lo hicimos de dos maneras, basándonos en la obra fundamental de Martin Buber sobre la naturaleza de las relaciones, que a su vez está impregnada de las riquezas de la tradición judía, y en particular de la hasídica, y profundizando en la encarnación de Jesús como nuestro modelo en cuanto a amar bien.

MARTIN BUBER: DE LAS RELACIONES *YO-ESTO* A LAS RELACIONES *YO-TÚ*

Martin Buber, a partir de su encuentro con el joven que más tarde se suicidaría, desarrolló un marco de referencia para la comprensión de las relaciones, el cual definió usando dos pares de palabras: *yo-esto* y *yo-tú*.

Buber propuso que las relaciones yo-esto y las relaciones yo-tú representan dos formas diferentes de ser con otra persona: la de un «yo» hacia un «esto» u objeto, y la de un «yo» hacia un «tú». Cuando nos relacionamos con una persona como si fuera un objeto, la tratamos como un «esto». Cuando nos relacionamos con las personas como sagradas o santas, las tratamos como un «tú».[6] El siguiente cuadro nos ofrece las cinco cualidades clave que distinguen ambas formas.

Relación yo-esto	Relación yo-tú
Distraído, orientado a lograr metas	Siempre atento, orientado a escuchar
Los demás son solo objetos o extensiones de mí mismo	Los otros son personas únicas e individuales
Juzgo a los demás y los acepto de manera condicional	No juzgo, acepto de manera radical
Monólogos, debates, imponer mi idea	Diálogo, exploración, curiosidad
Me retrotraigo, comunico de forma limitada	Me ofrezco a mí mismo, sincero y vulnerable
Cerrado, sin intenciones de aprender o cambiar	Abierto, dispuesto a aprender y cambiar

¿Qué significa tener una relación yo-esto en el contexto de la iglesia? He aquí unos cuantos ejemplos sacados de mi propia vida.

- Mantengo contacto visual mientras escucho a alguien, pero mi mente está enfocada en lo que yo voy a decir después.
- Paso junto a un empleado de mantenimiento en nuestro edificio sin saludarlo.
- Estoy más preocupado por la fluidez y la calidad del mensaje de mi sermón que por amar y conectarme con las personas que están en la audiencia.
- Distingo a las personas basándome en las escuelas a las que han asistido, a su lugar de procedencia o a su número en el Eneagrama.
- Me siento responsable de corregir a las personas cuando salen a relucir en las conversaciones puntos de vista incorrectos acerca de Dios.
- Trabajo fuertemente para esconder mi enojo cuando escucho a una persona con la cual estoy en desacuerdo.

¿Es de extrañar que con frecuencia me encontrara impaciente con las personas que no encajaban en mis planes o expectativas? Mi enfoque era el de yo-esto.

Las relaciones yo-tú son totalmente diferentes.

En esas relaciones yo-tú reconocemos a cada persona como irrepetible, como un tesoro de valor incalculable, como un portador de la imagen del Dios viviente. Tratamos a cada persona como sagrada, como alguien creado a partir del aliento mismo de Dios. Lo más importante de todo es que le damos la bienvenida a su exclusividad, reconociendo lo diferente que es de nosotros.

En otras palabras, no tratamos de lograr nada de ellos, ni los tratamos como una extensión de nosotros mismos, de la forma en que trataríamos a un objeto como un martillo o un teléfono. En un encuentro yo-tú, llegamos al otro sin condiciones previas: sin máscaras, sin fingimientos, y en ocasiones sin palabras. Estamos totalmente disponibles para la persona, haciendo un esfuerzo por tratar de entenderla.

Mantenemos una relación viva, de una persona integral con otra persona integral, rindiéndonos ante la inmediatez de la presencia del otro sin una agenda. «Toda vida real es encuentro», fue como Buber lo describió.[7]

Sin embargo, las relaciones verdaderas yo-tú, dice Buber, solo pueden existir entre dos personas dispuestas a conectarse a través de sus diferencias. Cuando eso sucede, Dios llena ese espacio intermedio. No solo vislumbramos a Dios en un diálogo genuino entre las dos personas, sino que él también de forma sobrenatural ocupa el espacio entre ellas, convirtiéndolo en un espacio sagrado.

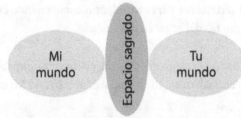

El principio central en la obra de Buber era que la relación yo-tú entre personas refleja de manera íntima las relaciones yo-tú que tenemos con Dios. En otras palabras, una relación genuina con cualquier persona considerada como un «tú» revela los rasgos del «Tú eterno». Esto nos ayuda a explicar por qué es una experiencia tan poderosa que dos personas se escuchen profundamente la una a la otra.

De hecho, esto es lo que ha sucedido entre Geri y yo en nuestra experiencia de escucha encarnacional. ¡Tuvimos un encuentro yo-tú, el primero después de ocho años de amistad y cerca de nueve de matrimonio!

Permíteme ilustrar esto con otro ejemplo.

Martin Buber había sido profundamente influenciado por el hasidismo de la Europa oriental y su vida como un hombre judío que había sufrido masacres y persecuciones durante décadas, incluyendo la de la Alemania de Hitler. Cuando se reunió con T. S. Eliot, un renombrado poeta, ganador del Premio Nobel de Literatura y convertido a la iglesia anglicana en Inglaterra, muchos esperaban que aquello sería un encuentro difícil para Buber. Las historias personales de los dos hombres, sus creencias religiosas y sus círculos de amigos difícilmente habrían podido ser más disímiles.

Al final de su reunión, le preguntaron a Buber si encontraba que sus opiniones eran muy diferentes a las de Eliot. Su respuesta nos ofrece una ventana abierta a lo que significa tratar a otra persona como un «tú», y no como un «esto»: «Cuando yo me encuentro con un hombre», dijo, «no me interesan las opiniones, sino el hombre».[8]

Esta es una bella historia; sin embargo, con frecuencia es más fácil contarla que repetirla, sobre todo en una cultura polarizada. Por diversas razones, absorbemos frecuentemente mensajes insanos y algunas veces expresados sin palabras acerca del amor y las relaciones con personas que son diferentes a nosotros:

> *Es malo que tengamos diferentes puntos de vista.*
> *Tiene que ver el mundo como yo lo veo.*
> *No puedo tener una relación estable contigo si sigues creyendo todas esas cosas equivocadas.*

Esto forma parte de las razones por las cuales las personas ven con frecuencia a los cristianos como gente que juzga a los demás, y no como individuos amorosos y compasivos.

Sin embargo, la distinción de Buber del yo-esto contra el yo-tú nos ofrece un camino para destruir ese callejón sin salida y ayudarnos a entrar y permanecer en una relación amorosa auténtica con los demás.

EL PODER DE HACERNOS A NOSOTROS MISMOS TRES PREGUNTAS

¿Cómo podemos vivir esto en nuestra vida cotidiana? ¿Cómo practicamos la presencia de las personas de la misma manera que practicamos la presencia de Dios? Una herramienta que me ha sido muy útil procede de tres preguntas ofrecidas por David Benner en su libro *Soulful Spirituality* [Espiritualidad del alma].

1. ¿Estoy plenamente presente o distraído?
2. ¿Estoy amando o juzgando?
3. ¿Estoy dispuesto o renuente a cambiar?[9]

Nuestra habilidad para hacernos estas tres preguntas, antes de estar con otra persona o durante el tiempo que estemos con ella, y responderlas indicando que estamos presentes, somos amorosos y estamos abiertos, es una gran medida de nuestra capacidad para estar con dicha persona en una postura de yo-tú.

Pregunta 1: ¿Estoy plenamente presente o distraído?

Nunca había experimentado que alguien estuviera plenamente presente para mí hasta que lo viví con un terapeuta cristiano, y con Geri, en el crisol de la crisis de nuestro matrimonio y nuestro ministerio. El terapeuta nos ofreció una experiencia de Jesús con la piel puesta: presente, sin prisas, sin distracciones.

Él fue modelo de lo que describe hermosamente Henri Nouwen como la naturaleza de la presencia auténtica:

Interesarse significa en primer lugar estar presentes el uno para el otro. Por experiencia sabemos que aquellos que se interesan por nosotros están presentes para nosotros. Cuando ellos escuchan, lo escuchan a usted. Cuando hablan, le hablan a usted. Su presencia es una presencia sanadora, porque lo aceptan a uno de acuerdo con nuestros términos, y nos animan a tomarnos nuestra propia vida en serio.[10]

Mi segundo nombre podría ser «distraído». No es nada raro que tenga tres o cuatro ideas flotando en el cerebro al mismo tiempo y me pierda lo que sea o a quienquiera que sea que tenga enfrente de mí. En mi historia no había nada que me hiciera comprender cómo se puede estar presente para alguien. Por esa razón, aunque he crecido mucho en este aspecto, sigue siendo crítico que me haga a mí mismo esta primera pregunta —*¿Estoy plenamente presente o distraído?*— antes de iniciar siquiera una conversación, en especial si tengo la esperanza de comprender la experiencia de la otra persona en cuanto al mundo y compartir la mía con ella.

Las investigaciones indican que nuestra capacidad para entablar conversaciones cara a cara con contacto visual y conectarnos emocionalmente ha decrecido drásticamente durante los últimos quince a veinticinco años, una realidad que solo sirve para empeorar nuestro problema. Los avances de la tecnología, como los teléfonos celulares y los medios sociales, han causado un impacto en todos los aspectos de la vida, desde el lugar de trabajo hasta la vida familiar, la educación de los hijos, las amistades, las aulas, las citas amorosas y las comunidades eclesiales.[11] Esto hace más importante aún que actuemos de forma deliberada en cuanto a estar plenamente presentes cuando estemos con alguien.

Pregunta 2: ¿Estoy amando o juzgando?

Cuando las personas de fuera de la iglesia describen a los cristianos, una de las primeras cosas que dicen es que son *dados a juzgar*. Y tienen razón.

Juzgamos a nuestros cónyuges por no vivir de la misma manera que nosotros.

Juzgamos a nuestros mejores amigos cuando sus ideas políticas difieren de las nuestras.

Juzgamos a nuestros hijos mayores por tomar decisiones que no nos parecen correctas.

Juzgamos a nuestros compañeros de trabajo por no hacer su trabajo tan bien como a nosotros nos gustaría.

Juzgamos a nuestros vecinos por parecer indiferentes ante el evangelio.

Juzgamos a los hindúes, los musulmanes, los budistas, los sijs y los de otras creencias —junto con los ateos y los agnósticos— por no seguir a Jesús como Salvador y Señor.

Juzgamos a las generaciones más jóvenes y a las más ancianas por tomar decisiones que nosotros no aprobamos.

Juzgamos a las personas por su diferente clase social, raza, etnicidad, aspecto o nivel de estudios.

Juzgamos a las personas por vestirse demasiado bien o demasiado informal, por las películas que ven, los autos que compran o la música que escuchan.

Hasta juzgamos a la gente basados en su número del Eneagrama.

Y cuando digo que *juzgamos* a las personas, quiero decir que convertimos nuestras diferencias en virtudes de una superioridad moral. Y al hacerlo, creamos formas interminables de categorizarlas sutilmente y disminuir su humanidad.[12]

Hablo como juzgador empedernido en recuperación. Como la mayoría de la gente que conozco, no me va bien con las personas que piensan, actúan o creen de manera diferente a mí. Fui entrenado en mi familia de origen para juzgar a los demás. Sencillamente, considerábamos normal que desaprobáramos a todo aquel que fuera diferente y tratáramos de lograr que cambiara para que pudiera ver el mundo como lo veíamos nosotros.

Es posible que en este momento te preguntes: «¿Acaso no forma parte de nuestra misión como cristianos desear que las personas crean lo que nosotros creemos? ¿No se *supone* que debemos tratar de hacer que la gente cambie?».

Mi respuesta es sí y no.

Sí, queremos que la gente conozca al Dios que amó tanto al mundo que dio a su único Hijo. Sí, queremos que participen en la misión de Jesús de edificar su iglesia y extender su reino alrededor de todo el mundo.

Pero no, no forma parte de nuestra misión juzgar a la gente, incluso en nombre de defender la verdad. Cuando juzgamos, tratamos a las personas como objetos. Solo Dios, cuyo conocimiento es infinitamente mayor que el nuestro, tiene el derecho y la sabiduría que hacen falta para juzgar a otra persona. Como Karl Barth hace notar, cruzar esa línea nos lleva «a la raíz y el origen del pecado, la arrogancia en la cual el hombre quiere ser su propio juez y el juez de su prójimo».[13]

Buber acuñó el término «mal encuentro» para describir cualquier «fracaso de un encuentro real entre [personas]».[14] Un mal encuentro es lo que sucede cuando juzgamos a las personas, las tratamos como objetos, o las disminuimos de cualquier otra manera. Lo que Buber describía como un «encuentro real» solo puede tener lugar cuando vemos a otros y nos relacionamos con ellos como seres humanos iguales a nosotros. «Toda persona que nace en este mundo representa algo nuevo», escribió, «algo que nunca antes existió, algo original y único».[15]

Así que llegamos a toda conversación con curiosidad, incluso cuando las personas están escogiendo cosas que nosotros consideramos bíblicamente incorrectas, trágicas o absurdas. Esas personas pueden ir desde alguien que ha tenido una cirugía reconstructiva de género, ha dejado la iglesia para convertirse al budismo, o ha decidido mudarse con su compañera.[16]

Reconocemos que nuestra primera tarea como seguidores de Jesús es ver a cada persona como un «tú», preguntándole con sinceridad: «Dime más. Ayúdame a comprender tu forma de ver el mundo y cómo llegaste a esa decisión o conclusión».

Pregunta 3: ¿Estoy dispuesto o renuente a cambiar?

Esta pregunta es el factor decisivo para muchos, en especial si la otra persona no es cristiana. ¿Por qué debemos estar dispuestos a cambiar, sobre todo con respecto a algo que nosotros consideramos como un valor fundamental o cuando «sabemos» que la otra persona está «equivocada»? Necesitamos estar dispuestos al cambio, porque esta es una exigencia para el diálogo. Si estamos renuentes al cambio, lo mejor que podemos esperar es un monólogo unilateral.

Me preguntarás: «Pete, ¿estás diciendo que todo está bien, que no hay ninguna verdad absoluta? ¿Que tenemos que estar dispuestos a renunciar a lo que Dios dice que es cierto?». No, de ninguna manera.

Como mencioné antes, me apasiona ver que las personas llegan a la fe en Jesús. Y me mantengo firme en la fe histórica de los padres de la iglesia tal como está presentada en los documentos de la fe, como el Credo Niceno (ver el Apéndice B).[17]

Al mismo tiempo, también considero que es bíblico interactuar con otro portador único de la imagen de Dios en una posición de apertura: suponiendo que *puedo* aprender y ser cambiado por él. ¿Cómo? Buscando otros dones que recibir de la persona. Juan Calvino, el teólogo del siglo diecisiete, escribió acerca de «la admirable luz de la verdad que resplandece» en los pensamientos de los pensadores antiguos griegos y romanos. Aunque los consideraba paganos, también elogiaba sus pensamientos:

> Siempre que encontremos estas cuestiones en los escritores seculares, permitamos que la admirable luz de la verdad que resplandece en ellos nos enseñe que la mente del hombre, aunque caída y pervertida con respecto a su integridad, está sin embargo revestida y adornada con los dones excelentes de Dios. Si consideramos al Espíritu de Dios como la única fuente de la verdad, no podremos ni rechazar la verdad en sí misma, ni despreciarla dondequiera que esta aparezca, a menos que queramos deshonrar al Espíritu de Dios.[18]

Abraham Kuyper, un teólogo holandés del siglo diecinueve, también reafirmó la idea de que el Espíritu de Dios opera por medio de no creyentes, insistiendo en que la actividad del Espíritu es una gracia común que obra en la vida de los humanos.[19]

La diferencia nos hace sentir incómodos. Y por lo tanto creemos que son los demás, no nosotros, los que necesitan cambiar. Sin embargo, Dios nos llama a estar con las demás personas y amarlas, aunque vean y experimenten el mundo de manera diferente a como lo hagamos nosotros. Y eso lo podemos hacer entablando conversaciones con los demás como humildes aprendices que estamos dispuestos al diálogo auténtico que es necesario para un encuentro yo-tú.[20]

Este proceso puede ser difícil aunque tengamos mucho en común con la persona.

Por ejemplo, hace poco Geri y yo tuvimos un conflicto. Nuestra interacción terminó pobremente. Cuando me fui a sentar a mi oficina, de mal humor y echándole la culpa a ella, me hice tres preguntas: *¿Puedo estar presente en lugar de estar distraído? ¿Puedo ser amoroso en lugar de juzgarla? ¿Puedo estar dispuesto en lugar de estar renuente a permitir que ella me cambie?* Esta pregunta final fue la más difícil. Mi orgullo y mi voluntad propia gritaron que no. Jesús, desde mi interior, me empujó con suavidad hacia un sí. A regañadientes, inicié una conversación con ella.

Así que la escuché mientras ella exponía su punto de vista sobre la carga de trabajo que nos llegó cuando varios de nuestros hijos adultos y nietos más jóvenes se mudaron con nosotros a causa del COVID-19, y lo hice sin hacer comentario alguno ni defenderme. La tensión entre nosotros se disipó. Dios vino a mí a través de ella. Y yo crecí un poco aquel día.

Antes mencioné que existen dos componentes teológicos esenciales para cambiar la cultura de manera que el amor por las personas sea la medida de la madurez espiritual. La obra de Martin Buber en cuanto a las relaciones yo-tú y yo-esto es el primer componente, y el segundo es igualmente importante: hacer de la encarnación de Jesús nuestro modelo para amar bien.

JESÚS: SU ENCARNACIÓN COMO NUESTRO MODELO PARA AMAR BIEN

La mejor forma de entender lo que significa ser un discípulo es en torno al insondable misterio de la encarnación: el hecho de que Dios se hizo carne humana. Dios sabía que no había mejor forma de comunicarles su amor a los seres humanos, que entrando de lleno en su mundo. El teólogo Ronald Rolheiser ilustra las razones por las cuales esto era tan importante:

Se cuenta un maravilloso relato sobre una niña de cuatro años que se despertó asustada una noche, convencida de que en las tinieblas que la rodeaban había toda clase de espectros y monstruos. Estaba sola, y fue corriendo al dormitorio de sus padres. Su madre la logró calmar, la tomó de la mano y la llevó de vuelta a su cuarto, donde encendió una luz y la tranquilizó con las siguientes palabras: «No tienes por qué tener miedo; no estás sola aquí. Dios está contigo en el cuarto». La niña le contestó: «¡Sí, yo sé que Dios está aquí, pero necesito a alguien en este cuarto que tenga piel!».[21]

Dios sabía que necesitábamos algo más que palabras o seguridades intelectuales sobre la realidad de que él está en todas partes y nos ama. Sabía que necesitábamos a un Dios que tuviera piel, así que envió a Jesús. Hoy en día, Dios sigue viniendo a nosotros de forma física. ¿Cómo? Por medio de la iglesia, que es su cuerpo, en la cual él habita. Nosotros hemos sido llamados a ser Dios con piel para las personas que nos rodean. Esto es parte de lo que significa vivir una fe encarnacional.

Casi todos los líderes cristianos con los que me encuentro creen en la encarnación de Jesús y en un ministerio encarnacional. Sin embargo, como lo expresara en una ocasión Basilio, obispo de Cesarea en el siglo cuarto: «Las anunciaciones son frecuentes, pero las encarnaciones son escasas». En otras palabras, las anunciaciones audaces sobre lo que Dios está haciendo son frecuentes. En cambio, encontrar personas que practiquen realmente ser Dios con piel es mucho más difícil de encontrar. ¿Por qué? Porque para vivir una fe encarnacional necesitamos un tipo especial de muerte a nosotros mismos.

Permíteme que te lo explique.

La vida de Jesús nos enseña que hay tres dinámicas que caracterizan lo que es encarnar con el fin de amar bien a las personas: es necesario que entremos al mundo del otro, nos mantengamos firmes en nosotros mismos y vivamos en la tensión entre esos dos mundos.

Esas tres dinámicas, aunque distintas, ocurren de forma simultánea. Para que se produzca una verdadera encarnación —ya sea con un vecino, un compañero de trabajo, un amigo, otro miembro de la junta con el cual no estemos de acuerdo, un cónyuge, uno de nuestros padres o uno de nuestros hijos— las tres dinámicas deberán estar activas.

Dinámica 1: Entrar al mundo del otro

Así como Jesús dejó su hogar en los cielos para adentrarse en nuestro mundo, también nosotros debemos dejar nuestro mundo para entrar en el mundo de otra persona, que es muy diferente al nuestro. La mejor forma de hacer esto es escuchando. Me encanta la forma en que el teólogo David Augsburger lo resume: «Ser escuchados se acerca tanto a ser amados, que para la persona común y corriente las dos cosas son casi indistinguibles».[22]

La única forma de escuchar que conocí hasta los treinta y siete años fue escuchar con el propósito de defenderme, dar una opinión o aconsejar. Mi estilo de comunicación era parecido a una ametralladora de tiro rápido. Interrumpía a los demás y terminaba sus frases cuando la conversación se movía con lentitud. La imagen que aparece a continuación ilustra lo que es una unión enferma en la cual presionamos sutilmente a otra persona para que piense y sienta como nosotros.

> **LA ENCARNACIÓN Y LA DINÁMICA DE AMAR BIEN**
>
> 1. **Entrar al mundo del otro.**
> 2. Mantenernos firmes en nosotros mismos.
> 3. Vivir en la tensión entre los dos mundos.

La unión enferma

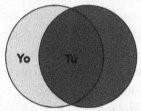

En la unión enferma hay una falta de reconocimiento y respeto por la otra persona como un ser humano independiente, con sus propios pensamientos, sentimientos, temores y valores. No queda claro dónde termina una persona y comienza la otra.

En cambio, Jesús les habla a las personas con claridad y respeto. Los Evangelios están llenos de relatos en los que lo vemos plenamente presente con las personas: Mateo, Natanael, una prostituta, Nicodemo, un ciego, una samaritana y muchos otros. Cuando el joven rico se le aproximó, Jesús «lo miró con amor» (Marcos 10:21). Se tomó el tiempo necesario para escucharlo. Él honraba la independencia y unicidad de cada persona.

La unión sana

Esperar
Pensar
Creer
Sentir
Valorar
Temer

Esperar
Pensar
Creer
Sentir
Valorar
Temer

Como muchas personas, había oído numerosos sermones sobre lo importante que es escuchar y ser lento para hablar (Santiago 1:19). No obstante, escuchar y hablar como Jesús no era algo que se me diera de forma natural. Y, sin embargo, cuando Geri y yo comenzamos a aprender más sobre el discipulado emocionalmente sano, descubrimos lo esencial que es escuchar bien para amar bien. Esto nos llevó a aprender, y finalmente a enseñar, dos habilidades clave: hablar y escuchar de manera encarnacional.

Cuando hablamos así, utilizamos el poder de las palabras que nos ha dado Dios a fin de llevarles a las personas sanidad, crecimiento y el amor de Jesús. Esto es indispensable para una comunidad espiritualmente madura y sana. En el discipulado emocionalmente sano caracterizamos hablar hábilmente como pronunciar palabras con respeto, sinceridad, claridad y oportunidad.

Con respeto. Piensa palabras y no te limites a dejarlas escapar bruscamente. Toma en cuenta los sentimientos de la otra persona. En lugar de decirle: «¿Cómo le pudo gustar esa película? Estaba terrible», comenta: «Eso es fascinante. Dime lo que te gustó de esa película».

Con sinceridad. Di lo que piensas y sientes en realidad, en lugar de restarle importancia a la verdad o distorsionarla. En vez de decir: «No puedo comprometerme, porque tengo otros planes», di: «Prefiero no comprometerme, porque quiero tener un poco de tiempo a solas en mi casa».

Con claridad. Comunícate de forma directa. En lugar de expresarte vagamente o hacer insinuaciones, habla claramente. En vez de decir: «¿Estás ocupado el martes por la noche?», pregunta con claridad: «¿Estarías dispuesto a asistir a la clase que voy a dar el martes por la noche y después decirme cómo la puedo mejorar?».

Con oportunidad. Considera el momento. Tú sabes que algunos momentos son mejores que otros para ciertas conversaciones. Percibes cuándo la otra persona está cansada, irritada o corta de tiempo, y decides esperar hasta que se encuentre más relajada antes de hablarle acerca de lo que te preocupa.

Pocos de nosotros hemos tenido este modelo en nuestra familia. La mayoría de las personas a las que guiamos tienen toda una vida de *no* hablar habitualmente con respeto, sinceridad, claridad y oportunidad. Esa es la razón por la cual la práctica y el refuerzo constante son vitales, en especial cuando nos hallamos en conflicto o bajo tensión.

Junto con la manera de hablar, la entrada al mundo del otro exige una forma encarnacional de escucharlo. Esta capacidad fue la que nos dio a Geri y a mí los límites en la comunicación y la estructura que necesitábamos para podernos «afinar»[23] mutuamente en realidad. Necesitábamos ir más allá de los datos y la información para llegar a los sentimientos. Esta habilidad, cuando se ejerce de la manera debida, nos capacita para escuchar más allá de las palabras. Cuando se escucha de manera encarnacional, el oyente atiende también a los detalles no verbales, como la expresión facial, el tono y la intensidad de la voz, y la postura de la persona. Este tipo de escucha holística es el que nos capacita para entrar al mundo de otra persona de manera que «sienta que se le siente».[24]

Cómo practicar la escucha encarnacional

Cuando enseñamos la escucha encarnacional, les hacemos a las personas esta primera pregunta para comenzar: *¿qué es lo que más te está causando impacto y cómo te sientes con respecto a ella?* Luego le concedemos entre ocho y diez minutos a cada persona cuando le llega su turno para hablar. Animamos a los que escuchan a prestar atención a lo que se dice de forma verbal y no verbal, como por medio de las expresiones faciales, la postura corporal, el tono de voz, el contacto visual, los movimientos de la cabeza y los sonidos sin palabras (oh, ah, etc.).

Usamos el siguiente formato.

Cómo comenzar...

• Decide quién va a hablar primero y quién va a escuchar primero.

Cuando tú eres el que habla...

• Hazlo usando declaraciones en primera persona del singular. (Habla acerca de *tus* pensamientos, sentimientos y deseos).
• Exprésate con brevedad.
• Detente ocasionalmente para permitir que la otra persona parafrasee lo que has dicho.
• Incluye los sentimientos en tus comentarios.
• Sé respetuoso, sincero y claro.

Cuando tú eres el que escucha...

• Presta toda tu atención al que habla (no te pongas a pensar en lo que querrás decir después).
• Ponte en el lugar del que habla y trata de sentir lo que la persona está sintiendo.
• Evita juzgar o interpretar.
• Refleja o parafrasea con tanta precisión como te sea posible lo que oíste que dijo la otra persona.
• Cuando te parezca que el otro terminó de hablar, pregúntale: «¿Eso es todo?».
• Cuando la otra persona haya terminado, pregúntale: «De todo lo que compartiste conmigo, ¿cuál es la cosa más importante que quieres que yo recuerde?».

Adherirse a la estructura y los límites de la escucha encarnacional te podrá parecer raro o rígido al principio (ver más adelante «La historia de Geri sobre su descubrimiento de la escucha encarnacional»). Sin embargo, recuerda que estas directrices son como las «rueditas de entrenamiento», necesarias cuando comienzas a aprender, pero innecesarias más tarde a medida que interiorzas esa habilidad. En especial necesitamos la estructura al principio, para que nos ayude a romper malos hábitos profundamente arraigados a nuestra vida que se remontan a generaciones atrás.

Cuando nosotros comenzamos a aprender esta habilidad, Geri me dijo en una ocasión: «Pete, yo sentía como si tú me estuvieras matando con tus palabras».

Yo le respondí: «Así que te sentías un poco enojada por lo que te decía».

Cambié las palabras para suavizar el dolor de Geri que las acompañaba. No obstante, la estructura de reflejar lo que ella había expresado me mantuvo sincero y preciso.

He aquí un par de cosas que observar. En primer lugar, la escucha encarnacional no es cuestión de estar de acuerdo con lo que está diciendo la otra persona. Su propósito no es hallar la solución a un problema. (Aunque las investigaciones señalan que hasta el setenta por ciento de los problemas se pueden resolver escuchando). La resolución de los problemas, o la pelea limpia, como nosotros la llamamos, requiere de una habilidad emocionalmente sana diferente.

En segundo lugar, te advierto que hablar y escuchar con el fin de entrar al mundo del otro es algo que exige fuerza de carácter y madurez emocional, en especial cuando la otra persona está diciendo algo con lo cual no estamos de acuerdo o algo negativo acerca de nosotros. Muchas veces, nuestra primera reacción consiste en defendernos. Dios nos invita a bajar nuestro escudo para ser más abiertos y asequibles.

La historia de Geri sobre su descubrimiento de la escucha encarnacional

«Nunca olvidaré la primera vez que experimenté el fruto de esta habilidad y vi evidencias de la forma en que Dios nos estaba cambiando. Pete y yo habíamos practicado la escucha encarnacional en varias ocasiones. Entonces un día estaba frente al fregadero de la cocina y Pete entró para hacerme una pregunta. Quería saber mi opinión acerca de una cuestión con la que él estaba luchando y que se relacionaba con la iglesia. En el pasado, nunca habría querido realmente saber mi opinión. Hacerme una pregunta había sido solo su forma de procesarlo en voz alta.

»En cambio, en aquel día me miró a los ojos y estuvo presente conmigo. Y me dijo: "De veras quería escucharte. Tus pensamientos y tus sentimientos me importan".

> »Yo casi me fui al suelo. Ya no se trataba de un ejercicio: algo profundo estaba cambiando en él y nuestra relación. Aquel fue un momento sagrado».

Dinámica 2: Mantenernos firmes en nosotros mismos

Es posible que la segunda dinámica —mantenernos firmes en nosotros mismos— sea el desafío más grande. ¿Por qué? Porque una vez que entremos en el mundo de otra persona, necesitaremos gran madurez y diferenciación para mantener nuestro sentido del yo.

Jesús es nuestro modelo en esto. Al vivir siendo fiel a su verdadero yo, Jesús decepcionó a muchas personas. Al parecer, casi todo el mundo tenía expectativas y presiones que imponer sobre su vida. Él decepcionó a su familia, y hubo un momento en el cual incluso se llegaron a preguntar si estaba fuera de sí (Marcos 3:21).

> **LA ENCARNACIÓN Y LA DINÁMICA PARA AMAR BIEN**
>
> 1. Entrar al mundo del otro.
> 2. **Mantenernos firmes en nosotros mismos.**
> 3. Vivir en la tensión entre los dos mundos.

Decepcionó a los doce discípulos, los cuales estaban continuamente proyectando sobre él el tipo de mesías que ellos querían que fuera. En cambio Jesús se mantuvo fiel a sí mismo, incluso cuando Judas lo traicionó. Decepcionó a las multitudes que querían un mesías terrenal para que los sanara y alimentara. Y decepcionó a los líderes religiosos, los cuales nunca lo entendieron.

Jesús estaba seguro del amor de su Padre, tanto en lo que respecta a sí mismo como a lo que le había encomendado hacer. Él se mantenía firme en quien era al mismo tiempo que amaba a los que lo rodeaban. Como consecuencia de esto, fue capaz de ser una presencia carente de ansiedad en medio de grandes tensiones.

En cambio, algunos de nosotros no hemos realizado esa obra interna de conocernos a nosotros mismos, y la consecuencia es que aceptamos con demasiada facilidad las opiniones y expectativas de los demás. Nos convertimos en camaleones. Observa si puedes identificarte con cualquiera de los escenarios siguientes.

- Te sientes herido por un comentario de un compañero de trabajo, pero no dices nada, porque no quieres que piensen que eres demasiado sensible o crítico.
- Te invitan a la boda de la hija de un miembro de la junta en una noche de sábado a tres horas de distancia de su casa. No quieres asistir, pero vas para no tener que enfrentar al rechazo.
- Tienes una voluntaria clave que trabaja con estudiantes de la escuela media, pero que está rindiendo muy poco y retrasando al resto del equipo. Le insinúas que necesita cambiar, pero ella no se da por enterada. No puedes soportar la idea de ser el causante de que ella se vaya de la iglesia o se enoje contigo. Te limitas a hallar otra voluntaria y dividir su grupo en dos.
- Un miembro del equipo usa cerca de ti lenguaje inadecuado, en parte racista y denigrante. Pero no dices nada para que él no te juzgue de moralista y arrogante.

En ocasiones, simpatizamos demasiado con los demás y nos perdemos a nosotros mismos en el proceso. Somos más susceptibles a esto cuando no hemos hecho el esfuerzo interno de explorar nuestras propias preferencias, nuestros valores, sentimientos, opiniones, esperanzas y deleites. No hemos tenido en cuenta la forma en que Dios habla a través de la historia de nuestra vida y nuestra personalidad y temperamento únicos. En consecuencia, olvidamos que tenemos un yo que perder.[25]

Recuerda, Jesús es nuestro modelo. Él sabía quién era y de dónde procedía. Lo que yo tengo para darles a otros, incluyendo la forma en que hablo y escucho, siempre será directamente proporcional al grado en que me conozco a mí mismo. Si no me conozco, el único yo que puedo ofrecer será un falso yo. Tal como me enseñara un sabio mentor hace ya años, *el grado en el que me amo y me valoro a mí mismo es el grado en el cual seré capaz de amar y valorar a los demás.*

He aquí una historia real de lo que significa en términos prácticos mantenerse firme en uno mismo mientras simultáneamente se entra en el mundo de otro.

Dos damas de nuestra iglesia que eran amigas reconocieron que había cierta tensión en su relación. Donna estaba molesta con Allison, porque al parecer Allison siempre se negaba cuando Donna le pedía que hiciera algo. En cambio, cuando Allison sugería alguna actividad, Donna siempre se mostraba deseosa y disponible.

Donna, incómoda y enojada, finalmente confrontó a Allison.

Allison se habría podido sentir atacada y responder a la defensiva. Sin embargo, había aprendido a mantenerse firme en ella misma al mismo tiempo que entraba en el mundo de alguien más. En el pasado, siempre había aceptado las invitaciones de Donna, porque se hubiera sentido como una mala persona de no haberlo hecho. Ahora se estaba respetando a sí misma lo suficiente como para darse cuenta de que podía escoger entre decir «sí» o «no». Finalmente, pudo reconocer que ella era una persona introvertida y necesitaba mucho tiempo a solas para reponerse. En cambio, Donna era extrovertida y le encantaba salir... y mucho.

Entonces, ¿qué hizo Allison cuando Donna la confrontó?

En primer lugar, escuchó la desilusión de Donna, su tristeza y su ira sin reaccionar ni defenderse. Luego le dijo: «Donna, te agradezco que seas mi amiga. Disfruto los tiempos que paso contigo. Solo necesito tener la libertad de decirte «no». Verás, necesito una gran cantidad de tiempo a solas».

Al hacer esto, Allison se mantenía firme en sí misma, honraba sus propios sentimientos y deseos, y además estaba presente para Donna al entrar en el mundo de ella.

Por fortuna, Donna reaccionó bien y las dos pudieron establecer un nuevo ritmo para su amistad. Sin embargo, imaginémonos que en lugar de que sucediera esto, Allison se hubiera perdido ella misma al ser confrontada por Donna. Si hubiera creído que negarse la convertía en una mala persona, es posible que le hubiera pedido disculpas y después intentara aceptar todas las invitaciones de Donna. Con el tiempo, es probable que desarrollara resentimiento y eso terminara con su amistad. Sin embargo, al mantenerse firme en sí misma, y estar presente para Donna, Allison conservó y profundizó su amistad.

Dinámica 3: Vivir en la tensión entre los dos mundos

Cuando tomamos la decisión de encarnar el amor al entrar en el mundo de otra persona (Dinámica 1), debemos continuar permaneciendo fieles a quienes somos al mantenernos firmes en nosotros mismos (Dinámica 2). Esto nos lleva a la difícil labor de vivir en la tensión entre nuestro mundo y el mundo de otra persona (Dinámica 3). Vivir en la tensión entre dos mundos es algo que se produce cuando escuchamos profundamente, aunque tal vez no estemos de acuerdo por completo con lo que dice la otra persona, y cuando lo hacemos sin reaccionar, impacientarnos o pasar a la defensiva.

Durante su vida terrenal, Jesús vivió en la tensión entre dos mundos: el cielo y la tierra. Él dejó un mundo perfecto para entrar en nuestro mundo: un lugar donde sería malentendido y perseguido. Aquí experimentó el sufrimiento en la cruz, donde literalmente colgó entre el cielo y la tierra.

Tú y yo tal vez no muramos físicamente en una cruz como Jesús, pero no podemos amar de una manera encarnacional sin abrazar nuestra propia cruz, sufriendo alguna forma de muerte al yo. Como mínimo, la decisión de colgar entre dos mundos nos va a costar tiempo y energía, y casi siempre causará una interrupción en nuestro mundo.

Una de las mejores ilustraciones que conozco sobre lo que significa colgar entre dos mundos es la historia verdadera de la hermana Helen Prejean, autora del éxito de librería llamado *Pena de muerte*, que más tarde fue llevado al cine.

Según se presenta en la película, la hermana Helen Prejean estaba trabajando en los proyectos de viviendas de St. Thomas, en Nueva Orleans, donde recibió una invitación para cartearse con un preso condenado a muerte en la Penitenciaría Estatal de Louisiana. El hombre condenado a muerte, Matthew Poncelet,[26] había sido acusado de un terrible crimen. Él y su hermano habían encontrado a dos hermosos adolescentes, llamados Loretta y David, en un lugar donde solían encontrarse las parejas dentro de una plantación de caña de azúcar al regresar a casa después de un partido un viernes por la noche. Violaron a Loretta y ejecutaron a los dos con un tiro en la nuca, abandonando después los cuerpos en el campo.

> **LA ENCARNACIÓN Y LA DINÁMICA PARA AMAR BIEN**
>
> 1. Entrar al mundo del otro.
> 2. Mantenernos firmes en nosotros mismos.
> 3. **Vivir en la tensión entre los dos mundos.**

La hermana Helen se preguntó inicialmente si los alegatos de inocencia por parte de Poncelet serían verdaderos. Él protestaba diciendo que en realidad había sido su hermano quien había cometido la violación y los asesinatos, y quería que la hermana Helen obrara a favor suyo para que le conmutaran la pena de muerte. Sin embargo, cuando ella entró al mundo de este hombre, no encontró algo agradable. Matthew no era un personaje que mereciera amor. Era racista, insultaba a las personas de color, y hablaba del buen trabajo que había hecho Hitler. Se refería a las mujeres como lo peor, y hablaba del deseo que tenía de destruir con bombas los edificios del gobierno. Además, le dijo a la hermana Helen lo que se había perdido al no estar casada ni tener relaciones sexuales.

Matthew no causaba simpatía alguna.

A pesar de esto, la hermana Helen se mantuvo firme en sus convicciones y lo siguió tratando como un ser humano, no como un monstruo. Una y otra vez lo invitó a arreglar sus cuentas con Dios confesando su pecado. Ella trataba de hacer que asumiera la responsabilidad por lo que había hecho. El progreso era lento, muy lento.

Al mismo tiempo, la hermana Helen inició una relación con las familias de las víctimas. Entró en su mundo de pérdida y angustia insondables. Los padres de los jovencitos asesinados se sintieron ofendidos, y la presión para que ella abandonara su relación con Matthew aumentó. Las familias le trazaron un límite. «Usted no puede ser amiga de un asesino y esperar que nosotros también seamos amigos suyos», le dijo el padre de una de las víctimas. Luego le pidió a la hermana Helen que se marchara de su casa, diciéndole: «Si realmente le interesa esta familia, querrá que se haga justicia».

Los periódicos reportaron las ideas racistas y pro-nazis de Matthew, y también mencionaron su conexión con la hermana Helen. Sus colegas se quejaron de que ella estaba descuidando su labor en los proyectos de St. Thomas. «A usted le interesa más él que las clases que da», le dijo uno.

Cuando el padre del jovencito asesinado le preguntó a la hermana Helen cómo tenía fe para hacer lo que hacía, ella le respondió: «No es fe, es trabajo».

Ella no se daba por vencida. Con el tiempo, Matthew comenzó a bajar sus defensas. Finalmente, a las 11:38 p. m., solo minutos antes de su ejecución de medianoche, la hermana Helen le preguntó: «¿Aceptas usted la responsabilidad por las dos muertes?».

Él admitió su culpa llorando por vez primera. Unos pocos minutos más tarde, le dijo: «Gracias por haberme amado. Yo no conté nunca antes con alguien que me amara».

La hermana Helen recuerda que caminaron juntos hacia la ejecución. «Durante aquel recorrido fue la primera vez que lo toqué. Bajé la vista y vi sus cadenas, que colgaban arrastrándose a través del resplandeciente suelo de losa. Tenía la cabeza rapada e iba vestido con una camisa blanca limpia. Cuando lo ingresaron a la cámara de ejecución, me incliné hacia él y le besé la espalda. «Matthew, ora por mí».

«Sí, hermana Helen, lo haré».

Cuando lo ataron a la silla para inyectarle las soluciones letales, ella le dijo que la mirara al rostro. «De esa manera, lo último que verás antes de morir será el rostro de alguien que te ama». Él lo hizo, y murió en el amor en lugar de morir en la amargura.

En la hermana Helen observamos lo que significa vivir en la tensión entre dos mundos. Es doloroso. Requiere tener una gran personalidad. No obstante, de esa manera entramos en el sufrimiento de Jesús, quien por amor al mundo colgó de una cruz entre el cielo y la tierra.

La hermana Helen colgó entre diversos mundos: el mundo del asesino condenado, el mundo de los padres dolientes, el mundo de sus colegas y su propio mundo. Nunca cesó de estar entregada a su comunidad, a los padres de las víctimas o a Matthew, aunque todo el mundo la malentendía y la juzgaba. Pero al igual que Jesús, se mantuvo fiel por amor a Matthew y al mundo.

Siempre que hagamos de la encarnación nuestro modelo para amar bien, experimentaremos tensión y sufrimiento. Esa tensión podrá venir de un cónyuge, un amigo, un supervisor, un hijo, un hermano, un compañero de trabajo, un vecino o una persona de diferente raza, cultura o clase social. Sin embargo, los siervos no estamos por encima de nuestro amo, y como discípulos, no estamos por encima de nuestro maestro (Mateo 10:24). Nosotros también debemos seguir el modelo del Jesús crucificado y morir para que otros vivan.

REVOLUCIONA TU FORMA DE MEDIR LA MADUREZ

Jesús se negó a aceptar que las personas crecieran en su amor a Dios de una manera que no se tradujera en amor por los seres humanos. Nosotros también nos debemos negar a aceptarlo. Los líderes religiosos de sus tiempos conocían su Biblia, practicaban las disciplinas espirituales y adoraban fielmente, pero estaban a la defensiva, juzgaban a los demás y nadie estaba seguro cuando ellos andaban cerca. Y lo mismo sucede con muchas personas que están en nuestras iglesias.

La integración hecha por Jesús entre el amor a Dios y el amor a los seres humanos fue revolucionaria en el siglo primero y sigue siendo revolucionaria hoy. «Escuchamos a Dios tan bien como escuchamos a aquellos con los que no estemos de acuerdo»[27] son palabras que él hubiera podido decir. Sus prioridades estaban claras: «De este modo todos sabrán que son mis discípulos, si se aman los unos a los otros» (Juan 13:35). Nosotros debemos ser quienes más amemos a los seres humanos sobre la faz de la tierra.

Por esta razón, edificar una comunidad contracultural cuyos miembros se relacionen de forma madura entre sí es ciertamente uno de los dones más grandes que le podemos ofrecer al mundo. Para discipular a las personas en la forma de amar a los demás, en especial a aquellos con los cuales no estamos de acuerdo o nos sacan de quicio, se necesitan el mismo tiempo y la misma energía que entregamos al equiparlos para que amen a Dios. Como Jesús mismo lo dijo, esos dos amores son inseparables.

El yo-esto y el yo-tú de Martin Buber, junto con el modelo encarnacional de Jesús para amar bien, ofrecen un poderoso marco de referencia para crear una cultura radicalmente nueva en nuestras iglesias y comunidades. Y cuando lo hacemos, estamos abriendo un camino para que nuestra gente experimente más del amor de Dios, algo que después le pueden ofrecer gratuitamente al mundo.

Capítulo 8

Quebranta el poder del pasado

E n nuestros primeros años de matrimonio, Geri me preguntaba con frecuencia acerca de la familia en la cual crecí. Me hacía notar, por ejemplo, que la costumbre de gritar y levantar la voz era una parte constante de la forma en que nos comunicábamos en nuestra familia.

A mí me parecía perfectamente normal.

Recuerdo que cuando llevábamos ya tres años de casados, Geri me dijo: «Pete, ¿te das cuenta de que yo aún no he podido tener una conversación real con tu madre? ¿Sabes? Algo como "Hola, Geri. ¡Qué bueno verte!"».

Le recordé que mi madre se estaba tratando de adaptar a la realidad de que había perdido a su hijo más joven a la tierna edad de... ¡veintiocho años!

En mi conducta había muchas cosas que también confundían a Geri.

Yo poseía un fuerte don de Dios para el liderazgo, intenso al estilo de una carga de caballería, y al mismo tiempo sufría de una indecisión incapacitante. Reunía mis tropas y lanzaba osadamente una nueva iniciativa, y después caía en una depresiva posición fetal sin dormir toda la noche cuando me criticaban.

Geri veía que me consumía para lograr que la iglesia avanzara, sin importar el costo. La dejaba sola en la casa con una niña de tres años y otra de un año, por ejemplo, incluso cuando los días festivos caían en lunes, ya que eran momentos estratégicos para alcanzar a la gente. Nunca se me ocurrió consultarlo con ella.

Otra incoherencia evidente que observaba era mi reacción ante las mujeres fuertes, que se enojaban y se quejaban. Me quedaba silencioso y me encogía emocionalmente como si fuera un niño de diez años, aceptando de manera irracional cosas que eran dañinas para mí, la iglesia y nuestra familia.

Cuando Geri me hacía preguntas acerca de mi familia para tratar de llegar a la raíz de algunas de estas situaciones, yo la callaba. Le decía: «Eso está cubierto por la sangre de Jesús. Yo soy una nueva criatura en él».

Ella me contestaba con una de sus expresiones clásicas: «No, no lo eres. ¡Yo vivo contigo!».

MI MATRIMONIO MOLDEADO POR MI HISTORIA FAMILIAR

Cristo había transformado mi vida de muchas maneras. Tal como explica Pablo en Romanos y Gálatas, en el mismo momento en que me convertí en cristiano, Dios me declaró perdonado y me liberó del castigo merecido por mis pecados. Por su gracia, ahora era un miembro pleno de su familia.

Sí, mi niñez tuvo sus puntos altos y bajos. ¿Acaso no le sucede esto a todo el mundo?

Ciertamente, yo no me dedicaba a culpar a mis padres por todos los problemas de mi vida. Mi actitud era esta: «Ahora estoy en la familia de Dios. Mi vida está guiada por mi compromiso con Jesús y mi amor por él. Estoy haciendo muchas cosas diferentes a las que se hacían en mi familia de origen. No guardo rencor. Hago las labores de la casa. Cambio pañales. Me he dedicado a lograr que el mundo conozca a Jesús».

La lista era algo escasa, pero sentía que reflejaba las formas en las cuales ciertamente había cambiado. No obstante, era lamentable que también reflejara lo ciego que era a lo mucho que las herencias negativas que había recibido de mi familia de origen aún dominaban mi vida cotidiana, especialmente mi liderazgo. Y lamentablemente, me resistía a todo lo que me exigiera reflexionar sobre la forma en que mi pasado me pudiera estar afectando en el presente.

Nunca olvidaré la primera vez que Geri y yo hicimos un sencillo ejercicio para examinar nuestro matrimonio a la luz de los matrimonios de nuestros padres. Cada uno de nosotros describió a su padre y a su madre, e hizo una lista de algunas características generales de su matrimonio, como la forma en que resolvían los conflictos, expresaban su ira, entendían el papel de cada género, y se conectaban y establecían un vínculo entre ambos.

Cuando terminamos, Geri y yo nos arrellanamos en nuestros asientos y nos miramos estupefactos. Aunque nos habíamos enorgullecido de lo lejos que estábamos de nuestros padres, nos sentimos asombrados al descubrir lo mucho que los patrones de conducta enfermos presentes en los matrimonios de nuestros padres seguían marcando aún el nuestro a pesar de todo. Aunque Cristo estaba en nuestras vidas, él aún no había transformado —al menos de una manera sustancial— las relaciones entre nosotros dos.

Nos sentimos tristes y avergonzados. También teníamos que admitir que el problema iba mucho más allá de nuestro matrimonio. Ahora podíamos ver por qué las personas a las que les ofrecíamos mentoría se mantenían atascadas en un nivel inmaduro de desarrollo espiritual y emocional, y también por qué todos nuestros estudios bíblicos, nuestras oraciones y ayunos, y las reuniones de nuestros grupos pequeños, no cambiarían aquella situación.

Mi resistencia a mirar mi propio pasado y el hecho de que no estaba dispuesto a batallar con sus consecuencias para mi liderazgo tuvieron un profundo impacto en nuestra iglesia. Era una iglesia con un kilómetro de ancho y un centímetro de profundidad, porque yo tenía un kilómetro de ancho y un centímetro de profundidad. Pocos de nosotros estábamos considerando las cuestiones que se hallaban debajo de la superficie de nuestras vidas. Al recordar aquello, me siento avergonzado cuando veo la forma en que me pude engañar a mí mismo pensando que un líder inmaduro (yo) con un matrimonio inmaduro (nosotros) podría hacer crecer una congregación madura (la nuestra).

Dios, en su soberanía, decidió que naciéramos en una familia en particular, en un lugar determinado y en un cierto momento de la historia. Esa decisión nos ofreció ciertas oportunidades y ciertos dones. Al mismo tiempo, nuestras familias también nos habían entregado otros patrones que no eran bíblicos, los cuales estaban profundamente enraizados en nuestras relaciones y vidas. De hecho, las Escrituras y la vida misma nos enseñan que existe una relación compleja e intrincada entre la clase de personas que somos hoy y nuestro pasado.

Por esta razón, una de las mayores tragedias que hemos visto en nuestra iglesia es la del gran número de personas incapacitadas por su pasado.

Desconociendo que su pasado tiene un impacto en su presente, esas personas sepultan o reducen al mínimo la historia familiar que vive dentro de ellas y se conforman con una vida cristiana limitada en la cual se hallan espiritual y emocionalmente atascadas.

Si vamos a ayudar a las personas a vivir poniendo de manifiesto su propio y único ser, dado por Dios en Jesús, es necesario que las equipemos a fin de que puedan romper con el poder del pasado que las retiene. Numerosas fuerzas externas pueden causarnos un impacto, pero la familia en la cual crecimos es la primordial entre ellas, y con la excepción de unos pocos casos, constituye el sistema más poderoso que moldea a la persona que somos e influye sobre ella.

Durante años, Geri y yo sencillamente no sabíamos de qué manera llegar al quebrantamiento y las heridas que yacían muy por debajo de la superficie de nuestras vidas, y mucho menos de las vidas de aquellos a quienes guiábamos. Para darte una imagen del aspecto que tendría esta dinámica en la vida de alguna persona de tu iglesia, permíteme compartir contigo una historia acerca de un nuevo líder de adoración muy prometedor que se unió al equipo de la iglesia de un buen amigo.

UN LÍDER DE ADORACIÓN MOLDEADO POR SU HISTORIA FAMILIAR

A los treinta y cinco años, Todd aceptó a Cristo en la escuela secundaria por medio del ministerio Young Life. Después de asistir a la universidad y obtener un título en música, se mudó a otra ciudad, se casó y trabajó como maestro de música en una escuela secundaria cercana a su casa. Él y su esposa, Julie, se unieron a una nueva iglesia de sesenta personas y de inmediato comenzó a trabajar en ella. Participaban en un grupo pequeño para parejas jóvenes y Todd comenzó a tocar el piano y cantar en el equipo de adoración. Sus dones, tanto en la música como en el liderazgo, fueron evidentes desde el principio. Al cabo de seis meses, comenzó a dirigir la adoración dos o tres veces al mes.

La congregación estaba encantada. Más personas nuevas visitaban la iglesia. El pastor estaba asombrado de que Dios hubiera puesto un talento tan grande en medio de ellos.

Sin embargo, en el segundo año comenzaron a presentarse problemas en la conducta de Todd. Todo comenzó cuando Julie llamó al pastor una noche llorando para hablarle acerca de la condición de su matrimonio. Todd estaba pocas veces en la casa, y cuando se encontraba físicamente presente, estaba emocionalmente ausente. Entonces, una joven del equipo de adoración le dijo a la esposa de un miembro de la junta que Todd le había enviado mensajes de texto varias veces solo para charlar. Ella se sentía incómoda y se preguntaba cómo responderle. Más o menos al mismo tiempo, Todd sostuvo una acalorada discusión sobre política con uno de los ancianos en las redes sociales. Después de dos reuniones entre Todd y el pastor para aclarar lo que estaba sucediendo, Todd anunció de repente que se marchaba de la iglesia. Al día siguiente, escribió una despedida nada entusiasta para la congregación en las redes sociales, acusando sutilmente a los líderes de tener una falta de sensibilidad al Espíritu Santo.

«¿Qué sucedió?», se preguntaba la iglesia. «Él y Julie eran unas personas tan maravillosas, y su contribución era realmente grande...».

Cuando le sucede algo como esto a un miembro de nuestro equipo, por lo general reaccionamos de una de las siguientes maneras. Nos culpamos nosotros mismos por nuestra falta de sabiduría y discernimiento. Establecemos nuevas normas para asegurarnos una responsabilidad mayor en el futuro, de manera que no se ascienda a las personas a otros puestos con demasiada rapidez. O podemos llegar a la conclusión de que esto solo es parte del precio que debemos pagar por estar en el ministerio. Le sucedió a Jesús; sucede en otras iglesias; nos sucede a nosotros. Cualquiera que sea el caso, hacemos nuestro mayor esfuerzo para reorganizar la situación y seguir adelante.

Aunque es posible que haya algo de verdad en una o más de las reacciones anteriores, ninguna de ellas trata de resolver el problema básico: la iglesia estaba dedicada a un discipulado poco firme, que ignoraba el impacto que tiene el pasado de una persona en su capacidad para seguir a Jesús en el presente.

RETROCEDER PARA PODER
AVANZAR: UN MÉTODO BÍBLICO

Las Escrituras nos ofrecen un método bíblico en tres partes para un discipulado que nos libere del poder del pasado:

1. Reconocer cómo las bendiciones y los pecados de tu familia —hasta la tercera o cuarta generación— tienen un profundo impacto en el ser humano que eres hoy.
2. Reconocer que has nacido en una nueva familia: la familia de Jesús.
3. Desechar los patrones pecaminosos de tu familia y tu cultura de origen para aprender cómo vivir en la nueva familia de Jesús.

Este enfoque más amplio del discipulado, que abarca también el pasado de un individuo y su familia de origen, libera a las personas con el fin de que puedan entrar al grandioso plan que tiene Dios para su futuro.

1. Reconocer cómo las bendiciones y los pecados de tu familia —hasta la tercera o cuarta generación— tienen un profundo impacto en el ser humano que eres hoy.

Nacemos en una familia. No obstante, los escritores bíblicos tienen una comprensión diferente a la nuestra en cuanto a la palabra «familia». A lo largo de todo el Antiguo Testamento, la familia de la persona no se considera solamente como una pareja y sus hijos, sino toda la familia más amplia a lo largo de tres o incluso cuatro generaciones. Si se aplicara hoy, esa comprensión de lo que es la familia incluiría a todas las personas que hay en el pasado de tu historia familiar hasta fines del siglo diecinueve.

Las Escrituras enseñan también que las consecuencias de las acciones y las decisiones de una generación afectan a quienes le siguen.

Medite en lo siguiente:

> «Yo, el SEÑOR tu Dios, soy un Dios celoso. *Cuando los padres son malvados y me odian, yo castigo a sus hijos hasta la tercera y cuarta generación.* Por el contrario, cuando me aman y cumplen mis mandamientos, les muestro mi amor por mil generaciones». (Éxodo 20:5-6, énfasis añadido)

Un experto en el Antiguo Testamento me dijo en una ocasión que la mejor definición para la palabra hebrea traducida como *castigo* en este pasaje es *tiende a repetirse*. En otras palabras, lo que sucede en una generación tiende a repetirse en la siguiente, ya sea alcoholismo, adicciones, depresión, suicidio, matrimonios inestables, embarazos fuera de matrimonio, desconfianza de la autoridad o conflictos sin resolver.

Los científicos y sociólogos han debatido durante décadas si esto es consecuencia de la «naturaleza» (nuestro ADN) o el «ambiente» (lo que nos rodea en la vida), o tal vez de ambas cosas. La Biblia no responde a esta pregunta. Solo afirma que se trata de una «ley misteriosa del universo de Dios».

Aunque nos dé la impresión de que cada persona es individual y actúa por su cuenta, esa persona también forma parte de una familia amplia que se remonta, tal como lo afirma la Biblia, a tres o cuatro generaciones en el pasado. Y esos patrones familiares procedentes del pasado se presentan de manera casi inevitable en nuestras relaciones presentes y nuestra conducta.

Analiza conmigo dos famosas familias de las Escrituras: la de Abraham y la de David.

Abraham, Isaac y Jacob

Esta historia que aparece en Génesis demuestra con claridad cómo los pecados y las bendiciones van pasando de una generación a otra. A un nivel, las bendiciones dadas a Abraham a causa de su obediencia pasaron de generación en generación: a sus hijos (Isaac), nietos (Jacob) y biznietos (José y sus hermanos). Al mismo tiempo, observamos también un esquema de pecado y quebrantamiento transmitido a lo largo de esas generaciones.

Por ejemplo, observamos:

Un patrón de mentira
- Abraham mintió dos veces con respecto a Sara.
- El matrimonio de Isaac y Rebeca se caracterizó por las mentiras.
- Jacob le mintió casi a todo el mundo, y su nombre significa «engañador».
- Diez de los hijos de Jacob mintieron acerca de la muerte de su hermano José, fingiendo que celebraban un funeral y guardando este «secreto familiar» por más de diez años.

Favoritismo, al menos de uno de los padres
- Abraham favoreció a Ismael.
- Isaac favoreció a Esaú.
- Jacob favoreció a José primero, y más tarde a Benjamín.

El distanciamiento entre hermanos
- Isaac e Ismael se mantuvieron alejados el uno del otro.
- Jacob huyó de su hermano Esaú y estuvieron totalmente alejados durante años.
- José estuvo alejado de sus hermanos durante más de una década.

Una intimidad pobre en los matrimonios
- Abraham tuvo un hijo fuera del matrimonio con Agar.
- Isaac tuvo una relación terrible con Rebeca.
- Jacob tuvo dos esposas y dos concubinas.

David, Salomón y Roboán

Las Escrituras dicen de David que fue un hombre conforme al corazón de Dios (Hechos 13:22). Él le pasa una inmensa bendición a su hijo Salomón, y esa bendición continúa por varias generaciones. Al mismo tiempo, también transmite un estilo de pecado y quebranto que igualmente se sigue presentando durante generaciones.

Concesiones espirituales y morales
- David encubre su adulterio y el asesinato de Urías.
- Salomón mezcla la adoración al Dios de Israel con la de otros dioses.
- Roboán, el hijo de Salomón, rechaza los consejos sabios y sigue a los dioses de las naciones vecinas.

Pecado sexual
- David tiene muchas esposas y comete adulterio con Betsabé.
- Salomón tiene setecientas esposas y trescientas concubinas.
- Roboán tiene dieciocho esposas y sesenta concubinas.

Conflictos sin resolver
- David experimenta tensiones con sus siete hijos mayores.
- Absalón, medio hermano de Salomón, mata a un hermano y trata de matar a David, su padre.
- Roboán divide el reino con su hermano y divide a Israel en dos.

Dios permite que historias como las anteriores queden registradas para enseñarnos. Necesitamos leerlas con verdadero detenimiento, profundamente (1 Corintios 10:6). Lo que esto implica para los que guiamos y discipulamos a otros está claro. Es imposible ayudar a las personas a liberarse de su pasado sin una comprensión de la familia en la cual crecieron. A menos que comprendamos el poder que el pasado ejerce sobre lo que somos en el presente, es inevitable que repitamos esos patrones en nuestras relaciones, tanto dentro de la iglesia como fuera de ella.

2. Reconocer que has nacido en una nueva familia: la familia de Jesús.

La noticia grandiosa que nos trae el evangelio es que tu familia de origen no es la que determina tu futuro. ¡Dios lo hace! No solo hemos sido perdonados, sino que también hemos sido liberados del poder del pecado presente en nuestras familias a lo largo de generaciones.[1] La vida misma de Dios, en la persona de su Espíritu Santo, reside ahora en nuestro interior. Hemos recibido un nuevo corazón, una nueva naturaleza y un nuevo espíritu (Ezequiel 36:25-27).[2]

Cuando depositamos nuestra fe en Cristo, nacemos de nuevo espiritualmente por medio del Espíritu Santo en la familia de Jesús. Se nos transfiere de las tinieblas al reino de la luz. Lo que determina nuestra identidad ya no es la sangre de nuestra familia biológica, sino la sangre de Jesús. Se trata de un radical nuevo comienzo.

La manera más significativa que tiene el Nuevo Testamento de referirse a lo que es convertirse en cristiano es hablando de ser adoptado en la familia de Dios (Romanos 8:14-17). El apóstol Pablo usó la práctica familiar de la adopción usada por los romanos para comunicar esta profunda verdad, haciendo notar que ahora nos hallamos en una relación nueva y permanente con un nuevo Padre: Dios. Nuestras deudas (los pecados) han sido canceladas. Se nos ha dado un nombre nuevo (cristiano), una nueva herencia (libertad, esperanza, gloria, los recursos del cielo), y nuevos hermanos y hermanas (del mundo entero).

En el mundo antiguo de Jesús, honrar al padre y la madre era algo a lo que se le atribuía un valor extremadamente elevado. No obstante, Jesús llamó sin vacilación alguna a hombres y mujeres para que dejaran a su familia biológica con el fin de seguirlo a él, diciendo: «El que quiere a su padre o a su madre más que a mí no es digno de mí» (Mateo 10:37). Jesús definía a su nueva familia como la formada por aquellos que hacen su voluntad y lo escuchan (Lucas 8:19-21).

Para el creyente, la iglesia es ahora la «primera familia».[3] Aunque en el Nuevo Testamento hay noventa y seis metáforas acerca de la iglesia, entre ellas las que hablan de un cuerpo, una casa y una esposa, la de la iglesia como familia es la que se usa con mayor frecuencia.[4] Los eruditos Ray Anderson y Dennis Guernsey la presentan de manera excelente:

> La iglesia es la nueva familia de Dios... A través del nuevo nacimiento espiritual, cada uno de nosotros se convierte en hermano o hermana de Jesucristo por medio de la adopción en la familia de Dios. En consecuencia, somos hermanos y hermanas entre nosotros... Los esposos y las esposas son ante todo hermano y hermana en Jesucristo antes que ser esposo y esposa. Los hijos y las hijas son también hermanos y hermanas de su padre y madre, antes que ser hijos e hijas.[5]

El Nuevo Testamento da por sentado que el crecimiento hacia la madurez como discípulo tiene lugar dentro del contexto de una iglesia local sana. La intención de Dios es que nuestras iglesias locales y parroquias sean comunidades donde de una manera lenta, pero segura, seamos reeducados para vivir la vida al estilo de Cristo.

3. Desechar los patrones pecaminosos de tu familia de origen y tu cultura para aprender cómo vivir en la nueva familia de Jesús.

Hasta qué punto podamos volver atrás para comprender cómo nuestro pasado nos ha moldeado determinará en gran medida nuestra capacidad para romper patrones destructivos, transmitir legados positivos y ser transformados en Cristo, de manera que podamos ofrecer nuestra vida como un don para el mundo. Entonces, ¿por qué no está sucediendo esto en la mayoría de nuestras iglesias? ¿Por qué la mayoría de las personas que pertenecen a nuestras iglesias no son radicalmente distintas a sus vecinos que no se congregan, aunque oren, lean la Biblia y asistan a los cultos de adoración?

La respuesta es que no nos hemos tomado en serio el llamado de Jesús a romper con el poder del pasado y llevar a la práctica el tercer punto del método bíblico de discipulado: desechar los patrones de pecado de nuestra familia y nuestra cultura originales, y aprender a vivir una vez más a la manera de Dios dentro de la nueva familia de Jesús.

Te ofrezco otra forma de pensar en esto: *aunque Jesús viva en nuestro corazón, es posible que nuestro abuelo siga viviendo en nuestros huesos.* En otras palabras, los que nos precedieron en nuestro árbol familiar —nuestros «abuelos»— dejan una larga sombra, incluso generaciones después de haber desaparecido. Por lo tanto, cada discípulo necesita darle una mirada al quebrantamiento y el pecado de su familia y su cultura.

Sin embargo, hacerlo es un trabajo arduo.

LIBERA A TU IGLESIA

Puesto que nos hemos esforzado por hacer esto en nuestra propia congregación, y después con iglesias en diversas partes del mundo, hemos desarrollado una estrategia que consta de cinco puntos para ayudar a las personas a romper con el poder del pasado en espera de un grandioso futuro, tanto individual como corporativo.

1. Haz un genograma de tu familia, identificando cómo esta te ha moldeado.
2. Lleva a cabo la ardua labor del discipulado.
3. Extrae un gran futuro a partir de su pasado.
4. Quebranta el poder del pasado en todos los aspectos de tu vida y tu liderazgo.
5. Identifica y domina los legados negativos en la historia de tu ministerio.

1. Haz un genograma de tu familia, identificando cómo esta te ha moldeado.

Geri y yo dedicamos casi dos décadas a adaptar una herramienta tomada de la teoría de los sistemas familiares —el genograma— al discipulado en la iglesia local. Descubrimos que ayudar a las personas a construir un genograma es una de las formas más convincentes y eficaces de ayudarlas en la difícil tarea de identificar cómo sus familias las han moldeado.

Un genograma, muy sencillamente, es una herramienta visual para analizar la historia y la dinámica de nuestras relaciones familiares y el impacto que han tenido en nosotros a lo largo de tres o cuatro generaciones. Este nos ayuda a examinar los patrones enfermos del pasado que traemos a nuestra relación con Cristo y los demás. Y puesto que nuestra familia es el grupo más poderoso e influyente que ha moldeado lo que somos hoy (con la excepción de raros casos), examinarla y comprenderla es clave para nuestra transformación en Jesús.

Esto permite a las personas salir de sus circunstancias actuales y dominar el cuadro general de su vida, de una manera muy parecida a la experiencia de los astronautas y los cosmonautas que miran al planeta desde el espacio y ven la Tierra entera por primera vez.[6] Cuando ellos ven la Tierra desde esta perspectiva —como una pelota pequeña y frágil «que cuelga en el vacío», protegida por una atmósfera tan fina como el papel— la transformación que experimentan es tan profunda que se ha inventado un nuevo nombre para describirla: «Efecto perspectiva».[7]

Una transformación similar puede sucedernos a nosotros al revisar la historia de nuestra familia a lo largo de tres o cuatro generaciones usando el genograma como herramienta. Experimentamos el «Efecto perspectiva» cuando vemos nuestra vida de una forma enteramente nueva y holística.

Las siguientes son los tipos de preguntas que hacemos para llegar debajo de la superficie e identificar las formas en que el pasado podría estar causando un impacto en el presente.[8] Le pedimos a la persona que llene el genograma con los ojos de su niñez, como si tuvieran entre ocho y doce años de edad. Como parte de ese proceso, también les hacemos preguntas como estas:

- ¿Cómo describirías a cada uno de los miembros de tu familia (padres, tutores, abuelos, hermanos, etc.) usando dos o tres adjetivos?
- ¿Cómo describirías el matrimonio de tus padres (o tutores) y abuelos?
- ¿Cómo se manejaban los conflictos en tu familia extendida durante dos o tres generaciones? ¿Con ira? ¿Con base en los papeles de los distintos géneros?
- ¿Cuáles eran algunos de los temas generacionales (por ejemplo, las adicciones, las aventuras fuera del matrimonio, las pérdidas, los malos tratos, los divorcios, la depresión, las enfermedades mentales, los abortos, los hijos nacidos fuera del matrimonio, etc.)?
- ¿Hasta qué punto le iba bien a tu familia al ponerse a hablar de estos temas?
- ¿Cómo se hablaba de la sexualidad o no se hablaba nunca sobre ella? ¿Cuáles eran los mensajes implícitos?
- ¿Había «secretos» de familia (como un embarazo fuera del matrimonio, un incesto o un escándalo en las finanzas)?
- ¿Qué se consideraba en tu familia como «un éxito»?
- ¿Cómo se manejaba el dinero? ¿Y la vida espiritual? ¿Y las relaciones con la familia extendida?
- ¿Cómo te moldearon la etnicidad, la raza y la cultura de tu familia?
- ¿Había héroes o heroínas en tu familia? ¿Alguien que siempre cargaba con todas las culpas? ¿«Fracasados»? ¿Por qué?
- ¿Cuáles eran las adicciones, si es que había alguna, que existían en la familia?
- ¿Qué pérdidas traumáticas ha sufrido tu familia? Por ejemplo, alguna muerte repentina, una enfermedad prolongada, un bebé que nació muerto/un aborto natural, una bancarrota o un divorcio?

- ¿Cuáles pérdidas adicionales o heridas resultaron de esas pérdidas traumáticas? Por ejemplo, la pérdida de una niñez tranquila, o la pérdida de una madre o un padre emocionalmente disponible, la pérdida de la confianza, etc.?

Utilizando un conjunto de símbolos para describir la dinámica relacional entre las personas (tales como conflictiva, interrumpida, relaciones distantes o pobres, enredos y abuso), pedimos a estas personas que describan las relaciones entre los que se mencionan en su genograma. Luego los invitamos a detenerse para reflexionar en lo que han escrito, preguntándoles: «¿Cuáles son los temas que afloran a lo largo de las generaciones (teniendo en cuenta todas las adicciones, las aventuras extramatrimoniales, las enfermedades mentales, los hijos nacidos fuera del matrimonio, el desempleo, los secretos de familia)?». A esto le siguen las preguntas sobre la existencia de algún «evento sísmico» en su historia familiar, cosas que causaron un verdadero terremoto en la familia por generaciones (tales como una guerra, un suicidio, una infidelidad, la inmigración desde otro país, etc.).[9]

Después que las personas completan su genograma, les pedimos que reflexionen en oración sobre estas dos preguntas:

- ¿Cuál o cuáles patrones de conducta procedentes de tu familia de origen podrían haber causado un impacto mayor en la persona que eres hoy?
- ¿Cuál sería el mensaje de tu familia de origen que Dios te ha revelado hoy y que quieres cambiar como parte de tu ardua labor de discipulado?

A continuación, añadimos otra pregunta para los pastores y líderes: ¿de qué formas concretas esto podría tener un impacto en tu liderazgo en la iglesia?

Al llegar a este punto, la persona está lista para tener en cuenta los problemas específicos del discipulado a los que necesita enfrentarse como miembro de la nueva familia de Jesús.

2. Lleva a cabo la ardua labor del discipulado

Jesús nunca trató de suavizar el costo del discipulado. Lo que dijo llanamente fue: «Si alguien quiere ser mi discípulo, que se niegue a sí mismo, lleve su cruz cada día y me siga» (Lucas 9:23). Esta es una invitación a morir a nosotros mismos, y no solo una vez, sino como una forma de vida. A pesar de esto, cuando aplicamos esta invitación a nuestra vida y comenzamos a romper los patrones enfermos particulares y específicos de nuestro pasado, el dolor se vuelve muy real y cercano.

De manera inevitable, nos resistimos ante la ardua labor del discipulado. Nos parece demasiado costoso. Demasiado difícil. Seamos sinceros: todos queremos el Domingo de Resurrección sin pasar por el Viernes Santo, la luz sin las tinieblas, la esperanza sin el desespero, la felicidad sin el sufrimiento. No obstante, hace falta una crucifixión para quebrantar el poder del pasado, y gritamos con todo nuestro ser en contra de ello.

La palabra operativa aquí es *específicos*; se trata de la aplicación de las Escrituras a esos patrones arraigados y enfermos que viven en nuestros huesos. Por ejemplo, siendo adulto, yo no abrí paso a las emociones vulnerables de la tristeza y el temor. Eran inaceptables en mi familia de origen durante mi desarrollo, en especial para los varones. Así que permitirme sentir la tristeza y compartir ese sentimiento con mi esposa, Geri, por ejemplo, representaba un aterrador paso de fe, al menos al principio. ¿Por qué? Esto chocaba con generaciones de mensajes familiares y culturales sobre el papel a desempeñar por cada género que había absorbido al crecer.

Analiza las siguientes muestras de mandamientos familiares ajenos a la Biblia que viven dentro de las personas de nuestras iglesias en la página 191.

Puesto que estas no son las formas en que Dios quiere que vivamos en la nueva familia de Jesús, ¡decididamente podemos afirmar que tenemos mucho que «desaprender»! Somos como los israelitas, que vivierion cuatrocientos años en la esclavitud bajo los egipcios. Su manera de verse a sí mismos, a Dios y a los demás había sido formada por fuerzas que no tenían que ver con nuestro estatus como hijos de Dios. Sí, Dios nos ha rescatado por gracia, y esto implica nuestra salvación y liberación. Sin embargo, no te equivoques: la ardua tarea del discipulado es necesaria para que podamos desprendernos de las formas de vida ajenas a la Biblia, y eso exige que nos sometamos a la lenta jornada de dejarnos formar por Jesús de maneras nuevas.

EJEMPLOS DE MANDAMIENTOS FAMILIARES AJENOS A LA BIBLIA

1. EL DINERO
- El dinero es la mejor fuente de seguridad.
- Mientras más dinero tengas, más importante serás.
- Acumula mucho dinero para demostrar que has «triunfado».

2. LOS CONFLICTOS
- Evita los conflictos, cueste lo que cueste.
- No hagas que nadie se enoje contigo.
- Está bien pelear con tácticas sucias.

3. EL SEXO
- Nunca se debe hablar abiertamente del sexo.
- Los hombres pueden ser promiscuos; las mujeres deben ser castas.
- El sexo es una cosa sucia.

4. EL DOLOR Y LA PÉRDIDA
- La tristeza es una señal de debilidad.
- No te está permitido deprimirte.
- Supera las pérdidas y sigue adelante.

5. LA EXPRESIÓN DE LA IRA
- La ira es peligrosa y mala.
- No hay nada malo en estallar de ira para imponer una idea.
- El sarcasmo es una forma aceptable de liberar la ira.

6. LA FAMILIA
- Tienes una deuda con tus padres por todo lo que ellos han hecho por ti.
- No hables en público de los «trapos sucios» de tu familia.
- El deber con tu familia y tu cultura van por encima de todo lo demás.

7. LAS RELACIONES
- No confíes en nadie. Te van a hacer daño.
- Nunca dejes que nadie te haga daño.
- No demuestres nunca que eres vulnerable.

8. LAS ACTITUDES HACIA OTRAS CULTURAS
- Solo ten una amistad estrecha con personas que sean como tú.
- No te cases con una persona de otra raza.
- Hay ciertas culturas que no son tan buenas como la nuestra.

9. EL ÉXITO
- Consiste en estudiar en «las mejores escuelas».
- Consiste en reunir una gran cantidad de dinero.
- Consiste en casarse y tener hijos.

10. LOS SENTIMIENTOS Y LAS EMOCIONES
- No se te permite tener ciertos sentimientos.
- Tus sentimientos no tienen tanta importancia.
- Está bien que reacciones con tus sentimientos sin pensar primero.

El hecho de observar la historia de nuestra familia nos hace altamente conscientes de aspectos específicos de nuestra vida que necesitan ser expuestos a la obra formadora del Espíritu Santo. Aquí tienes algunos ejemplos de lo que esto significa:

- Charlotte sufrió a temprana edad el impacto de la inmigración. Una vez en los Estados Unidos, sus padres trabajaban doce horas al día, siete días a la semana, en la industria del servicio de comidas. Ellos se fueron mudando de un restaurante a otro en distintas partes del país. Como consecuencia, Charlotte creció sola, cocinando sus propias comidas desde temprana edad y pasando a solas la mayor parte de sus días. Ahora, su discipulado está enfocado a aprender a desarrollar relaciones estrechas y saludables con su familia, amistades y compañeros de trabajo.

- La experiencia de Pierre en su niñez, durante la cual fue de forma errónea clasificado como «mentalmente discapacitado» en lugar de disléxico, marcó la imagen que tenía de sí mismo y causó que desconfiara de Dios y los demás. Su discipulado se centra ahora en aprender a arriesgarse. Pierre se ha matriculado en una universidad y ha aceptado dirigir un grupo pequeño en la iglesia. También le ha pedido a James, uno de los ancianos de la iglesia, que se convierta en su mentor.

- Los doce años que estuvo Ted en un internado de Nueva Inglaterra lo dejaron sintiéndose un extraño en su propia familia. Incluso ahora que ya es adulto, está casado y tiene tres hijos, lucha con la intimidad y la vida de familia. En la actualidad, su discipulado se centra en aprender a sentir cada día sus emociones, mantener un diario y reunirse cada dos semanas con un consejero cristiano junto a su esposa para crecer en su conexión mutua.

Estas tres personas están en lugares distintos y tienen problemas diferentes, pero el hecho de mirar a su pasado ha revelado con claridad diversos aspectos en los cuales necesitan un equipamiento especial a fin de poder tomar las decisiones contraintuitivas necesarias para crecer y convertirse en seguidores de Jesús formados de manera más plena.

Yo aporté a mi liderazgo y mi discipulado con Jesús muchos patrones que no eran sanos. No obstante, hay dos aspectos principales en los cuales Dios usó este genograma para liberarme a mí y liberar a nuestra iglesia.

Primer cambio: Crecí en mi nivel de diferenciación y comencé a dirigir con mayor fuerza. La diferenciación se refiere a nuestra capacidad para definir las metas de nuestra vida sin dejarnos influir por las presiones de aquellos que nos rodean. La alta diferenciación consiste en crecer en nuestra fidelidad a nuestro verdadero yo sin ser controlados por la aprobación o la desaprobación de los demás. En la familia en la cual crecí había una gran presión para que todos pensáramos y sintiéramos lo mismo. Esta baja diferenciación dejaba poco espacio para que pudiéramos expresar nuestras propias opiniones, valores o metas fuera de las presiones de la familia.

Trasladé este bajo nivel de diferenciación a mi liderazgo. Habré tenido la posición de pastor principal, pero no sentía que lo fuera. Cuando daba una nueva indicación, por ejemplo, o cuando tenía que tomar una decisión difícil, me echaba atrás si otros me desafiaban. Sentía un deseo desesperado de obtener la validación y la aprobación de las personas. No confiaba en que mi punto de vista fuera lo suficientemente bueno sin el de los demás, o que estuviera bien dirigir a partir de la forma única en que Dios me había hecho.

La respuesta a mi problema era aprender a dirigir con fortaleza y claridad, y al mismo tiempo mantenerme conectado con las demás personas. No obstante, había algunas cuestiones de mi pasado que necesitaba enfrentar antes de poder hacer algo así.

La familia de mi madre había sido propietaria de un negocio de pastelería italiana aquí en la ciudad de Nueva York desde 1923. Tanto su familia como el negocio estaban marcados constantemente por la confusión y el caos. Los papeles a desempeñar y sus límites no estaban claros, había expectativas no expresadas y los estallidos de frustración eran cosa normal. Sencillamente, a nuestra familia no le iba bien manejando los lugares de trabajo. Y así fue como yo también supuse que a mí me iría igual.

Sin embargo, aquí es donde entran en juego los problemas de mi familia de origen. Me negué a invertir el tiempo necesario a fin de aprender las habilidades ejecutivas que hacían falta para supervisar bien a numerosos miembros del personal, pagados y no pagados. ¿Por qué? Porque yo ya «conocía» que esas habilidades no estaban presentes en mí, así que siempre trataba de evitar esta clase de liderazgo y lo delegaba en otros. Solo cuando fui capaz de identificar los patrones de mi familia, fui finalmente capaz de romper con esa dinámica enferma y aprender las habilidades ejecutivas que necesitaba.

Un amigo sabio describió de esta forma lo que me sucedió: «Pete, antes de ahora, las personas de nuestra iglesia eran como las que describe el libro de Jueces: "Cada uno hacía lo que le parecía mejor" (ver 17:6 y 21:25). En cambio, una vez que comenzaste a dirigir, finalmente hubo paz en la tierra». Él tenía razón. El caos y la ansiedad de mi vida interior habían creado caos y ansiedad en mi mundo externo. Ahora, la paz y el descanso que iban creciendo en mi interior iban creando una paz y un descanso crecientes en el mundo exterior de nuestra familia y nuestra iglesia.

Segundo cambio: Desaceleré con el propósito de darle prioridad al cuidado de mi propia persona y mi matrimonio. Como la mayoría de los líderes, me definía a mí mismo y comprendía cuál era mi lugar en el mundo por lo que hacía. «Produce y desempéñate» era el claro mensaje de mi familia durante mi niñez. Y así, una vez que me hice pastor, el valor que me daba a mí mismo estaba estrechamente conectado a lo rápido que estaba creciendo la iglesia. Cuando Geri se quejaba de lo ocupado que estaba y de mi falta de disponibilidad, no le hacía caso. Pocos hombres de mi familia habían estado emocionalmente disponibles para su esposa y la mayoría de los matrimonios carecían de felicidad. En lugar de ver la infelicidad de Geri como la bandera roja que era, sencillamente me parecía algo normal.

Una vez que finalmente adopté un ritmo más lento para darle prioridad al cuidado de mí mismo y a mi matrimonio, el impacto fue revolucionario. Por vez primera me pregunté: «*¿Cuánto tiempo necesito estar a solas con Dios y conmigo mismo a fin de mantener las responsabilidades de liderazgo que tengo?*». Y después de esto, me pregunté: «*¿Qué necesito cambiar en mi horario para que Geri y yo experimentemos un matrimonio lleno de la pasión y el amor de Jesús? ¿Dónde me puedo equipar para crecer en esto? ¿Qué recursos nos podrían ayudar?*».

Como consecuencia de mi lucha con esas preguntas, cambié a una semana de trabajo de cinco días y cincuenta horas, y Geri y yo comenzamos a celebrar un Sabbat de veinticuatro horas cada semana. Esto no solo me ofrecía personalmente un horario más sano, sino que también permitía que el resto de la iglesia funcionara de una forma más equilibrada.[10]

Todos los líderes deben luchar con esta difícil pregunta: ¿hasta qué punto mi historia familiar podría estar influyendo en la iglesia o el ministerio que Dios ha encomendado a mi cuidado? Es necesario hacerse esta pregunta, porque no es posible cambiar nada de lo cual uno no esté consciente. Sin embargo, la buena nueva es que una vez hecha la ardua labor de reconocer los legados negativos procedentes de nuestro pasado, ya estamos en buen camino para quebrantar el poder que el pasado ha tenido sobre nuestra vida y nuestro liderazgo.

3. Extrae un gran futuro a partir de tu pasado

Dios tiene la intención de que extraigamos un gran futuro a partir de nuestro pasado. Tal vez no exista ningún personaje bíblico que demuestre esto más que José. Siendo un jovencito de diecisiete años, José sufrió una gran pérdida y una tragedia a manos de sus hermanos. Como consecuencia, perdió a su familia, su lugar de procedencia, su lenguaje y su cultura, y su libertad. Durante trece años, vivió primero como esclavo y después como prisionero.

Nadie habría culpado a José si se hubiera quejado: «Mi familia me arruinó la vida. ¡Me robaron mis mejores años!». Sin embargo él nunca lo hizo. En lugar de esto, perseveró en medio de grandes dificultades, porque creía que el plan y los propósitos de Dios para él eran buenos. Esto lo vemos con claridad más tarde, cuando les dice a los hermanos que lo traicionaron: «Fue Dios quien me envió aquí, y no ustedes» (Génesis 45:8). Él les recordó que, a pesar de que las intenciones de ellos habían sido malvadas, Dios tenía la intención de sacar algo bueno de aquello (Génesis 50:20). Como nos hace ver el erudito Walter Brueggemann, José sabía que «los planes malévolos de los seres humanos no derrotan los propósitos de Dios. Al contrario, se convierten involuntariamente en formas de llevar adelante el plan de Dios».[11]

De igual manera, podemos confiar en que los planes y los propósitos de Dios para nosotros son buenos, incluso cuando nuestras circunstancias se hallan lejos de ser buenas. Dios nos colocó a cada uno de nosotros en una familia en un momento determinado de la historia, en un conjunto específico de circunstancias, y en una ciudad o una población en particular. Estos detalles particulares nos moldean para hacernos personas que, al igual que José, podamos ser una bendición para el mundo.

Dios obra en, por medio y a pesar de nuestra familia y nuestro pasado, muchas veces de formas ocultas y misteriosas. José nunca negó su doloroso pasado; de hecho, lloró sus pérdidas. Y, sin embargo, al mismo tiempo que sufría, se sometía a la voluntad de Dios y confiaba en la bondad divina. Nosotros debemos hacer lo mismo.

Dios ha estado obrando en tu vida incluso antes de que respiraras por vez primera. Él quiere tomar tu historia y construir a partir de ella un gran futuro. Dios no desperdicia nada, sobre todo tus sufrimientos y tus fracasos, si se los ofreces a él.

La escritora Margaret Silf, en su obra clásica *Inner Compass* [La brújula interior], ofrece una poderosa «oración en imágenes» de lo que significa liberarnos del pasado para vivir en el futuro que Dios tiene para nosotros.[12] A continuación te presento mi adaptación de su relato:

Imagínese que está en la orilla de un ancho río que fluye con rapidez. Usted necesita cruzarlo, pero no hay puente alguno. Jesús llega cargando una pesada piedra y la pone en el río, justo enfrente de usted. Entonces, lo invita a subirse en ella. Cada día, él le trae otra piedra, y después otra, y otra. Usted se va adentrando cada día más en el río.

Sin embargo, un día usted se encuentra a la mitad del río con el agua corriendo con fuerza a su alrededor, pero no aparece ninguna piedra más. Cuando no puede seguir moviéndose hacia delante, siente una oleada de pánico. Mira hacia atrás, a la orilla, y solo entonces se da cuenta de dónde proceden las piedras. Jesús ha estado desmantelando de forma sistemática la cabaña que hay en la orilla que tiene detrás —ese lugar en el pasado donde usted ha vivido durante toda su vida— y la ha estado convirtiendo, piedra a piedra, en puntos de apoyo que conducen hacia su futuro.

Usted respira profundamente y espera a que Dios llegue. Cuando su corazón está tranquilo, él pone en silencio la siguiente piedra frente a usted. Así lo invita a dar un paso más a través del rápido río.

Ahora se da cuenta de que él siempre le pone delante una piedra más —solo una a la vez— y después lo invita a avanzar. Se da cuenta de que puede confiar en Dios mientras él sigue tomando piedras procedentes de su pasado y las va usando para conducirlo a un buen futuro.

Dios nos invita a dejar atrás el pasado para alcanzar un gran futuro. Pero esto también es un proceso lento. Sin embargo, a medida que damos un paso con fe para seguirlo hacia nuevos lugares, descubrimos que él toma las partes rotas de nuestra historia para crear algo hermoso que le podremos ofrecer al mundo, tal como hizo con José.

4. Quebranta el poder del pasado en todos los aspectos de tu vida y tu liderazgo

Las implicaciones de quebrantar el poder del pasado para abrazar el futuro de Dios tienen mayor alcance de lo que pensamos al principio. Todo tiene que ver: desde nuestra forma de manejar el dinero hasta nuestra manera de relacionarnos con las personas en autoridad; desde nuestra manera de lidiar con los conflictos hasta nuestros puntos de vista sobre el papel de ambos sexos y la sexualidad misma; desde cómo entendemos las vacaciones hasta nuestro enfoque sobre la muerte, y mucho más. Lo que se abarca es muy profundo, y además, siempre cambiante. Cada nueva temporada en la vida trae consigo situaciones y desafíos nuevos que es necesario enfrentar.

He aquí solo unos pocos ejemplos personales de los numerosos contextos diferentes en los que he trabajado para quebrantar el poder del pasado.

La predicación y la enseñanza. Cuando estudio las Escrituras, siempre pregunto: «¿En qué difiere la verdad de este pasaje de la forma en que fui moldeado, ya sea en mi familia durante mi crecimiento o por otras influencias?». Por ejemplo, en una serie de mensajes acerca de la epístola de Santiago, preparé un sermón sobre la cuestión de mostrar parcialidad (Santiago 2:1-13). Parte de mi preparación implicaba luchar con la forma en que mi familia de origen clasificaba a la gente. ¿Cómo veíamos y tratábamos a las personas muy adineradas o educadas? ¿O a las personas que eran pobres o sin estudios? ¿Cómo afectaba mi cultura mi manera de ver y tratar a las personas de diferentes clases, culturas o razas? ¿En qué difería esto de la forma en que Dios ve a las personas? Ahora que estoy en la familia de Cristo, ¿qué necesita cambiar en mi forma de ver y tratar a la gente?

La formación de los hijos. Hace poco se nos preguntó: «¿Cuál es uno de sus consejos más importantes para los padres de adolescentes y adultos jóvenes?». Nuestra respuesta fue: «Tú crías a tus hijos de la forma en que fuiste criado. ¡Por eso es que el mayor problema de tus hijos eres *tú mismo*! ¡Basta con que se lo preguntes a cualquier pastor de jóvenes!».

Geri y yo hemos criado a cuatro hijas cuyas edades van desde los veinticinco años hasta los treinta y cuatro.

Cuando eran pequeñas, nosotros teníamos mayor poder en la relación y tomábamos muchas decisiones por ellas. Se trataba de una clara relación entre padres e hijas. Ese poder fue disminuyendo a medida que ellas crecían. Y cuando llegaron a ser adultas, muchas veces ya con su propia familia, nuestras relaciones se fueron haciendo más entre iguales. Tratamos de no dar consejos a menos que se nos pidan. Cuando ya seamos ancianos y necesitemos de cuidado, la dinámica de poder cambiará una vez más. Ellas se convertirán en nuestras «madres» y tomarán las decisiones por nosotros.

Para mí, este fue un tema de discipulado importante y difícil al principio, porque mis padres nunca hicieron la transición de una relación padre-hijo con nosotros (diciéndonos cuáles decisiones debíamos tomar y cómo debíamos vivir), ¡incluso cuando ya eran octogenarios antes de fallecer!

Una vez que yo hice ese cambio con mis propias hijas y me centré más en la seguridad y la conexión emocional, el fruto ha sido incalculable.

El envejecimiento. Comencé a batallar en serio con el envejecimiento a medida que me iba acercando a los sesenta años, cuando hice la transición al dejar mi papel de pastor principal después de veintiséis años. La narrativa de mi familia y la cultura en general indicaba que envejecer era algo que había que evitar, un tiempo de decadencia física y mental, junto con la pérdida de una vida productiva y llena de sentido. Me di cuenta de que necesitaba discipulado en cuanto a cómo envejecer en la nueva familia de Jesús.[13] Así que leí libros sobre este tema y me acerqué a tres de mis mentores, que me ayudaron a aplicar las Escrituras a esta nueva temporada de la vida.

¿Qué he aprendido? He descubierto que la jubilación es una idea que no aparece en las Escrituras. Todo cristiano es llamado por Dios y para Dios, y ese llamado va más allá del trabajo que hacemos para pagar las cuentas (nuestro oficio o carrera). Así que comencé a usar la palabra *transición*, en lugar de jubilación, para describir la salida de mis labores. Hallé también que la Biblia está llena de momentos en los cuales Dios llama a las personas a cosas nuevas siendo ya ancianas. Por ejemplo, Abraham tenía setenta y cinco años cuando Dios lo llamó a dejar su casa. Ana tenía ochenta y cuatro cuando asistió en el templo a la circuncisión de Jesús. Moisés tenía ochenta cuando fue llamado a sacar de la esclavitud a un pueblo de dos a tres millones de personas. Aún a los ciento veinte años, mientras se preparaba para morir, estaba dando fruto y sirviéndole de mentor a la siguiente generación en cuanto a la Tierra Prometida por medio de una serie de tres poderosos mensajes que aparecen en Deuteronomio.[14]

Cuando tenía cincuenta y tantos años (ahora tengo sesenta y tantos), un mentor mayor que yo me dijo que si somos fieles, nuestra década más fructífera puede ser la de los sesenta y tantos años, la segunda década mejor puede ser la de los setenta y tantos, y podemos descubrir que la tercera mejor será la de los cincuenta y tantos. Estoy descubriendo que esto es cierto. Envejecer no es ninguna crisis. De hecho, cuando lo vemos desde el punto de vista de Dios, envejecer nos ofrece una oportunidad única para liberarnos de las viejas identidades de importancia personal y aprender la profunda sabiduría de Dios sobre cómo entregar nuestra vida y nuestra muerte para el bien del mundo.[15]

La formación de equipos saludables. Cuando me di cuenta de que cada uno de nosotros carga un equipaje de emociones y relaciones tomado de nuestra historia familiar, mi enfoque sobre la formación de equipos se transformó. Cuando no reconocemos esto, y no tratamos con la gente «invisible» presente en esa mesa, es frecuente que lo que sigue es la confusión.

Analiza el siguiente escenario, en el cual estás dirigiendo una reunión con cinco miembros de una junta. En el diagrama, las líneas y los círculos que salen de cada persona de la mesa representan a la familia de origen que moldeó a esa persona durante el mayor período formativo de su vida.

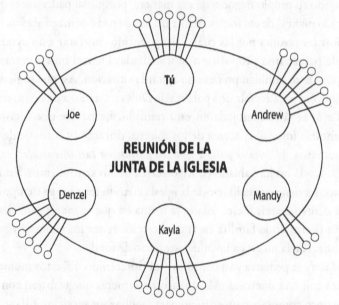

REUNIÓN DE LA
JUNTA DE LA IGLESIA

Tú
Joe
Andrew
Denzel
Mandy
Kayla

Experiencias procedentes de las relaciones en la familia de cada persona

En esta reunión particular de la junta se debe tomar la difícil decisión de contratar o no a un asistente ejecutivo para ti como pastor. Pediste a la junta que autorice el pago de un salario comenzando en dos semanas. Esta contratación va a hacer que la situación económica quede apretada para el resto del año en el presupuesto debido a otros compromisos económicos que la junta ya ha hecho. De manera que cuando pides a cada miembro de la junta que manifieste su opinión, está consciente de que cada persona procede de un sistema familiar con ciertas reglas, valores y formas de hacer las cosas que no no se expresan.[16]

Joe, el presidente de la junta, es un ejecutivo lleno de dinamismo que trabaja en una compañía de informática. Le encanta el riesgo y ya decidió hacer una contribución personal para cubrir cualquier cantidad que quede corta en el presupuesto. Sin embargo, no dice nada sobre su decisión al resto de la junta. Joe creció pobre y a su padre le desagradaban las personas que eran orgullosas y hacían ostentación de su dinero. Así que esa es la última cosa que él haría.

Denzel está al frente de la ferretería de su familia en el pueblo, la cual está pasando por dificultades económicas. No le gusta la idea de que la iglesia cuente con menos de seis meses de reservas en el banco. Nunca habría manejado su propio negocio de esa manera, porque su padre antes que él nunca lo manejó de esa forma. Siente un nudo en el estómago al escucharte explicar las razones por las cuales tiene sentido contratar a un ayudante. A él le parece una proposición descabellada. Denzel quiere retrasar la decisión, pero también prefiere no agitar la situación. Así que sugiere que el grupo ore para recibir una palabra de Dios en cuanto a este paso de fe.

Kayla se sienta enojada en esta reunión. Le parece que hiciste un comentario insensible acerca de los solteros durante tu mensaje de hace tres semanas. *¿Cómo es posible que un pastor sea tan insensible?*, se pregunta. Kayla no ha hablado contigo acerca de sus sentimientos. En lugar de hacerlo, tiene pensado irse de la iglesia cuando termine su tiempo en la junta dentro de seis meses. Esa es la forma en que se manejaban siempre los conflictos en la familia en la cual creció: evitar los choques y seguir adelante. Kayla no está a favor de este gasto de fondos.

Mandy es pediatra y su consulta está floreciendo. En estos momentos cuenta con tres doctores más y cinco enfermeras que trabajan con ella. Hace poco compraron un edificio para ampliar sus servicios. Ella se unió a la junta de la iglesia el año pasado, pero dijo claramente que si se les unía, estaba esperando que la junta se enfocara en el crecimiento y el cambio. Su padre la había educado para que emprendiera iniciativas nuevas y no tuviera miedo a arriesgarse y fallar. Le alegra que al fin tomes la iniciativa para hacer cambios que permitan que la iglesia avance.

Andrew funciona en dos papeles distintos. Es pastor asociado y también anciano. Esto lo sitúa en una posición de poder, y a él le agrada esto. Sin embargo, se siente molesto contigo. Le parece que todo te lo entregan en bandeja de plata. Andrew fue criado por una madre soltera y tuvo que trabajar a tiempo completo para sostenerse en la universidad y en el seminario. Lo enoja que recibas un beneficio más. Mientras está sentado a la mesa, piensa: «¿Por qué tienes que recibir de la junta todo lo que quieres? Conmigo las cosas no son así».

En tu condición de líder de esta reunión, no vas a conocer todos los detalles de la historia familiar de cada uno de sus participantes, pero sí sabes (por lo menos ahora) que el pasado de ellos tiene un impacto significativo en su presente. También es posible que sientas la tensión que hay en la habitación cuando comienzas la conversación sobre la contratación del asistente.

¿Qué hacer para llevar un liderazgo espiritual a la junta? Te sugiero tres cosas:

- Considera con detenimiento tus propias motivaciones, metas y dinámicas familiares al pensar en esta decisión. Necesitas saber lo que sientes y piensas, y expresarlo con claridad, sinceridad y respeto a la junta.
- Crea seguridad dentro del contexto de la reunión de manera que todos puedan expresar sus preocupaciones con sinceridad. Para esto hará falta tiempo. Sé curioso. Escucha. Haz preguntas. Proporciona directrices para los diferentes puntos de vista, tales como hacer declaraciones en primera persona del singular, no arreglar, salvar o corregir a alguien, y ofrecer el beneficio de la duda en lugar de juzgar mientras escuchas.
- Invierte en el desarrollo espiritual/emocional de esta junta. Ellos necesitan discipulado, en particular con relación a cómo establecer sus relaciones, cómo su pasado causa un impacto en su presente (el genograma), y cómo tener una pelea limpia en lugar de pelear sucio (a base de negociar las diferencias).[17]

Un poco abrumador, ¿no es cierto? Al mismo tiempo que esta imagen es bastante precisa, nos ayuda a comprender la complejidad de dirigir a cualquier tipo de equipo, sin hablar de una iglesia, y por qué es tan importante que nos equipemos adecuadamente.

5. Indentifica y domina los legados negativos en la historia de tu ministerio

Así como las familias van transmitiendo patrones y legados de generación en generación, también lo hacen las iglesias locales, las denominaciones, los movimientos paraeclesiales y las organizaciones sin fines de lucro. La gran verdad de que no podemos cambiar aquello de lo que no estamos conscientes también se aplica a nuestros ministerios. Sin embargo, una vez que hallamos las causas fundamentales y las expresiones de nuestros legados negativos, su poder sobre nosotros disminuye, si no es que queda eliminado.

Mientras hablaba con varios centenares de pastores que formaban parte todos de la misma familia de iglesias, le pedí a cada uno de ellos que llenara un genograma de su familia e hiciera aplicaciones para su vida personal y su liderazgo. Por medio de este ejercicio, el presidente de esta asociación formada por más de cuatrocientas cincuenta iglesias se dio cuenta de que una serie de legados negativos de su historia como grupo estaba causando daño a la salud de sus iglesias y su impacto misionero. Él me preguntó si estaría dispuesto a conducir una discusión abierta acerca de esto con todos los que estaban en la sala.

Yo acepté, y dedicamos una sesión de tres horas a la identificación de los legados positivos y negativos de su familia de iglesias desde su surgimiento, a mediados de la década de 1970. La lista tenía un aspecto parecido este:

Legados positivos	Legados negativos
Generosos con otros movimientos	Desconfiados de las instituciones y el adiestramiento externos
Marcados por una pluralidad de líderes en cada iglesia	Recelosos de los líderes fuertes y visionarios
Leales	Consideran la crítica saludable como una deslealtad
Apasionados por la Gran Comisión	Demasiado ocupados y rápidos en sus movimientos
Bondadosos y gentiles	No dispuestos a enfrentar los conflictos
Marcados por la humildad	Indebidamente orgullosos de ser diferentes a otras iglesias
Comprometidos con el discipulado individual	Indiferentes en cuanto a aplicar el discipulado a la injusticia social, los pobres y marginalizados, el ambiente y el cuidado de la creación, etc.

Este fue un ejercicio valiente. Observa que la mayoría de los legados positivos también tienen un legado sombrío. Por ejemplo, el legado positivo de distinguirse por la pluralidad en el liderazgo también los conducía a no estar dispuestos a permitir que las personas talentosas surgieran como líderes destacados. Sí, eran innovadores, pero solo cuando la innovación surgía de dentro de su asociación; de lo contrario, se resistían ante ella.

Solo nombrar y describir el contexto en el cual nació su asociación —los recintos universitarios en la década de 1970, con personas que se había desilusionado después de las debacles de la Guerra de Vietnam y Watergate— bastaba para abrir los ojos. Ellos identificaron cómo su escepticismo hacia instituciones como los seminarios y los colegios bíblicos, y su renuencia a permitir que surgieran visionarios individuales, tenían sus raíces más en su propia historia que en las Escrituras.

A partir de lo que aprendieron al valorar sus legados positivos y negativos, el equipo ejecutivo de líderes pudo enfrentar sus legados negativos durante los dos años siguientes. Al mismo tiempo, también llevaron al máximo su singular carisma y llamado representados por sus legados positivos.[18]

Ten siempre presentes ante ti y tu iglesia estas cinco sendas, y sigue al menos una de ellas como primer paso:

- Guiar a las personas al hacer el genograma de su familia.
- Comprometerse a hacer la ardua labor de un discipulado serio.
- Asegurarse de que las personas extraigan un gran futuro a partir de su pasado.
- Quebrantar el poder del pasado en todos los aspectos de la vida y el liderazgo.
- Identificar y dominar los legados negativos en la historia de su ministerio.

Estas cinco sendas te servirán bien en tu jornada durante los años futuros. Sin embargo, lo más importante es que escuches a Jesús en medio de todo el proceso. Él es tu timón para poder navegar por estas aguas profundas.

COMIENZA POR TI MISMO

Cada vez que tomes la decisión de quebrantar el poder del pasado en lugar de ignorarlo, estarás tomando tu cruz para seguir a Jesús. Por lo general, esto comienza con una experiencia de dolor, temor y tinieblas que parece llevarte hacia un abismo sin fondo. No obstante, permíteme asegurarte algo: la verdad hará libres tanto ti como a tu ministerio. Puedo prometerte que tu y tu ministerio renacerán en un nuevo lugar de madurez en Cristo. La resurrección es una certeza si permanecemos en Jesús, permitiendo que sea él quien nos sostenga.

Sin embargo, recuerda el principio básico del discipulado emocionalmente sano: siempre comenzamos por mirarnos a nosotros mismos. Las iglesias nunca madurarán más allá de la madurez de sus líderes. Es nuestra responsabilidad ser modelos en cuanto a trabajar con «nuestras cosas» antes de señalar las vigas y pajas que haya en los ojos de los demás.

A lo largo de los años he atesorado las siguientes palabras, pronunciadas por un anciano rabino hasídico en su lecho de muerte:

> Cuando yo era joven, me propuse cambiar al mundo. Cuando me hice un poco mayor, me di cuenta de que aquello era demasiado ambicioso, así que me propuse cambiar a mi estado. También me percaté cuando me hice mayor aún que esto era demasiado ambicioso, así que me conformé con cambiar a mi pueblo. Cuando me di cuenta de que no podría realizar ni tan siquiera eso, traté de cambiar a mi familia. Ahora, ya anciano, sé que habría debido comenzar por cambiarme a mí mismo. Si hubiera comenzado por mí mismo, tal vez entonces habría logrado cambiar a mi familia, al pueblo, o incluso al estado... y quién sabe, ¡tal vez al mundo![19]

Dios ha usado estas palabras para mantenerme con los pies en la tierra. Le pido a Dios que hagan lo mismo contigo.

Capítulo 9

Lidera a partir de la debilidad
y la vulnerabilidad

L a palabra «vulnerable» se deriva del latín *vulnerare*, que significa «herir».[1] Todos los que vivimos en nuestro mundo caído hemos sido heridos en la vida.

Yo no soy una excepción.

Mi hogar no fue un lugar seguro. Entre la depresión clínica sin diagnosticar de mi madre y sus hospitalizaciones periódicas, y el amor de mi padre mezclado con golpizas físicas frecuentes y severas, nunca me sentí muy seguro de lo que traería un nuevo día.

Era confuso, por decir lo mínimo. Sin embargo, el mensaje era claro: *sé quien nosotros queremos que seas, haz lo que nosotros te decimos que hagas y procura que la familia se sienta orgullosa... ¡o ya verás!*

Entré a la escuela primaria y la secundaria con la esperanza de que el resto del mundo fuera más seguro. Sin embargo, ya tenía carencias emocionales y de desarrollo que hacían que me sintiera diferente e inseguro ante los demás muchachos. Llevaba conmigo terribles secretos de mi hogar, y me sentía fuera de lugar con todas las demás personas. Aunque era extrovertido y el alma de las fiestas, los desaires y los rechazos de la adolescencia solo servían para profundizar esas heridas abiertas.

Y así fue como me replegué cada vez más tras una pesada armadura.

Cuando llegué a la fe en Jesús, mis modelos en el ministerio y las figuras de autoridad eran muchas veces comunicadores talentosas y excelentes. Ellos enseñaban a partir de un conocimiento pleno de las Escrituras, exhibían los dones de poder del Espíritu y dirigían ministerios importantes. Demostraban tener una confianza en sí mismos y una seguridad personal de las que yo carecía. Más de una vez me pregunté si acaso yo no sería un impostor, sobre todo cuando comencé a hablar públicamente sobre Jesús.

Antes de llegar a ser pastor principal, me enseñaron a mencionar al menos un caso de quebrantamiento en cada sermón para conectarme con la audiencia, pero aquello solo era un medio para conseguir un fin. Hablábamos acerca de los Doce Pasos de los Alcohólicos Anónimos, pero nadie que yo conociera los practicaba en realidad. Predicaba sobre la transparencia, pero mi armadura protectora seguía sólidamente en su lugar, con todas sus numerosas capas. No me podía ni imaginar siquiera el aspecto que tendría la vulnerabilidad genuina en un cristiano, sobre todo en un líder cristiano.

Esta incapacidad para ser débil o vulnerable causaba un impacto en todos los aspectos de mi vida. Mi habilidad para identificarme profundamente con las personas, incluso con Geri, estaba fuertemente limitada. Si no me conocía a mí mismo, ¿cómo podría permitir que ella, u otras personas, me conocieran? Puesto que suprimía mis propios sentimientos de tristeza y temor, no los podía compartir con los demás. Atribuía las luchas y debilidades de los otros a una falta de fe o a que no eran capaces de hacer suyo el poder de Dios, así que los trataba como si fueran problemas que hacía falta arreglar.

¿Es de extrañarse que hiciera todo —realmente todo— para evitar un fracaso?

Como mencioné antes, hizo falta toda una crisis para romper la pesada armadura que usaba con el fin de impedir que los demás vieran mi verdadero yo. Era como Isaac Cline, el oficial meteorológico principal en 1900, que se negó a evacuar de la isla de Galveston, en Texas, antes que la azotara uno de los huracanes más mortíferos que han golpeado a los Estados Unidos. Isaac Cline había definido el temor a que un huracán constituyera un serio peligro para su floreciente ciudad como «un absurdo delirio». En su exceso de seguridad, nunca esperó que las olas tuvieran tres metros de alto y quince de largo, o que hubiera ráfagas de viento de más de trescientos kilómetros por hora. Como consecuencia de su arrogancia y su renuencia, se ahogaron tantas personas que los cuerpos aparecieron en la playa durante meses.[2]

Yo tenía una confianza tan exagerada y era tan incapaz de aprender como Isaac Cline. Iba acumulando todo un tesoro de conocimientos, capacidades y experiencia con el fin de prepararme para un liderazgo «exitoso» lo mejor que podía. Mi expectativa era que ningún obstáculo podría impedir lo que Dios quería hacer a través de mí. Me recordaba a mí mismo que mayor es el que está en mí que el que está en el mundo (1 Juan 4:4). Me aprendí de memoria una promesa: «Con tu apoyo me lanzaré contra un ejército: contigo, Dios mío, podré asaltar murallas» (2 Samuel 22:30).

Estaba decidido a mantenerme fuerte y fiel. Dios me había dado celo, talentos y una buena experiencia en el ministerio. Iba a ser un guerrero y siervo ejemplar para Dios y su iglesia. Me decía a mí mismo, alardeando: *otras personas podrán cansarse, venirse abajo cuando sufren presión, e incluso abandonarlo todo. Pero yo no; ¡nunca!*

Mi preparación para el ministerio, tanto formal como informal, dejaba fuera una de las sendas bíblicas más importantes para crecer en la autoridad espiritual y el liderazgo: la debilidad y la vulnerabilidad. Como consecuencia, cuando me golpearon las tormentas realmente fuertes, no estaba listo.

Era tan necio como Isaac Cline, de Galveston, Texas.

La superficial insistencia en el quebrantamiento que encontré en los estudios bíblicos, los sermones y el seminario mismo hicieron poco a fin de penetrar en la armadura que llevaba puesta para defenderme de manera que no me hirieran.[3] Una precisa y amplia exégesis del griego y el hebreo sirvió de poco para atravesar las pesadas capas de autoprotección y de actitud defensiva que llevaba encima.

Me entristece que haya sido necesario el equivalente a un huracán destructor para que Dios pudiera captar mi atención. No habría tenido que ser así. A lo largo de los años he observado a una cantidad incalculable de personas que han aprendido temprano sobre el lugar que ocupan la debilidad y la vulnerabilidad como la senda de Dios para llegar a un discipulado floreciente. Este marco bíblico más amplio ensanchaba la capacidad de estas personas para someterse a Dios y mantenerse firmes en medio de los huracanes de la vida.

Cuando vivimos y levantamos iglesias enteras caracterizadas por la debilidad y la vulnerabilidad, sucede algo inexplicable. La gente disfruta del sabor que tienen la belleza de Dios y su presencia en Cristo. Resplandece un destello de la verdad y la bondad del cielo.[4] Fluye el delicado poder de Dios. La gente se suaviza.

Sin embargo, las cualidades de la debilidad y la vulnerabilidad se encuentran escasas veces en nuestro mundo, o más triste aún, en nuestras iglesias.

LA SENDA CONTRACULTURAL DIVINA HACIA EL PODER Y LA FORTALEZA

La cultura occidental les otorga un alto valor al poder y la influencia. Nos deslumbran las celebridades, los artistas famosos y los que tienen miles de seguidores en los medios sociales. Les atribuimos un gran poder a los ricos y exitosos, y a los que son intelectualmente brillantes o atléticamente bien dotados. Valoramos a los innovadores y empresarios que abren camino y señalan sendas nuevas para el futuro.

Lamentablemente, la iglesia del siglo veintiuno también concede un gran valor al poder y la influencia, sobre todo cuando los ministerios atraen a grandes multitudes, tienen un impacto y una visibilidad grandes, y alardean de unos edificios y un personal impresionantes. Nos fascinan nuestras propias versiones de celebridades, artistas famosos y personas con dones altamente visibles.

Puesto que no sabía de la existencia de una alternativa, me permití a mí mismo, y le permití a nuestro ministerio, ser seducidos por la definición de poder que da el mundo. Trabajaba con todas mis fuerzas para evitar la debilidad y la vulnerabilidad. Y eso tuvo un costo muy alto para mí y para muchos otros, seriamente.

Carecía de una comprensión de lo que constituye el poder y la fortaleza desde un punto de vista bíblico, y de lo radicalmente distinto que estos conceptos significan en la cultura. Necesitaba una revelación de quién es Dios y la forma en que él obra. Necesitaba una teología de la debilidad.

Con los años, he ido identificando las cuatro características básicas de un discipulado emocionalmente sano que encarna la debilidad y la vulnerabilidad:

1. Desarrollar una teología de la debilidad.
2. Aceptar tu limitación como un don.

3. Hacer la transición para convertirse en una iglesia basada en la debilidad.
4. Practicar diariamente la vulnerabilidad.

Cada una de estas cuatro características fue discernida a partir de numerosos pasos mal dados y de años de intentar actuar y equivocarme. Cada una de ellas me exigió moverme de una postura cerrada y defensiva a otra de apertura y deliberada. Veámoslas más de cerca, comenzando por el fundamento a partir del cual siguieron todas las demás: desarrollar una teología de la debilidad.

1. Desarrollar una teología de la debilidad

Observamos la vulnerabilidad de Dios en su búsqueda incansable de la humanidad, la cual se hace evidente desde las primeras páginas de las Escrituras, cuando les concede a Adán y Eva la libertad de escoger. Las Escrituras muestran también cómo Dios elige constantemente obrar a través de personas débiles, con defectos e imperfectas. Vemos esto, por ejemplo, en la vida de Abraham, Sara, Rajab, Rut y Moisés, el líder al cual describen las Escrituras como «muy humilde, más humilde que cualquier otro sobre la tierra» (Números 12:3).

No obstante, fue el ejemplo dado por tres personajes bíblicos —Jesús, Pablo y David— el que abrió mi entendimiento en cuanto al liderazgo y cambió por completo mi perspectiva de lo que es un discipulado auténtico.

Jesús

El orgullo y la actitud defensiva en un seguidor de Jesús, y más en un líder o una iglesia, es una contradicción tan grande que no puedo creer que yo mismo y las iglesias a las cuales serví no supiéramos verlo, ¡en especial puesto que yo había invertido miles de horas para recibir mi entrenamiento como pastor principal!

Piensa en esto: Dios vino a la tierra, no con una deslumbrante manifestación de señales y prodigios, sino como un bebé nacido en medio de la pobreza y la oscuridad. Después de vivir en Egipto como refugiado, regresó para crecer en Nazaret, un poblado perdido, muy alejado de la gran ciudad. Esperó treinta años para comenzar cualquier ministerio público, e incluso entonces se negó a hacer cuantos milagros le pidieran o abrumar a las personas con su brillante intelecto. Su ministerio fue pequeño y casi invisible según las normas del mundo. A lo largo de su ministerio, ejerció su poder de forma cuidadosa para no manipular a la gente u obligarla a que lo siguiera. Reveló solo lo suficiente de sí mismo para hacer posible la fe, pero también se escondió a sí mismo lo suficiente para hacer que la fe fuera necesaria.[5]

Durante su entrada triunfal en Jerusalén, no entró montado sobre un magnífico caballo de batalla, como Alejandro Magno, sino en un humilde asno. Y permitió que lo arrestaran y lo trataran como si hubiera sido un criminal común.

Luego, mientras colgaba de la cruz en el peor momento de su vida terrenal, su oración final fue una pregunta con la cual estaba citando un salmo: «Dios mío, Dios mío, ¿por qué me has desamparado?» (Mateo 27:46; Salmos 22:1). ¿Qué clase de modelo ejemplar de liderazgo es este? ¿Acaso no habría podido demostrar fe y calma al citar otro salmo, como por ejemplo: «El SEÑOR es mi pastor; nada me falta» (Salmos 23:1)?

Considera el pasaje siguiente, que describe a Jesús como débil cuando estaba en el huerto de Getsemaní. Léelo con lentitud, imaginando que estás allí con Jesús. Aquí vemos su humanidad al descubierto mostrada de forma poderosa. Tanto así, que a lo largo de la historia los eruditos y predicadores han gastado mucha tinta en un intento de enmendar al Jesús débil y quebrantado que encontramos aquí.[6]

> Luego fue Jesús con sus discípulos a un lugar llamado Getsemaní, y les dijo: «Siéntense aquí mientras voy más allá a orar». Se llevó a Pedro y a los dos hijos de Zebedeo, y comenzó a sentirse triste y angustiado. «Es tal la angustia que me invade, que me siento morir —les dijo—. Quédense aquí y manténganse despiertos conmigo».
>
> Yendo un poco más allá, se postró sobre su rostro y oró: «Padre mío, si es posible, no me hagas beber este trago amargo. Pero no sea lo que yo quiero, sino lo que quieres tú».
>
> Por segunda vez se retiró y oró: «Padre mío, si no es posible evitar que yo beba este trago amargo, hágase tu voluntad».
>
> Así que los dejó y se retiró a orar por tercera vez, diciendo lo mismo. (Mateo 26:36-39; 42, 44)

Jesús no se enfrentó a su muerte como un superhéroe. De hecho, su anticipación de la muerte marca un fuerte contraste con los informes sobre los mártires posteriores, como el obispo Policarpo, quien dijo cuando estaban a punto de quemarlo en la hoguera en el año 155 d. C.: «Por ochenta y seis años le he servido... ¿Por qué se tardan? Vengan, hagan lo que les parezca».[7]

Orígenes de Alejandría (c. 185-c. 253), el mayor teólogo de su generación, se sentía tan incómodo con la conducta de Jesús en Getsemaní que la trató de explicar diciendo: «"Jesús solo se *comenzó* a sentir angustiado y perturbado". Su divinidad lo refrenaba para que no consumara aquella emoción».[8]

Después de estudiar este pasaje en nuestro *Curso de espiritualidad emocionalmente sana*, Nelson, un joven pastor de una iglesia influyente, me escribió para decirme: «Pete, de niño me dieron a leer libros de liderazgo secular y eclesiástico. He escuchado miles de horas de charlas sobre el liderazgo en las iglesias. Pero sinceramente creo que si hiciera lo que Jesús hizo en este pasaje, me sentiría como un fracasado y temería por mi posición en el liderazgo de la iglesia».

Tomé el resto de su correo electrónico y desarrollé un sencillo cuadro para contrastar el liderazgo débil y vulnerable que modeló Jesús en Getsemaní con la forma arrogante y a la defensiva en la que con frecuencia guiamos hoy a las iglesias. Al leer detenidamente las características, piensa con cuál de las columnas te identificas más.

Débil y vulnerable	Arrogante y a la defensiva
Me permito estar angustiado y preocupado frente a los demás.	Oculto mis sentimientos de angustia y confusión delante de mi equipo.
Cuando me siento abrumado, lo admito delante de mi equipo.	Me niego a sentirme destruido, siendo modelo siempre de una fe y una visión fuertes, sobre todo delante de mi equipo.
Me es fácil pedir ayuda y oración a los demás.	Raras veces doy la impresión de estar necesitado frente a los demás. Aunque siempre estoy dispuesto a ayudar a los otros, no espero que nadie haga lo mismo por mí.

Oro en una dependencia total para rendir mi voluntad a la voluntad de Dios.	Oro para saber cómo dar la vuelta de forma estratégica a una mala situación y ensanchar el ministerio.
No tengo problema alguno en caer de bruces al suelo frente a los demás cuando lucho por someterme a la insondable voluntad del Padre.	Trato de mantenerme con la frente en alto, sabiendo tomar decisiones y sin vacilar en medio de las crisis, de manera que los demás puedan aprender de mí lo que son la fe y la fortaleza.

Por supuesto, la columna de la derecha es lo diametralmente opuesto al ejemplo que tenemos en Jesús, y marca un fuerte contraste con lo que somos llamados a ser y la clase de iglesias que hemos sido llamados a edificar. ¿Acaso debemos maravillarnos de que las Escrituras nos digan que «la debilidad de Dios es más fuerte que la fuerza humana», y que Dios «escogió lo débil del mundo para avergonzar a los poderosos» (1 Corintios 1:25, 27)? La verdad, el quebrantamiento y la humildad son los que liberan el amor y el poder de Dios. En cambio, las mentiras, los alardes y la arrogancia forman coágulos en ese mismo sistema cardiovascular.

Es posible que el apóstol Pablo haya comprendido esto mejor que nadie.

Pablo

El apóstol Pablo es posiblemente el cristiano más influyente de todos los tiempos. Fue él quien escribió casi la mitad del Nuevo Testamento y trabajó para propagar el mensaje del cristianismo de una manera tal que nunca ha sido superada hasta el día de hoy. Aun así, la autoridad y la posición de Pablo como apóstol fueron desafiadas seriamente en varias ocasiones. Una de las principales razones de esto estuvo relacionada con su manera de comprender la debilidad y la vulnerabilidad. Un caso claro de esto lo encontramos en la iglesia de Corinto.

Unos «superapóstoles» habían llegado a la iglesia con un ministerio de señales y prodigios que parecía sobrepasar la obra que Pablo había realizado. Ellos hablaban de revelaciones y experiencias con Dios, y tenían dones extraordinarios para expresarse. Afirmando tener una unción única procedente de Dios, fueron atrayendo gradualmente la lealtad de los corintios hacia ellos y quitándosela a Pablo.

Cuando alegaba a favor de la autenticidad de su liderazgo, Pablo no apelaba a sus visiones ni a las revelaciones que había recibido de Dios, ni tampoco a sus éxitos y dones, sino más bien a sus debilidades. Escribía acerca de cómo Dios había permitido que «una espina... en el cuerpo» lo humillara. Aunque se debate aún sobre la naturaleza precisa de esa espina, podemos decir con certeza que era una fuente de tormento y desaliento para Pablo. Aun así, al referirse a ella, la menciona como un don:

> Tres veces le rogué al Señor que me la quitara; pero él me dijo: «Te basta con mi gracia, pues mi poder se perfecciona en la debilidad». Por lo tanto, gustosamente haré más bien alarde de mis debilidades, para que permanezca sobre mí el poder de Cristo. Por eso me regocijo en debilidades, insultos, privaciones, persecuciones y dificultades que sufro por Cristo; porque cuando soy débil, entonces soy fuerte. (2 Corintios 12:8-10)

Pablo consideraba que su gran debilidad era la insignia del apostolado y la autoridad que había recibido de Dios, hasta el punto que hacía alarde de ella, alegando que así era cómo y por qué el poder de Jesús fluía a través de él.

Si Pablo estuviera predicando hoy en una conferencia de líderes, sospecho que su tema no sería «La fundación de iglesias exitosas en el Asia Menor». Tampoco su mensaje inicial sería «Seis pasos para levantar líderes de excelente categoría». Tal vez hablaría primero sobre cómo Dios *no* había respondido sus oraciones pidiéndole sanidad personal. Describiría lo débil, quebrantado y hecho pedazos que se sentía. «Amigos, hay un mensaje en esto», añadiría quizás. «¡Si Dios puede usarme a mí, entonces puede usar a cualquiera!».

Pablo no quería dirigir a partir de su debilidad, pero tal vez Dios sabía que sin aquella espina era probable que fuera un hombre altivo. Él era brillante, ambicioso y lleno de energía. Su vida antes de su conversión había estado marcada por los privilegios, el fanatismo y un celo farisaico. Sin el quebrantamiento constante de su voluntad, quién sabe el daño que Pablo habría causado. Yo lo sé bastante bien, porque tengo mi propia historia sobre cómo Dios me amó demasiado para permitirme que me destruyera a mí mismo.

Durante un buen número de años, viajé y fui orador en conferencias de líderes cristianos acerca de los éxitos de nuestra iglesia, enfocándome en lo que hacíamos bien. Trasmitía un sentido de control y dominio en cuanto a la forma de guiar a una iglesia. Me encantaba hablar de mi experiencia sin reservas durante los tiempos libres y las comidas.

Sin embargo, hablaba también de las desilusiones y los fracasos que había experimentado, tanto personalmente como en la iglesia. Exageraba más de lo que estaría dispuesto a admitir. En la superficie, parecía que tenía éxito. En realidad no estaba mintiendo, pero tal como comprendería más tarde, enfocarme en mis éxitos solamente era una estrategia para lidiar con la situación; una forma de evitar tener que mirar con sinceridad lo dañado, imperfecto y limitado que era en realidad.

Hablaba sobre los grupos pequeños que se multiplicaban, no de los que morían. Hablaba de la gente que llegaba a nuestra iglesia, pero no de la gente que se marchaba, ni del porqué. Predicaba uno o dos mensajes míos que eran los mejores, sin mencionar nunca los que no tenían fuerza alguna. Hablaba de mis mejores decisiones, no de las peores.

Durante ese tiempo, recibí una invitación de última hora para ser orador en una conferencia sobre el crecimiento de las iglesias, porque uno de los conferenciantes de una plenaria se había enfermado y necesitaban a alguien que lo sustituyera. No obstante, sabía que ya no podía ir. Finalmente había reconocido que algo moría en mi alma cuando hablaba en esas conferencias. Tenía una terrible e incómoda sensación de no estar diciendo toda la verdad. Dios había hecho una serie de cosas grandes en nuestra iglesia, pero esa historia tenía otro lado, y yo también.

No acepté la invitación y dejé de participar como orador fuera de nuestra iglesia durante casi una década. Sabía que Dios estaba tratando de llegar a algo profundo en mi vida interior —aunque aún no le podía dar un nombre— y también algo profundo en la forma en que hacíamos las cosas en la iglesia.

Dios me estaba abriendo lentamente los ojos a lo que significa vivir a partir de la debilidad y la vulnerabilidad. Y fue David, uno de mis personajes bíblicos favoritos, quien me ofreció otra visión del liderazgo que terminó cambiando toda mi vida.

David

La descripción de David que se usa con mayor frecuencia es la de que fue «un hombre conforme al corazón de Dios». Por supuesto, podemos observar ese corazón en los numerosos salmos que escribió, y también en las numerosas victorias que obtuvo. Sin embargo, una de las imágenes más vívidas que tenemos de su corazón no se revela en un triunfo, sino en un fallo moral colosal, cuando comete adulterio con Betsabé y después manda matar a su esposo Urías.

Cuando el profeta Natán lo confronta, David no niega lo que ha hecho, ni lo encubre o trata de borrar todo recuerdo de ello de la historia de Israel. En lugar de esto, se arrepiente. Y se asegura de que su fallo es documentado con todo detalle en una lección para las generaciones futuras (2 Samuel 12). ¡Hasta escribe un cántico acerca de esto para que sea cantado en los cultos de adoración y publicado en el manual de adoración de Israel (Salmos 51)!

¿Cuántos de nosotros haríamos hoy algo así después de un fallo tan colosal?

David comprendía algo significativo acerca de quién es Dios y cómo obra. Esto fue lo que escribió:

> Tú no te deleitas en los sacrificios
>> ni te complacen los holocaustos;
>> de lo contrario te los ofrecería.
> El sacrificio que te agrada
>> es un espíritu quebrantado;
>> tú, oh Dios, no desprecias
>> al corazón quebrantado y arrepentido. (Salmos 51:16-17)

De David aprendí lo importante que es hablar acerca de mis fracasos y mis luchas en los sermones, los estudios bíblicos, la labor de mentoría, los escritos y las reuniones de la junta. David sabía que era crítico que reconociera sus imperfecciones, no solo para su propia salud espiritual, sino también para la de aquellos que estaban bajo su mando.

Su vida encarnaba el mensaje de Dios de que la existencia misma de Israel como pueblo se basaba en el amor y la misericordia de Dios únicamente y no en su propia actuación. Y si Dios puede usar a una persona como David, puede usar a cualquiera, ¡incluso a ti y a mí!

Resulta esencial que desarrollemos una teología de la debilidad, porque el cambio que se necesita para edificar una cultura de discipulado de debilidad y vulnerabilidad es tan enorme, y tiene tantas implicaciones para nosotros, que solo una visión bíblica nos puede sostener.

2. Aceptar tu limitación como un don

He llegado a creer que Pablo no fue el único al que Dios le dio el don de una «limitación», que es como la versión inglesa *The Message* traduce «espina en el cuerpo». Tarde o temprano, todo creyente tiene algo que lo pone diariamente de rodillas. ¿De qué se trata en tu caso? ¿De un hijo con necesidades especiales? ¿Una adicción? ¿Una fragilidad emocional con tendencia a la depresión, la ansiedad o la soledad? ¿Llagas en el alma procedentes de un pasado lleno de abusos? ¿Patrones de la niñez para relacionarse con otras personas que causan que te sientas desesperado por un cambio? ¿Una discapacidad física? ¿El cáncer? ¿Tentaciones crónicas a la ira, el odio, el resentimiento o la crítica?

Sea lo que fuere, considérate en buena compañía.

La vulnerabilidad es algo que compartimos todos los seres humanos. Según el teólogo Jürgen Moltmann, «no existe diferenciación entre los sanos y los que tienen discapacidades. Porque toda vida humana tiene sus limitaciones, vulnerabilidades y debilidades. Nacemos necesitados y morimos indefensos».[9] Y es inevitable que así continuemos, y aun más, a medida que envejezcamos, con un grado cada vez mayor de límites e impedimentos.

Dios incorporó el quebrantamiento y la debilidad en la fibra misma de toda vida cuando puso en marcha las consecuencias de la caída (Génesis 3:16-19). A partir de ese punto, él declara que todas las relaciones estarán marcadas por el dolor y la incomprensión, incluso en las mejores comunidades, y que toda labor estará marcada por la frustración y la sensación de no estar completa. Esto lo ha hecho para que nuestra debilidad nos lleve a buscarlo y a reconocer que lo necesitamos como Salvador.[10] No habrá nada perfecto de este lado del cielo.

Aunque el mundo en general trate a la debilidad y los fallos como cargas, Dios ve nuestra debilidad y nuestra vulnerabilidad como dones. Su mensaje para nosotros es un mensaje de aceptación: «Tranquilo. La debilidad y los fallos aparecen en todas las edades, culturas, razas y clases sociales. Yo he escondido dones dentro de ellos para que les puedas ofrecer a los demás un amor quebrantado, como el mío».

Al principio de mi vida cristiana y mi ministerio, creía que Dios quería sanar mis debilidades y fragilidades por completo. Nunca se me había ocurrido que podrían formar parte de los designios de Dios y su voluntad para mí, así como ocurrió con Pablo.

Hace ya años hice un fabuloso descubrimiento cuando supe que el crecimiento de Pablo en Cristo fue acompañado por una sensación siempre creciente de su propia debilidad y pecaminosidad.

- En su carta a la iglesia de Galacia, comenta de esta forma acerca de otros apóstoles: «Dicho sea de paso, su fama de grandes líderes a mí no me afectó para nada» (Gálatas 2:6, NTV). En esta afirmación notamos rasgos de una competencia con los Doce. Se cree que Pablo escribió esta carta en el año 49 d. C., cuando tenía unos catorce años de ser cristiano.
- Seis años más tarde, en el 55 d. C., les escribe a los corintios de una forma más humilde: «Soy el más insignificante de los apóstoles» (1 Corintios 15:9).
- Cinco años más tarde, alrededor del año 60 d. C., y veinticinco años después de hacerse cristiano, proclama: «Soy el más insignificante de todos los santos» (Efesios 3:8).
- Dos años antes de su muerte, y después de haber caminado con Cristo tal vez unos treinta años, afirma con claridad: «Yo soy el peor de todos [los pecadores]» (1 Timoteo 1:15, NTV).[11]

¿Qué sucedió? Con el paso del tiempo, Pablo fue creciendo en su comprensión del amor de Dios, y se fue fortaleciendo en Cristo al abrazar su debilidad en lugar de rechazarla.

El mundo nunca comprenderá la extraña sabiduría del reino contracultural de Jesús, en el cual los últimos son los primeros, los débiles son bendecidos, los humildes son exaltados, lo vacío se llena, los pobres son ricos, y donde la imposibilidad se vuelve la ocasión para los milagros.

Nuestra necesidad fundamental como seres humanos no es algo para ser sanado o superado, sino para ser abrazado como la fuente de nuestra mayor fortaleza.

Una de las mejores ilustraciones que conozco para demostrar cómo Dios usa el quebrantamiento es el arte del *kintsugi*. Desarrollado en Japón en el siglo catorce, el *kintsugi* toma pedazos rotos de alfarería y los vuelve a unir usando una laca que contiene un hermoso polvo de oro.[12] La palabra «*kintsugi*» significa literalmente «juntar con oro». Lo que hace que el arte del *kintsugi* sea tan singular es que en realidad realza las piezas rotas en lugar de tratar de disimularlas o de descartar por completo el objeto.

El arte japonés del _kintsugi_ refleja la filosofía japonesa del _wabi-sabi_, que llama a ver belleza en lo defectuoso, lo dañado, lo imperfecto. La idea general es apreciar toda la historia de la pieza de cerámica, incluyendo su rotura. Una vez unida de nuevo, se considera a la pieza como más hermosa y elegante que el original, puesto que las líneas de la rotura ahora están marcadas por unas preciosas venas de oro. También es más fuerte y valiosa, porque las roturas reparadas hacen que el objeto sea más valioso, no menos.

Dios tiene una filosofía _wabi-sabi_ propia: él hace _kintsugi_ con los suyos todo el tiempo. Cada uno de nosotros tiene lugares donde estamos destrozados, ya sea por algo que nos hicieron o por malas decisiones que hemos tomado. En cualquier caso, cuando le ofrecemos nuestro quebrantamiento a Dios, él nos recompone cuidadosamente de una manera más espectacular y hermosa que antes. Nuestras grietas siguen presentes, pero han sido selladas con oro por el Maestro Artista mismo.[13]

Esta siempre ha sido la forma en que Dios trabaja. Considere los defectos y las imperfecciones de los héroes de las Escrituras:

- Pedro hablaba demasiado y se enojaba fácilmente.
- Juan Marcos abandonó a Pablo.
- Timoteo tenía úlcera y luchaba con el temor.
- Moisés era tartamudo.
- Rajab era una prostituta.
- Amós solo sabía cultivar la tierra.
- Jacob era un mentiroso.
- La mujer samaritana se había divorciado múltiples veces.
- Sansón era un mujeriego.
- Noemí era una viuda pobre.
- Jonás huyó de la voluntad de Dios.
- Gedeón y Tomás dudaron.
- Jeremías estaba deprimido y tenía tendencias suicidas.
- Elías estaba extenuado.
- Juan el Bautista era gritón y brusco.

- Marta le echaba la culpa de todo a otros.
- Noé se emborrachó.

Dios siempre ha utilizado vasijas rotas «para que se vea que tan sublime poder viene de Dios y no de nosotros» (2 Corintios 4:7).[14]

Esto constituyó teológicamente un cambio de paradigama, al menos para mí. La pregunta entonces era: ¿qué hago ahora? ¿La gente va a dejar de confiar en mi liderazgo cuando note la cantidad de resquebrajaduras que tengo? ¿Será esto seguro? ¿Rechazará la iglesia esta clase de debilidad procedente de mí?

3. Hacer la transición para convertirse en una iglesia basada en la debilidad

Un cambio de proporciones sísmicas se produjo en nuestra iglesia cuando después de casi ocho años de guiar a partir de los puntos fuertes y los éxitos, admití ante la congregación que mi vida personal y mi matrimonio estaban en desorden. Geri y yo tomamos entonces la decisión de hacer públicos nuestra lucha y nuestro camino de sanidad y restauración.

Todo comenzó por mí

Comencé a hablar sin reservas de mis errores, mis vulnerabilidades y mis fallos.

En las reuniones empecé a admitir: «No sé qué hacer». Hablaba con libertad de mis inseguridades y temores.

Empecé a dedicar tiempo a escuchar a las personas y estar presente ante ellas.

También comencé a compartir con Geri sentimientos que anteriormente tendían a avergonzarme: la ira, los celos, la depresión, la tristeza, el desespero.

Comencé a pedir perdón de una forma diferente, diciendo: «¿Querrías perdonarme?», y esperando después una respuesta. Antes de aquello, decía: «Lo siento», y pasaba al siguiente punto en la agenda.

Cuando Geri y yo dirigimos nuestro primer retiro para matrimonios y compartimos detalles dolorosos de nuestra historia como pareja, una joven esposa llamada Jane, de algo más de treinta años de edad, salió corriendo literalmente de la sala, llorando. Más tarde se explicó diciendo: «¡Yo nunca habría esperado ver a alguien tan al desnudo, y mucho menos a mi pastor!». La oleada del amor de Dios hacia nosotros en medio de nuestras fragilidades nos había inundado de tal manera que no nos quedaba ya nada que esconder.

No solo no me sentí peor, como temí al principio; en realidad, me sentí más vivo y limpio de lo que me había sentido en años. Mis fingimientos y mi intento de protegerme se estaban disipando, y pude captar el amor de Dios y el poder del Espíritu Santo de unas maneras totalmente nuevas.

Si escuchas mis sermones de antes y después de 1996, vas a notar una marcada diferencia.

Después de 1996, hice el cambio radical hacia la predicación a partir de mis fallos, debilidades y luchas, no de mis éxitos. Inicialmente, este nivel de vulnerabilidad era muy incómodo y me asustaba. Comencé a batallar con los textos y mis dificultades para obedecerlos antes de aplicarlos a los demás.

Continué haciendo exégesis, buscando grandiosas ilustraciones y desarrollando una continuidad coherente de sermones. Pero abandoné mi perfeccionismo en este aspecto. ¿Por qué? Por fin me di cuenta de que la parte más poderosa del mensaje era el poder de Jesús que se abría paso a través de mis propias luchas para aplicar el texto. ¡Pablo tenía razón (ver 2 Corintios 12:7-12)! Y aunque ese segmento del mensaje me podría tomar solo entre dos y diez minutos, se necesitaba espacio para prepararlo bien.

Ahora estábamos todos al mismo nivel, luchando por obedecer la Palabra de Dios en nuestra vida.

Seamos francos, la creación de una cultura sana de discipulado fluye de quienes somos como líderes, lo cual significa que hay mucho más en juego en esos momentos en los cuales quedan al descubierto nuestras debilidades y nuestros defectos. Y esos momentos nos llegan a todos.

Sé que soy arrogante y me suelo poner a la defensiva cuando...

_____ Soy reservado y protector con respecto a mis imperfecciones y errores.

_____ Las personas cercanas a mí me describen como alguien a la defensiva y que se ofende fácilmente.

_____ Noto enseguida las fallas, los errores y las imperfecciones de los demás.

_____ Doy mi opinión con frecuencia, aunque no me la pidan.

_____ Soy rápido para aconsejar o arreglar las cosas antes de que se echen a perder.

_____ Me cuesta trabajo no sentirme dolido y pedir perdón.

_____ Pocas veces les pregunto a otros su opinión sobre cómo puedo mejorar o cambiar.

_____ Me cuesta trabajo pedir ayuda a los demás.

_____ Se me hace difícil decir «No sé» frente a otras personas.

Se fue contagiando entre los líderes

Una de las cualidades más destacadas de la iglesia New Life Fellowship en la actualidad es que los líderes hablan con libertad sobre sus debilidades. Uno de nuestros pastores lo expresó así hace poco: «En realidad, es difícil que lo echen a uno del grupo de líderes, a menos que se niegue a quebrantarse». Sencillamente, se espera que seamos dóciles, vulnerables y dispuestos a trabajar constantemente en nuestros propios problemas. No contamos con héroes cristianos. Solo con personas.

A los líderes de los ministerios y los grupos pequeños, así como a los miembros de la junta y los voluntarios, se les anima a contar sus historias de debilidad y fracasos mientras guían a otros. De hecho, tal vez esa sea la única cualidad indispensable para servir en New Life. Sin embargo, las cosas no siempre fueron así. Todo comenzó lentamente, capacitando a las personas una a una, animándolas a confiar en las maneras contraculturales que Dios tiene. Considera la historia de Drew.

Drew, un líder joven y talentoso, se mudó a la ciudad de Nueva York hace años. A continuación se encuentra el relato, en sus propias palabras, del choque cultural que experimentó en New Life y su jornada para abrazar la debilidad.

Lo tenía todo bien calculado. ¿El ministerio? También lo tenía bien controlado. Me sentía seguro. Era invencible. Ya hacía algo más de una década que era cristiano, y en mi mente no había asunto demasiado complejo o circunstancia demasiado difícil como para no superarlos.

Me habían dicho que tenía una gran cantidad de dones y capacidades naturales de liderazgo.

Como consecuencia, era un cristiano que estaba siempre a la defensiva, discutía y raras veces me mostraba dispuesto a aprender, pero me disfrazaba como un humilde héroe. Aunque escuchaba a la gente, en realidad no la escuchaba. Solía ser impaciente con los demás y tendía a darle consejos a todo el mundo. Valoraba más la fortaleza que la debilidad, la perfección que el quebrantamiento. Estaba seguro de las capacidades que Dios me había dado.

Oír hablar de la vulnerabilidad y la debilidad fue una experiencia destructora. Me parecía algo demasiado arriesgado; lo suficientemente bonito para sonar bien, pero al mismo tiempo más peligroso de la cuenta. Para ser sincero, era un poco aterrador.

Sin embargo, también era liberador. Me daba una forma nueva y más fresca de ver el evangelio, de comprender la gracia. Aprendí a confiar en Dios, incluso cuando no tuviera la respuesta para todo, y aprendí también a escuchar. Aprendí a decir «No sé» cuando era cierto que no sabía.

En resumen, aprendí que no era tan íntegro como pensaba. De una manera extraña y misteriosa, aprendí que solo podría llegar a ser un líder y amigo íntegros al ser quebrantado, débil y vulnerable ante Dios... y sí, también ante los demás.

Eso también fue liberador.

La historia de Drew capta una lección crítica. Aprender a liderar a partir de la debilidad y la vulnerabilidad es algo que lleva largo tiempo. Ya al final de su segundo año de capacitación como becario, Drew había experimentado un crecimiento significativo. Entonces, después de fundar su propia iglesia y multiplicar una serie de iglesias más a partir de esa primera, la madurez de Drew en cuanto a la continuidad entre la debilidad y la vulnerabilidad progresó aún más.

Observamos este lento proceso en Jesús y los Doce. Mientras que Jesús fue el modelo de la humildad y la vulnerabilidad perfectas, los discípulos tuvieron que luchar con el orgullo, el poder y la posición... ¡hasta la misma crucifixión!

Aunque lleva tiempo dedicarse a esta clase de discipulado tan matizado, en especial con nuestros equipos, el impacto llega muy lejos. ¿Por qué? Porque el punto de partida para un cambio en cualquier iglesia, ministerio u organización siempre ha sido el liderazgo. Según vayan los líderes, así irá la iglesia.

Se infiltró en la cultura más amplia

Una vez que nuestros líderes estaban haciendo progresos, comenzamos a desarrollar de forma deliberada una cultura más amplia para la iglesia basada en la debilidad. Como podrás imaginar, no fue una transición que se produjera con rapidez.

Comenzamos usando todas las oportunidades para invitar a las personas a testificar acerca de cómo Dios se encontraba con ellos en medio de sus fallos y fragilidades. Queríamos que la gente reconociera las grietas en su alma, si se hubieran formado como consecuencias de sus propios pecados o de pecados cometidos en su contra. Usamos los servicios de adoración, los retiros para matrimonios y solteros, las clases de formación, los bautismos, los grupos pequeños y otras actividades para animar a las personas a relatar sus historias de debilidades. Inicialmente, aquello infundía temor en muchas personas. Sin embargo, vimos que la capacitación, supervisión y el ánimo que proporcionamos, además de nuestras conversaciones personales creaban un ambiente seguro para que las personas dieran un paso en fe y hablaran con sinceridad.

Aquello transformó, y continúa transformando, la cultura de nuestra comunidad.

Hoy en día en nuestros servicios no es extraño oír hablar a un adicto a la heroína en recuperación que dirige la adoración *y* también a un padre respetable de clase media con tres hijos que lucha con la pornografía. La debilidad y la vulnerabilidad aparecen en las historias de todas las personas. Y así, buscamos todas las oportunidades para crear espacios seguros en los cuales nuestra gente se pueda conectar a partir de un punto de vulnerabilidad compartida.

4. Practicar a diario la vulnerabilidad

La vulnerabilidad como estilo de vida es difícil. ¡Si lo sabré yo bien! Entre los puntos de presión en los que me siento tentado aún hoy a no ser vulnerable se incluyen los siguientes:

- No aprender de los líderes jóvenes que están abriendo brechas nuevas con sueños e ideas procedentes de Dios. Es más fácil decir: «¡Ya yo pasé por eso!».

- No crear ambientes en los cuales las personas se sientan libres de hacerme una crítica constructiva y exponer puntos de vista diferentes. Es más fácil decir: «¡Sí, a mí me parecía magnífico!».
- No integrar los límites a una escala mayor a medida que voy envejeciendo. Es más fácil actuar como si no me estuviera haciendo más lento con la edad, ya sea física o emocionalmente.
- No tratar a mis cuatro hijas adultas como adultas, aprendiendo de su sabiduría y sus viajes. Es más fácil darles respuestas a preguntas que no me han hecho.
- No dedicar tiempo a continuar creciendo en mi matrimonio con Geri. Es más fácil decir: «Ya hemos hecho un gran trabajo y nos va muy bien. Ya no quiero seguir cambiando».

Lo que me ayuda a refrenarme para no escoger el camino más fácil es un temor sano. Nunca quiero terminar con un corazón endurecido, y nadie es inmune a que le ocurra eso.[15]

Por esta razón, resulta fundamental una práctica espiritual de sometimiento para vivir en la vulnerabilidad y la debilidad. Una de las mejores ilustraciones de este principio se encuentra en la parábola del hijo pródigo de Lucas 15:11-32. Me atrae de manera especial la forma en que Rembrandt captó la escena de la reunión en su cuadro *El regreso del hijo pródigo*. Ese cuadro nos ofrece una hermosa ayuda visual para escoger el camino del quebrantamiento, la debilidad, la humildad y la vulnerabilidad.

Como podrás notar en la pintura, el hijo menor está arrodillado, descansando la cabeza en el seno de su padre. El hijo no tiene cabello, parece exhausto y demacrado, no viste una capa, y solo trae puesto un zapato maltratado y desfigurado. Es la imagen de una vida que ha sido quebrantada.

Este hijo menor exigió que se le diera su parte de las propiedades familiares y huyó de la casa. Avergonzó a su padre y se convirtió en la desgracia de la familia. Sin embargo, al cabo del tiempo las cosas le fueron tan mal que terminó dedicándose a cuidar cerdos. Para un judío que escuchara esta historia en los tiempos de Jesús, cuidar cerdos sería estar en la peor pocilga de todas las pocilgas. A los judíos que tocaran a un cerdo se les consideraba tan inmundos como los que habían visitado a una prostituta.

Al final, el hijo recupera la sensatez y decide regresar al hogar. Cuando se va acercando a la casa de su padre lleno de vergüenza, el padre lo ve desde una gran distancia y sale a toda prisa para alcanzarlo. Corre hasta su hijo y lo abraza, aun antes de que este pueda comenzar a pronunciar el discurso que traía preparado.

Entonces sucede algo imposible de imaginar.

El padre lo besa una y otra vez. Esta idea de «repetición» se trasmite en el original griego. El amor del padre es extravagante y hasta diríamos que excesivo. Él restablece la posición de autoridad de su hijo cambiando sus ropas harapientas por la mejor túnica, dándole un anillo con un sello que representa su autoridad legal, y poniéndole el calzado que usaba un hombre libre que formaba parte de su casa. Luego el padre ofrece una gran fiesta llena de música y danza.

Esta pintura de Rembrandt me ha servido durante muchos años al ofrecerme una imagen colorida y asombrosa de lo que significa practicar cada día la vulnerabilidad.

El hijo menor: una imagen del quebrantamiento

Dedica un momento a contemplar la pintura una vez más. Observa en especial al hijo menor. Su quebrantamiento nos proporciona una imagen que define lo que es la vida cristiana. No nos arrodillamos en arrepentimiento solo cuando recibimos la salvación. En lugar de esto, nos esforzamos por vivir de una manera tal que nuestra postura hacia Dios sea la de un quebrantamiento y una vulnerabilidad constantes; una postura en la cual nos inclinamos hacia él para que nos abrume ricamente con su amor. Y es necesario que lo hagamos de forma intencional. De lo contrario, terminaremos siendo más parecidos al hijo mayor, el cual en el cuadro se encuentra directamente detrás del padre.

La clave es la intencionalidad.

El hijo no fue obligado a arrodillarse, sino que decidió hacerlo. Se arrodilló porque sabía que la manera en que vivía era egoísta y él estaba muy, muy necesitado. Todos lo estamos.

En su libro clásico acerca de esta pintura de Rembrandt titulada *El regreso del hijo pródigo*, Henri Nouwen hace equivaler el acto de este hijo de marcharse de su casa a los momentos de su propia vida en los cuales él se había alejado del lugar del amor del Padre, un lugar donde escuchaba decir en el centro de su ser: «Tú eres mi hijo al que amo, y mi favor descansa sobre ti». Nouwen escribe:

> Y aun así, una y otra vez me he marchado del hogar. ¡He huido de las manos de bendición para correr a lugares lejanos en busca de amor! Esta es la gran tragedia de mi vida y de las vidas de tantos que he encontrado en mi camino. De alguna manera, me he vuelto sordo a la voz que me llama el amado... Hay muchas otras voces... Las oscuras voces del mundo que me rodea tratan de persuadirme de que no soy bueno, y solo puedo ser bueno ganándome mi bondad al «triunfar» en la escalera del éxito.[16]

Esta es una historia con la cual sin duda alguna muchos de nosotros que ocupamos puestos de liderazgo nos podemos identificar. Hacemos un gran esfuerzo por complacer a la gente, lograr el éxito y ser reconocidos. Y, sin embargo, en el proceso, violamos el don de los límites dado por Dios, nos marchamos del hogar —el lugar del amor del Padre— y terminamos perdidos.

Cuando me deprimo después de que alguien corrige con bondad un comentario que hice en un sermón, o me siento mortificado a causa del éxito de otros, o no soy capaz de decir «no» sin sentirme culpable, estoy perdido. He dejado mi hogar, en el cual descanso en el amor de Dios.

Cuando trato de ejercer control y poder al no saludar a alguien que me ha hecho un menosprecio, me he marchado del hogar. Estoy perdido y necesito recorrer el largo camino de vuelta hasta él.

Quiero vivir donde vive el hermano menor: arrodillado con la cabeza descansando por completo en el seno de su padre y recibiendo el cálido abrazo paterno. Cuando hago esto, cuando actúo de forma deliberada en cuanto a mantenerme plenamente consciente de lo frágil que soy, logro tener una visión de «cuán ancho y largo, alto y profundo es el amor de Cristo» (Efesios 3:18-19).

El hijo mayor: una imagen del alma perdida

¿Qué aspecto tiene estar apartados de la debilidad y el quebrantamiento? El hijo mayor nos lo muestra. En el cuadro de Rembrandt aparece bien vestido, con ropajes bordados en oro como los de su padre. Sin embargo, a diferencia de su padre, da la impresión de estar juzgando, molesto y rechazando la recepción tan espléndida que su padre le hace al hijo menor, el cual había hecho caer la desgracia sobre su familia y había destruido la fortuna familiar.

Aunque el hijo mayor no había hecho nada malo, su corazón está muy lejos de ser recto. De hecho, está más perdido que su hermano menor, porque no puede ver lo perdido que está en realidad. Su dedicación a la respetabilidad, la hipocresía y el deber lo ha cegado y no le permite ver su propio estado.

Él vive en la casa paterna, pero también ha dejado el hogar y se mantiene alejado del amor de su padre. Este hijo mayor me sirve como advertencia de que es posible obedecer los mandamientos de Dios, servir en su casa, y aun así estar perdido. Puede parecer que estoy cerca de Dios y sin embargo estar muy lejos de él. Cuando no abrazo de forma deliberada y decidida mi debilidad y mi vulnerabilidad cada día, me convierto en el hijo mayor.

Sé que estoy cayendo en el territorio del hijo mayor cuando mantengo viva mi ira en lugar de procesarla, cuando me encuentro refunfuñando y quejándome con frecuencia, y cuando me cuesta trabajo desechar las heridas que me infligen. Todas estas cosas son señales seguras de que soy el hijo mayor perdido.

La iglesia está llena tanto de hijos menores que salen huyendo como de hijos mayores enojados y gruñones. Lo sé, porque soy ambas cosas. Esta es la razón por la que resulta tan importante que fundamente mi espiritualidad en practicar todos los días la vulnerabilidad. La parábola de Jesús sobre el hijo pródigo me ha ayudado, junto con el cuadro de Rembrandt, a hacer eso justamente, en especial en mis tiempos de comunión y silencio con él.

MANTENTE EN EL CAMINO

Puedes estar seguro de que cuando des los pasos necesarios para vivir en la vulnerabilidad y la debilidad en el liderazgo, vas a tener que enfrentar numerosos temores e interrogantes. Si eres como yo, es posible que tu mente esté vagando por los escenarios de los peores casos. Cuando esto suceda, permíteme animarte a mantenerte en el camino.

En este capítulo hemos explorado cuatro características comunes de las iglesias que encarnan la debilidad y la vulnerabilidad: desarrollan una teología de la debilidad, aceptan una limitación como un don, hacen la transición para convertirse en iglesias basadas en la debilidad, y practican a diario la vulnerabilidad.

Mientras piensas en la complejidad de una transición así, permíteme asegurarte que hay una verdadera resurrección esperándote a ti y a tu ministerio al otro extremo de este viaje. De hecho, puedes descansar y relajarte en la verdad de que esto se halla anclado en el corazón del cristianismo: la vida surge de la muerte, los humildes son exaltados, los últimos son los primeros, y los pobres en espíritu heredan el reino de los cielos.

Permíteme invitarte a ajustar en oración tus expectativas. Dios ha usado la oración siguiente para animarme a mantenerme en este camino de la debilidad y la vulnerabilidad. Oro que también te fortalezca a ti:

> *Le pedí a Dios fortaleza para poder tener logros;*
> *Fui hecho débil para aprender humildemente a obedecer.*
> *Pedí salud para poder hacer grandes cosas;*
> *Me fue dada enfermedad para que pudiera hacer cosas mejores.*
> *Pedí riquezas para poder ser feliz;*
> *Me fue dada pobreza para que fuera sabio.*
> *Pedí poder para tener el elogio de los demás;*
> *Me fue dada debilidad para que pueda sentir que necesito a Dios.*
> *Pedí todas las cosas para poder disfrutar de la vida;*
> *Me fue dada vida para que pudiera disfrutar de todas las cosas.*
> *No recibí nada de lo que pedí, pero sí todo lo que había esperado.*
> *Casi a pesar de mí mismo, mis oraciones no expresadas fueron*
>   *respondidas.*
> *Entre toda la gente, soy el más ricamente bendecido.*

La puesta en práctica del discipulado emocionalmente sano

Poner en marcha un discipulado que transforme de forma profunda a las personas para bien del mundo —tal como se describe en las páginas anteriores— exige mucho más que simplemente hacer unos pocos cambios de menor importancia en su ministerio. Esto es algo más parecido a lo que significa cambiar todo el sistema operativo de una computadora.

EL DISCIPULADO COMO SISTEMA OPERATIVO

Las computadoras personales funcionan basadas en sistemas operativos. Un sistema operativo es el *software* que activa al *hardware* y otros programas de *software* para funcionar. Sin él, la computadora no es muy útil.

Los dos sistemas operativos más comunes para las computadoras personales son Windows, de la Microsoft, y MacOS, de Apple. Cada sistema cuenta con diferentes procesos que controlan la forma en que los diversos programas del *software* funcionan junto con el *hardware*. Y cada uno de los procesos tiene ciertas normas y límites. Por ejemplo, si usted descarga en una computadora un programa de *software* o una aplicación procedente de un sistema operativo que no es el suyo, el programa no va a funcionar.[1] ¿Por qué? Porque es incompatible con el sistema operativo. Cada sistema operativo controla los procesos básicos que permiten que otros programas y aplicaciones funcionen.[2]

Más o menos hasta aquí llegan mis conocimientos técnicos, pero me encanta lo que revela el sistema operativo como metáfora cuando se aplica al discipulado. Piensa en ello. Así como los sistemas operativos son invisibles para nosotros y funcionan bajo las aplicaciones a las que tenemos acceso cada día —como el correo electrónico, las hojas de cálculo electrónicas y los programas de procesamiento de palabras— cada enfoque al discipulado tiene también un sistema operativo que se mantiene mayormente invisible para nosotros.

Pensamos que solo estamos orando, resolviendo un conflicto y hablando de nuestra fe, pero no nos damos cuenta de que hay un sistema operativo que alimenta a nuestra manera de enfocar estas cosas. Ese sistema incluye toda clase de suposiciones que conforman nuestro enfoque en cuanto al discipulado y el crecimiento espiritual. Y muchos de nosotros hemos estado orando, resolviendo conflictos y hablando de nuestra fe de la misma forma durante décadas, sin tener en cuenta hasta qué punto puede ser eficaz lo que hacemos.

¿Por qué? Porque estamos usando un sistema operativo del discipulado tradicional que es incompatible con la facilitación de una transformación profunda en la vida de las personas. Y como se trata de un sistema operativo, es invisible para nosotros. Eso es un problema, porque si no lo vemos, no lo podemos comprender, y no nos servirá. Y así quedamos confinados a un sistema cerrado que nos impide el acceso a la anchura y la profundidad de lo que Dios tiene para nosotros, lo cual necesitamos con desesperación.

El sistema operativo del discipulado tradicional funciona a partir de un conjunto de creencias y procesos básicos con el objetivo de hacer crecer discípulos que causen un impacto para Cristo en el mundo. Incluye prácticas como la asistencia a la iglesia, la participación en los grupos pequeños y la aportación de nuestro tiempo, talentos y tesoros para servir a los demás.

Es posible que a esto le añadamos algunos componentes exclusivos, como programas nuevos, nuevos enfoques para la adoración y el alcance, y un nuevo estudio de ciertas verdades bíblicas en particular. Sin embargo, los supuestos y procesos básicos del enfoque tradicional siguen siendo los mismos: esperamos conectarnos, servir y dar para alcanzar nuestra meta de transformar vidas a fin de que causen un impacto en el mundo.

He aquí el problema: raras veces consideramos las limitaciones que tiene este sistema operativo del discipulado tradicional. El discipulado emocionalmente sano es como un nuevo sistema operativo con tres características distintivas:

- Integra verdades bíblicas ausentes en el modelo de discipulado tradicional: el don de los límites, abrazar la aflicción y la pérdida, quebrantar el poder del pasado, hacer del amor la medida de la madurez espiritual, y vivir en la debilidad y la vulnerabilidad.
- Integra el amor a Dios, el amor a nosotros mismos y el amor a los demás de una forma que va más allá del conocimiento intelectual hasta convertirlo en experiencia vivida.
- Nos hace desacelerar para basar nuestro discipulado en la persona de Jesús, enfocándonos en quienes somos por dentro, no en lo que hacemos por fuera.

De manera que la pregunta que surge de forma natural es esta: «¿Cómo llevo el discipulado emocionalmente sano a nuestra iglesia, y cómo lo mantengo en ella?». Antes de llegar a los pasos concretos para su puesta en práctica, es crítico que reconozcamos tres elementos que se hallan debajo de la superficie y sustentan al discipulado emocionalmente sano: (1) es una visión grande y a largo plazo para la iglesia; (2) es un cambio de paradigma bíblico que necesita entre siete y diez años para integrarse; y (3) se desarrolla desde dentro hacia fuera; de tu persona a tu equipo, y de tu equipo a la iglesia en general.

Es crítico que comprendamos estos componentes por dos razones. En primer lugar, querrás establecer expectativas realistas después de lo que con frecuencia es un estado inicial de emoción cuando las personas se ven liberadas en su caminar espiritual. Es necesario que vean que se trata solo del comienzo de un largo camino. En segundo lugar, necesitan tener una visión a largo plazo del lento proceso de discipulado de Dios para poder perseverar pacientemente en este nuevo caminar con Jesús.

TRES ELEMENTOS PARA LLEVAR A LA PRÁCTICA EL DISCIPULADO EMOCIONALMENTE SANO

Edificar un ministerio, una iglesia o una organización sin fines de lucro sobre el fundamento del discipulado emocionalmente sano se parece mucho a la creación de un nuevo sistema operativo para computadoras. Reunes tus componentes básicos (como el teclado, el almacenamiento de datos y un procesador) y lo comienzas a ensamblar. El discipulado emocionalmente sano tiene tres elementos que deben quedar establecidos antes de edificar nada.

Primer elemento: el discipulado emocionalmente sano tiene una visión grande y a largo plazo para la iglesia.

Normalmente, nuestra meta es edificar una iglesia en la cual las personas asistan a los cultos de adoración, participen en los grupos pequeños, inviertan monetariamente y sirvan. Asumimos que la participación activa en esas acciones significa que las personas están madurando en una relación personal vital de unión amorosa con Jesús.

Estamos asumiendo algo equivocado. Esto no es así.

De hecho, me maravillo al ver cuántos comunicadores excelentes lideran como si el discipulado se produjera primordialmente por medio de los sermones. Sería como ir a la guardería, regar leche entre los infantes y marcharse, alegando que ya se les ha alimentado.[3]

El discipulado emocionalmente sano se construye sobre un compromiso a hacer discípulos serios de Jesús para el bien del mundo. De hecho, la pizarra que marca los triunfos cambia de contar números (cuántos asisten, participan, ofrendan y sirven) a medir una profunda transformación y una visión a largo plazo de multiplicar discípulos que a su vez hagan discípulos. Para comprender mejor el aspecto que esto tiene, y ver cómo difiere del discipulado tradicional, considera la gráfica siguiente.

DISCIPULADO **TRADICIONAL**

El discipulado emocionalmente sano proporciona el contexto bíblico, junto con una estructura, para equipar a los líderes de los ministerios a fin de que no construyan por simple impulso o al azar, sino con sabiduría y de manera deliberada.

DISCIPULADO **TRANSFORMADOR**

Jesús sabía que el discipulado deliberado de los Doce era central para el futuro de su misión por el reino. Esto mismo sigue siendo cierto para nosotros hoy. Dietrich Bonhoeffer lo dijo de una manera elocuente: «El cristianismo sin el Cristo vivo es inevitablemente un cristianismo sin discipulado, y el cristianismo sin discipulado es siempre un cristianismo sin Cristo».[4] En otras palabras, aunque es posible que nos resistamos al largo proceso del discipulado transformador y nos sintamos tentados a regresar a algún tipo de programa con resultados rápidos para ver cómo crece numéricamente la iglesia, esto nunca transformará de una manera profunda a las personas ni a nuestras iglesias. Solo tendrán el aspecto de ser algo real en el exterior.

Segundo elemento: El discipulado emocionalmente sano es un cambio de paradigma bíblico que necesita entre siete y diez años para llegar a integrarse en la vida de una iglesia.

Sí, leíste bien. Entre siete y diez años.

Esto es algo que no se puede apresurar. El reino de Dios es, y siempre será, una semilla de mostaza que crece con lentitud, de una manera casi imperceptible (Marcos 4:26-32). Hace falta tiempo para que la verdad que conocemos de manera intelectual se convierta en la verdad que conocemos por experiencia y vivimos de forma coherente en nuestra vida diaria.

Hay tres fuerzas primarias que han deformado profundamente a la gente de nuestras iglesias: la norma de la cultura occidental a favor de lo más grande, mejor y más rápido; nuestras familias de origen; y los valores que acompañan a la raza y la etnicidad de cada cual. Esto significa que es necesario transformar todas estas cosas. Hay mucho que desaprender y mucho que aprender de nuevo acerca de la vida en la nueva familia de Jesús.

Observamos este lento proceso de transformación en la labor de Jesús con los Doce, a pesar de que los tenía consigo todo el tiempo, las veinticuatro horas de cada día y durante casi tres años. El discipulado emocionalmente sano lleva a las personas a un nuevo paradigma de discipulado, el cual tiene un alcance tan amplio que ningún aspecto de la vida queda sin ser tocado por él.

En ocasiones comparo con la revolución copernicana la magnitud del cambio que se necesita para llevar a la práctica el discipulado emocionalmente sano. ¿Recuerdas esta historia? Nicolás Copérnico, un científico polaco del siglo dieciséis, retó la suposición de que la Tierra era el centro del universo, una idea que había sido aceptada durante más de mil cuatrocientos años. Darse cuenta de que la Tierra solo era uno de los planetas que giraban alrededor del Sol dentro de un vasto universo sirvió para sacudir el fundamento mismo de la sociedad y fue profundamente incómodo para muchos. Desde ese momento, todos comenzaron a mirar al universo, y al lugar que ellos ocupaban en él, desde un punto de vista totalmente nuevo. A partir de entonces, todo tipo de información y datos anteriores se tuvieron que considerar y analizar de maneras nuevas.

Hoy en día aún usamos la expresión revolución copernicana para describir cualquier cambio significativo de paradigma; cualquier idea que nos ofrece una manera totalmente nueva de contemplar la vida y que sacude los cimientos de cómo entendemos el mundo y el lugar que ocupamos en él. Sin duda alguna, la puesta en práctica del discipulado emocionalmente sano resultará en una revolución copernicana para muchas personas de su iglesia.

Además de esto, tendrá como consecuencia una revolución en su cultura más amplia de iglesia al cabo de un período de siete a diez años, transformando no solo la teología alrededor de la cual enmarcas tu discipulado, sino también tu forma de definir todo, desde una comunidad sana y la integridad en el liderazgo, hasta los matrimonios y las familias sanos. (Ver en el Apéndice A una descripción ampliada de una visión en seis partes sobre una cultura de iglesia que transforma profundamente las vidas).

**Tercer elemento: El discipulado emocionalmente sano
se desarrolla desde dentro hacia fuera; de tu persona
a tu equipo, y de tu equipo a la iglesia en general.**

Tú

El discipulado emocionalmente sano no es difícil de entender desde el punto de vista intelectual. Las verdades bíblicas que se presentan en este libro nos facilitan un excelente material para la predicación y la enseñanza. Sin embargo, la intención de Dios es que permitamos que este material nos transforme profundamente. De lo contrario, solo añadiremos otro programa y otra actividad más a nuestra iglesia. Y eso es algo que nuestra gente no necesita.

Geri explica algunas veces esta dinámica comparándola con aprender a montar en bicicleta. Yo te podré leer todo un libro sobre cómo montar en bicicleta. También te puedo mostrar un video sobre cómo se monta en bicicleta. O me puedo subir a una bicicleta y hacerte una demostración. No obstante, tú seguirás sin saber montar en bicicleta. Es necesario que tú mismo subas a la bicicleta para aprender a montar en ella. De igual manera, debes vivir cada una de las siete señales del discipulado emocionalmente sano que presentamos en este libro en tu propio contexto, en tu caminar con Jesús, y a partir de tu propio temperamento y tu propio llamado.

Recuerda, lo que hacemos es importante, pero es más importante quiénes somos. No podemos dar lo que no poseemos. Esa es la razón por la cual lo más amoroso que podemos hacer por las personas a las que servimos es ir con lentitud, permitiendo que sea Dios quien nos transforme a nosotros primero antes de alcanzar a otros.

Tu equipo

También es necesario que invirtamos en el desarrollo personal de nuestro equipo, y no solo en sus capacidades para el ministerio. Ellos se te han unido para servir como guardianes de los valores de tu cultura ministerial. Yo esperaba equivocadamente que mi equipo «hiciera las cosas bien» de forma automática. Por eso me sentía sorprendido y muchas veces molesto cuando llevaban repetidamente a la iglesia sus maneras enfermas de relacionarse.

Ahora bien, ¿qué estaba pensando? ¡Por supuesto que ellos seguían cargando con sus formas inmaduras de comportarse y sus personalidades sin pulir! ¿Qué otra cosa podrían hacer? Eso era todo lo que sabían. Por mucho que quisiéramos que los líderes llegaran a nuestras puertas como personas maduramente transformadas, rara vez eso es lo que sucede en realidad.

Jesús invirtió en la formación de un equipo básico de doce, los cuales a su vez le darían forma a la cultura de la iglesia naciente. Hizo falta tiempo. Mucho tiempo.

Como líderes cristianos, también debemos dedicar una parte significativa de nuestra energía al desarrollo deliberado de aquellos que forman parte de nuestro equipo principal. Nuestros equipos deben encarnar la teología en la que estamos invitando a nuestra gente a vivir. También deben aprender nuevas habilidades para relacionarse, en especial a fin de usarlas cuando se encuentren en medio de las tensiones o los conflictos. Y nuestros equipos deben saber utilizar este material, a medida que se matiza y aplica en diferentes situaciones de la vida, de manera que puedan discipular deliberadamente a otros a fin de que hagan lo mismo. La fórmula es sencilla:

teología clara + nuevas habilidades + nuevo lenguaje + seguimiento deliberado = una comunidad transformada

Cada vez que le proporcionamos mentoría a alguien de forma deliberada y dedicada, en especial en medio de las tensiones y los conflictos, hacemos avanzar el nivel de madurez de nuestro ministerio a cien veces su nivel anterior.

Tu iglesia

Aunque el discipulado espiritualmente sano no es un programa, hemos descubierto que para que haya una transformación sistemática y a largo plazo en una iglesia se necesita un elemento programático que lleve a la gente más allá de un discipulado superficial a una profunda transformación en Jesús. Esto significa que debemos tomar la decisión de mantener un discipulado profundo y de alta calidad en el frente y el centro de nuestra misión, ofreciendo un marco bíblico que una a toda la comunidad alrededor del compromiso de seguir a Jesús.

Esto es importante porque todo en nuestra cultura actual nos anima a tomar atajos, recurriendo a un discipulado superficial frente al proceso lento y difícil de desarrollar madres y padres de la fe como Jesús. Si esperamos que nuestra gente sea transformada y aprenda a vivir de nuevas maneras, tenemos que enseñarles que el discipulado es una vida que hay que vivir y no una lista de actividades espirituales que hay que completar. Esto es precisamente lo que el *Curso de discipulado emocionalmente sano* está diseñado para hacer.

EL CURSO DE DISCIPULADO EMOCIONALMENTE SANO

Después de más de veintiún años de investigación, desarrollo y puesta a prueba, hemos reunido los componentes básicos de lo que creemos que estaba faltando en el discipulado de hoy en día en el *Curso de discipulado emocionalmente sano, Partes 1 y 2*. Se trata de dos cursos de ocho semanas cada uno que proporcionan una experiencia introductoria del discipulado serio con Jesús.

Le hemos llamado a esto «curso», en lugar de identificarlo como lecciones para grupos pequeños, porque las expectativas son mucho más elevadas. El Curso de DES exige trabajo personal y lo dirige un líder principal capacitado en conjunto con una junta de líderes adiestrados, a fin de asegurar que exista constantemente una alta calidad. Aunque este curso tiene un elemento de cuidado pastoral y comunidad similar al de la mayoría de los grupos pequeños, exige una inversión de tiempo para leer, orar, estudiar las Escrituras y reunirse semanalmente. También son necesarios las lecturas, los devocionales y la integración del material a lo largo de la semana.

EL CURSO DE DISCIPULADO
EMOCIONALMENTE SANO

PARTE 1   **PARTE 2**

ESPIRITUALIDAD EMOCIONALMENTE SANA

1. El problema de la espiritualidad emocionalmente enferma.
2. Conócete a ti mismo para que puedas conocer a Dios.
3. Retroceder para poder avanzar.
4. El viaje a través del muro.
5. Agranda tu alma por medio del dolor y la pérdida.
6. Descubre los ritmos del Oficio Diario y del Sabbat.
7. Crece como un adulto emocionalmente maduro.
8. Sigue al próximo paso para desarrollar una «Regla de vida».

RELACIONES EMOCIONALMENTE SANAS

1. Tómale la temperatura a tu comunidad.
2. Deja de leer las mentes y aclara las expectativas.
3. Haz el genograma de tu familia.
4. Explora el iceberg.
5. Escucha de manera encarnacional.
6. Sube la escalera de la integridad.
7. Pelea limpio.
8. Desarrolla una «Regla de vida» para llevar a la práctica unas habilidades emocionalmente sanas.

Hemos establecido condiciones para aquellos que quieran llevar este curso a la práctica. En primer lugar, te pedimos que no lleves esto a tu ministerio hasta que primero hayas sido capacitado (la capacitación es gratuita y está a tu disposición en www.emocionalmentesano.org/run-the-course/). En segundo lugar, pedimos que el líder principal comience por vivir el curso *antes* de enseñarlo a los demás. Hemos descubierto que si no se ha cumplido con estas dos condiciones, es inevitable que el curso quede despojado de sus elementos clave (como el Oficio Diario y la práctica de nuevas habilidades). El trabajo de seguimiento se reduce al mínimo, y se espera poco de los participantes excepto su asistencia. Este no es un sistema operativo que pudiera transformar profundamente a las personas en Jesús.

Sin embargo, como pueden testificar ya decenas de miles de líderes, el hecho de ser adiestrados de la manera debida y de vivir primero ellos mismos el curso ha tenido como resultado iglesias que han sido transformadas total y drásticamente. Así que, por favor, no apresures. Nosotros no llegamos de la noche a la mañana al problema de un discipulado superficial. Y tampoco resolvimos ese problema de un día para otro.

Espiritualidad emocionalmente sana: Parte 1 se refiere a crecer en el amor a Dios. No nos es posible llegar a ser espiritualmente maduros si somos emocionalmente inmaduros. Esto proporciona el fundamento teológico para el discipulado emocionalmente sano. Incluye la lectura del libro *Espiritualidad emocionalmente sana* y el aprendizaje de lo que es cultivar un ritmo de encuentros con Jesús dos veces al día usando *Espiritualidad emocionalmente sana día a día: Un peregrinar de cuarenta días con el Oficio Diario*. Estos ejercicios devocionales se corresponden con los ocho temas semanales del curso. El *Curso de espiritualidad emocionalmente sana, Guía de estudio* es utilizado por los participantes durante el curso. Estos son los temas que corresponden a las ocho sesiones:

1. El problema de la espiritualidad emocionalmente enferma (Saúl).
2. Conócete a ti mismo para que puedas conocer a Dios (David).
3. Retroceder para poder avanzar (José).
4. El viaje a través del muro (Abraham).
5. Agranda tu alma por medio del dolor y la pérdida (Jesús).
6. Descubre los ritmos del Oficio Diario y del Sabbat (Daniel).
7. Crece como un adulto emocionalmente maduro (El buen samaritano).
8. Sigue al próximo paso para desarrollar una «Regla de vida» (La iglesia del primer siglo).

Muchas iglesias, entre ellas la nuestra, ofrecen *Espiritualidad emocionalmente sana: Parte 1* dos o tres veces al año, de manera que se convierta en el fundamento para el discipulado de toda la comunidad. Facilitamos un entrenamiento de alta calidad, apoyo en ese entrenamiento y recursos adicionales que aparecen en nuestro sitio en la red www.emocionalmentesano.org/run-the-course/.

Relaciones emocionalmente sanas: Parte 2 enseña ocho habilidades básicas para equipar a las personas a fin de que amen a los demás de una forma madura. A estas ocho herramientas las llamamos «habilidades emocionalmente sanas». Aunque puedan parecer simples, cada una de ellas se deriva de un fundamento teológico y contiene diversos niveles de profundidad para comprenderla y llevarla a la práctica. Por ejemplo, se les enseña a las personas cómo hablar con claridad, de manera respetuosa y sincera; cómo escuchar al estilo de Jesús; cómo aclarar las expectativas y las suposiciones; cómo tener una pelea limpia con alguien en lugar de una sucia. Estas son las sesiones:

1. Tómale la temperatura a tu comunidad.
2. Deja de leer las mentes.

3. Aclara las expectativas.
4. Haz el genograma de tu familia.
5. Explora el iceberg.
6. Escucha de manera encarnacional.
7. Sube la escalera de la integridad.
8. Pelea limpio.

Cada una de estas habilidades se basa en encontrar la aplicación de las Escrituras a la vida diaria y a las relaciones.

Los participantes también cultivan un ritmo para reunirse con Jesús dos veces al día, usando *Relaciones emocionalmente sanas día a día: Una jornada de 40 días para cambiar profundamente tus relaciones.* Estos ejercicios devocionales también se corresponden con los temas de las ocho semanas.

He enseñado las Partes 1 y 2 del *Curso de discipulado emocionalmente sano* durante diez años, tanto a las personas de nuestra iglesia como también a otros pastores y líderes. Cada vez que lo hago, Dios tiene un encuentro nuevo conmigo. ¿Por qué? Porque las verdades y los textos de las Escrituras son insondables, y cada vez que acudo a ellos, Dios me lleva a una profundidad mayor, aplicándolos de forma diferente al punto en el que estoy en ese momento en mi camino para seguir a Jesús.

UNA ORACIÓN POR TI

¿La formación de discípulos profundamente transformados es algo desafiante? Por supuesto. Vas a tener que luchar con una serie de textos bíblicos y verdades importantes por ti mismo. ¿Te va a tomar mucho tiempo? Claro que sí. ¿Te va a costar? Sí. Pero el costo va a ser mucho mayor si no lo haces.

Jesús nos promete que su yugo es suave y su carga es liviana (Mateo 11:28-30). En ninguna circunstancia esto es más cierto que cuando lo seguimos en este lento proceso de hacer discípulos.

Este camino de discipulado emocionalmente sano pondrá a tu gente ante Dios para que el Espíritu Santo la pueda transformar de una manera radical. Y eso tiene el poder de producir un fruto tan amplio y profundo que dure hasta la eternidad, más allá de su vida terrenal.

Mi deseo es que la belleza de esa visión lo impulse a dedicarse a la ardua labor de discipular.

Permíteme terminar con una hermosa bendición de origen celta que cuelga en el vestíbulo de nuestro hogar. Geri y yo la usamos con frecuencia como una oración por nuestros visitantes, incluso cuando no esperamos verlos de nuevo en nuestro hogar. Esperamos verlos algún día en el hogar celestial de Jesús. A medida que lees esta oración, te invito a recibir su bendición al embarcarse con Jesús en este nuevo camino de discipulado hacia lo desconocido.

Que la paz de Cristo el Señor sea contigo,
dondequiera que él te envíe.
Que él te guíe a través del desierto,
te proteja al pasar por la tormenta.
Que te lleve al hogar con regocijo
ante las maravillas que te ha mostrado.
Que te traiga hasta este hogar con regocijo
una vez más hasta nuestras puertas.[5]

Revolución en la cultura de la iglesia
*Una visión en seis partes para una cultura
que cambie profundamente las vidas*

U na de las mayores visiones que he adquirido al trabajar con miles de
iglesias alrededor del mundo es que la creación de una cultura sana
constituye una poderosa estrategia para causar un impacto en la vida de
las personas y también en la misión a largo plazo de la iglesia. Si nuestra
meta consiste en multiplicar discípulos y líderes profundamente transformados para el bien del mundo, entonces es profundamente importante
que tengamos una cultura sana. Tenemos que actuar deliberadamente a
fin de tomar el caos de lo que la gente trae consigo —procedente de sus
trasfondos, culturas y familias de origen— y darle forma a una cultura
radicalmente distinta que opere como la nueva familia de Jesús.

Por lo tanto, ¿qué es precisamente eso que llamamos cultura? Definirla
puede ser un reto, porque la cultura consiste primordialmente en reglas no
expresadas sobre «la forma en que hacemos las cosas aquí».

La cultura es ese algo impreciso, esa presencia o personalidad invisible
de un lugar, que puede ser difícil de describir sin haberla experimentado.
Con frecuencia, es mejor sentirla que expresarla. Tal vez las definiciones
más sencillas y mejores que he encontrado describen la cultura como
«la suma total de los patrones aprendidos para el pensamiento y la conducta» de cualquier grupo dado[1] y «lo que hacen los seres humanos con
el mundo».[2]

Las compañías multinacionales como Google, Apple e IBM tienen
cada cual una cultura muy definida. Las comunidades étnicas, los grupos

políticos y las naciones tienen cada cual su cultura. Las denominaciones y las organizaciones paraeclesiales tienen sus culturas. Cada iglesia, ministerio, grupo de trabajo y equipo tiene un cierto estilo que constituye el espíritu o la ética de esa comunidad en particular. Sin embargo, eso no significa que la cultura «aparezca de la nada». Es necesario que las culturas sean creadas, formadas y mantenidas. Y la responsabilidad en cuanto a hacer esto reside en la persona del líder.

Para ayudarte a comenzar a pensar en el aspecto que esto tendría en tu propia iglesia, he identificado seis características o cualidades de una *cultura* de iglesia emocionalmente sana:

1. Una espiritualidad sin prisas.
1. Integridad en el liderazgo.
2. Un discipulado que va más allá de la superficie.
3. Una comunidad sana.
4. Matrimonios y solteros apasionados.
2. Todas las personas en un ministerio a tiempo completo.

Cada característica aparece resumida en las páginas que siguen. Después de la descripción de cada característica, encontrarás una breve herramienta de evaluación y luego preguntas para la reflexión personal y la conversación en grupo. Oro para que este proceso te dé la visión y la valentía necesarias a fin de transformar la cultura de tu ministerio de una manera tan profunda que su impacto se haga sentir por generaciones.

CUALIDAD 1: UNA ESPIRITUALIDAD SIN PRISAS

Desaceleramos el paso con el fin de estar con Jesús, y esta es la fuente desde la cual fluye nuestra actividad.

En una cultura de iglesia que transforma vidas, las personas se niegan a permitir que un mundo lleno de prisas sea el que dicte el ritmo de su vida. En cambio, deciden vivir de acuerdo con ritmos que son más lentos y deliberados. Ellos apartan tiempo todos los días para sumergirse en las Escrituras, el silencio y la soledad, los cuales son prácticas fundamentales para la comunión con Jesús. Esto que hacen para Dios fluye de estar con Dios.

Como consecuencia, abrazan continuamente otras prácticas espirituales, como guardar el Sabbat y el discernimiento, con el fin de cultivar su relación personal con Jesús y evitar vivir a partir de la espiritualidad de otros. Aprenden voluntariamente sobre la práctica de una espiritualidad más lenta a partir de los dos mil años de historia de la iglesia y de la iglesia global. Se mantienen profundamente conscientes de que si no se permanece en Jesús, es imposible dar un fruto perdurable, tanto como individuos como comunidad.

Evaluación

¿Hasta qué punto se caracteriza tu cultura por una espiritualidad más lenta?

Rodea con un círculo el número de la serie que describa mejor tu repuesta. Después, explica brevemente las razones por las cuales escogiste ese número.

1	2	3	4	5	6	7	8	9	10

No es del todo cierto en nuestra cultura Totalmente cierto en nuestra cultura

Preguntas para reflexionar y comentar

- ¿De qué maneras tu cultura actual es un valor que ayuda a las personas a vivir más lento y cultivar la unión con Jesús? ¿De qué maneras es una desventaja que hace más difícil reducir el paso?
- Reflexiona brevemente sobre tu trabajo y liderazgo en el último mes más o menos. ¿Cómo se han hecho más evidentes las características de una espiritualidad más lenta? Por ejemplo, en tu actitud, conducta, aspecto externo, ritmo de vida, etc. ¿En qué sentidos esas características estuvieron más notablemente ausentes?

CUALIDAD 2: INTEGRIDAD EN EL LIDERAZGO

No fingimos ser en el exterior algo que no somos en el interior.

En una cultura de iglesia que transforma vidas, sus líderes —del personal contratado y voluntarios— actúan de manera deliberada en cuanto a vivir en la vulnerabilidad y el quebrantamiento. Ellos se niegan a dedicarse a fingir o controlar las impresiones que producen. Se esfuerzan por ser en público la misma persona que son en privado. Reconocen que su tarea primera y más difícil consiste en conducirse ellos mismos de tal manera que su labor para Dios sea alimentada por una profunda vida interior con Dios.

Esto asegura que su liderazgo no sea impulsado por otras motivaciones, como la necesidad de poder, la aprobación por parte de los demás, o el éxito tal como el mundo lo define y mide. Por medio de su vida y su liderazgo, tratan de crear un ambiente en el cual otras personas se sientan animadas a hacer preguntas y dar respuestas útiles. También disfrutan la libertad de decir un sano «no» según disciernen la voluntad de Dios y establecen límites adecuados.

Evaluación

¿Hasta qué punto se caracteriza tu cultura por la integridad en el liderazgo?

Rodea con un círculo el número de la serie que describa mejor tu respuesta. Después, explica brevemente las razones por las cuales escogiste ese número.

1	2	3	4	5	6	7	8	9	10

No es del todo cierto en nuestra cultura   Totalmente cierto en nuestra cultura

Preguntas para reflexionar y comentar

- ¿Cómo terminarías las afirmaciones siguientes?
  - Algunas de las formas en que nuestra cultura apoya de manera directa o indirecta el fingir y favorece sutilmente el manejo de las apariencias son...
  - Algunas de las formas en que nuestra cultura favorece la transparencia y anima a las personas para que vivan en la vulnerabilidad y el quebrantamiento son...
- ¿En cuál aspecto de tu vida o liderazgo te sientes más tentado a pasar por alto la verdad, ser poco honrado en cuanto a tus luchas,

negar la presencia de emociones negativas, o fingir que eres más o mejor de lo que eres?

CUALIDAD 3: UN DISCIPULADO QUE VA MÁS ALLÁ DE LA SUPERFICIE

Crecemos en la consciencia de nosotros mismos, porque no podemos cambiar aquello de lo cual no estamos conscientes.

En una cultura de iglesia que transforma vidas, nadie da por sentado que la gente madure sobre la base de actividades como la asistencia a la iglesia, la participación en los grupos pequeños y el servicio. En lugar de esto, ellos comprenden que la madurez es resultado de que las personas se entreguen a la lenta y ardua labor de seguir al Jesús crucificado. Los líderes enseñan cuidadosamente a la gente a desprenderse de los patrones enfermos o destructivos procedentes de su familia y su cultura de origen, y a vivir de una manera diferente en la nueva familia de Jesús. Las personas comprenden que su pasado causa un impacto en su presente, y actúan de manera deliberada para identificar y enfrentar sus problemas que se hallan por debajo de la superficie (como las tendencias de pecado, las heridas no resueltas, los desencadenantes de emociones, etc.).

Ellos aplican el evangelio de la gracia y la verdad de las Escrituras a todos los aspectos de la vida, encontrándose con Jesús en sus pérdidas y limitaciones y aprendiendo a amar a los demás como lo hizo Jesús. Comprenden que necesitan morir a los pecados menos evidentes —como la actitud defensiva, el desapego con respecto a los demás y la falta de vulnerabilidad—, así como a los pecados más evidentes, como mentir y codiciar. También buscan los deseos sanos que Dios pone en su corazón y celebran los buenos dones de Dios, como la belleza, la naturaleza, la risa, la música y las amistades.

Evaluación

¿Hasta qué punto se caracteriza tu cultura por un discipulado que va más allá de la superficie?

Rodea con un círculo el número de la serie que describa mejor tu respuesta. Después, explica las razones por las cuales escogiste ese número.

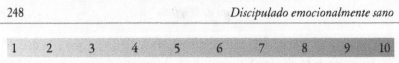

| 1 | 2 | 3 | 4 | 5 | 6 | 7 | 8 | 9 | 10 |

No es del todo cierto en nuestra cultura   Totalmente cierto en nuestra cultura

Preguntas para reflexionar y comentar

• ¿De qué maneras, si es que hay alguna, tiende tu cultura a identificar un aumento en el nivel de participación (en programas, actividades o el servicio) con el crecimiento y la transformación en Cristo?

• ¿Cuáles problemas corren por debajo de la superficie —una tendencia pecaminosa, una debilidad, una herida, un fracaso del pasado o la autoprotección— que han causado un impacto mayor en tu liderazgo en el pasado reciente?

CUALIDAD 4: UNA COMUNIDAD SANA

Nos hemos comprometido con herramientas de aprendizaje y prácticas a fin de amar a los demás como los ama Jesús.

En una cultura de iglesia que transforma vidas, las personas reconocen que hay una desconexión cuando aquellos que afirman amar a Jesús son considerados por los demás como defensivos, críticos, inaccesibles y nada seguros. Por esta razón, los líderes enseñan y adiestran a las personas a relacionarse como se relaciona Jesús. Esto incluye aprender a hablar con claridad, de manera respetuosa y sincera; cómo escuchar; y cómo aclarar las expectativas. También incluye enfrentarse a los problemas obvios, tales como las «peleas sucias», y equipar a las personas para que sepan «pelear limpio» a fin de resolver los conflictos.

Como parte de su vida en comunidad, las personas aprenden a respetar puntos de vista individuales, decisiones y jornadas espirituales, permitiendo que cada cual asuma la responsabilidad por su propia vida, sin culpar o avergonzar a nadie. Al compartir y conectarse mutuamente a partir de sus debilidades y vulnerabilidades, se ofrecen el don de la gracia de Dios entre sí y al mundo.

Evaluación

¿Hasta qué punto se caracteriza tu cultura por contar con una comunidad sana?

Rodea con un círculo el número de la serie que describa mejor tu respuesta. Después, explica brevemente las razones por las cuales escogiste ese número.

1	2	3	4	5	6	7	8	9	10

No del todo cierto en nuestra cultura   Totalmente cierto en nuestra cultura

Preguntas para reflexionar y comentar

- Toda cultura posee una forma habitual de resolver los conflictos y analizar los puntos de vista distintos. ¿Cuáles serían tres palabras o frases que usarías para describir la forma habitual de la cultura de tu ministerio cuando surgen conflictos o puntos de vista diferentes? ¿De qué maneras indican esas palabras o frases que existe una cultura sana o una cultura enferma?

- ¿Qué tres palabras o frases usarías para describir tu estilo personal habitual cuando se trata de conflictos o diferentes puntos de vista? ¿Cuáles son las similitudes o las diferencias que hay entre tu estilo personal habitual y el de la cultura más amplia?

CUALIDAD 5: MATRIMONIOS Y SOLTEROS APASIONADOS

Al vivir nuestro matrimonio o soltería mostramos el amor apasionado de Dios hacia el mundo.

En una cultura de iglesia que transforma vidas, la madurez del matrimonio o la soltería de cada persona no se mide simplemente por la estabilidad o el compromiso con Cristo, sino por el grado en que cada cual se está convirtiendo en una señal y prodigio vivo del amor de Dios por el mundo. Esas personas viven con una visión del amor que es apasionada, íntima, libre y dadora de vida, reconociendo que su unidad con Cristo está estrechamente conectada a su unidad con su cónyuge o su comunidad más estrecha.

Hablan abiertamente acerca de la sexualidad, reconociendo que la íntima relación existente entre Cristo y su iglesia se debe reflejar en la relación de tipo sexual entre un esposo y su esposa, o en la castidad de los que son solteros. Diferencian de manera cuidadosa entre «usar» a las personas y «amarlas» al monitorear los movimientos de sus corazones y tratar a los demás como seres irrepetibles y de valor incalculable, hechos a la imagen de Dios.

Evaluación

¿Hasta qué punto se caracteriza tu cultura por matrimonios y solteros que son apasionados?

Rodea con un círculo el número de la serie que describa mejor tu respuesta. Después, explica brevemente las razones por las cuales escogiste ese número.

1	2	3	4	5	6	7	8	9	10

No del todo cierto en nuestra cultura   Totalmente cierto en nuestra cultura

Preguntas para reflexionar y comentar

- ¿De qué maneras apoya tu cultura los matrimonios y la soltería como vocaciones, como dos formas de ser modelo del amor apasionado de Dios por el mundo? ¿Qué diferencias existen, si es que hay alguna, en cuanto a las formas en que tu cultura equipa a sus adultos casados y a sus adultos solteros para vivir sus vocaciones respectivas?

- En general, ¿cómo describirías el papel que desempeña tu vocación (matrimonio o soltería) en tu liderazgo? ¿Hasta qué punto tu manera de pasar el tiempo y gastar sus energías refleja que tu matrimonio/soltería, no el ministerio, es tu primera prioridad como líder?

CUALIDAD 6: TODAS LAS PERSONAS EN UN MINISTERIO A TIEMPO COMPLETO

Nosotros comisionamos a todos los creyentes para que caminen con la autoridad de Jesús en su trabajo y su vida diaria.

En una cultura de iglesia que transforma vidas, las personas rechazan los valores culturales que consideran a los seres humanos como simples espectadores o consumidores. Ellos afirman que todos los creyentes están llamados a un ministerio a tiempo completo para Jesús. Cada esfera de la actividad diaria —trabajo pagado o no pagado, o jubilación— constituye un campo para el ministerio. Se niegan a separar por compartimentos el trabajo y la espiritualidad, considerando el trabajo como un acto de adoración que pone orden en el caos y edifica el reino de Dios.

Tratan de crear comunidad dentro de sus esferas de influencia, integrando sus nuevas habilidades para amar bien y reflejando la generosidad de Dios. En el contexto de su trabajo y sus actividades diarias, practican la presencia de Jesús y se dedican al lento trabajo de hacer discípulos. Basados en el fundamento del evangelio, están activos en lo que respecta a nombrar y combatir formas de hablar, actitudes y conductas que se derivan de males como el racismo, el clasismo y otras ideologías que humillan a los seres humanos.

Evaluación

¿Hasta qué punto tu cultura se caracteriza porque todas las personas están en el ministerio a tiempo completo?

Rodea con un círculo el número de la serie que describa mejor tu respuesta. Después, explica brevemente las razones por las cuales escogiste ese número.

1	2	3	4	5	6	7	8	9	10

No del todo cierto en nuestra cultura   Totalmente cierto en nuestra cultura

Preguntas para reflexionar y comentar

- Si pidieras a las personas de tu iglesia que dijeran cuál es el ministerio que tienen, ¿qué porcentaje mencionaría su servicio voluntario en la iglesia? ¿Qué porcentaje mencionaría su esfera diaria de actividad? En general, ¿cómo caracterizarías el grado en que tu gente tiende a dividir en compartimentos distintos el trabajo y la espiritualidad?
- ¿De qué manera piensas que te desafía como líder la verdad de que todas y cada una de las personas se hallan en un ministerio a tiempo completo? ¿De qué maneras te da esto aliento?

El Credo Niceno (con anotaciones)

Durante los tres primeros siglos de su existencia, la Iglesia se halló en un ambiente hostil, amenazada desde afuera por las persecuciones y desde adentro por ideas que estaban en conflicto con las Escrituras. En el Nuevo Testamento, por ejemplo, observamos que Pablo, exhortando a Timoteo, le indica: «Sigue el ejemplo de la sana doctrina que de mí aprendiste» (2 Timoteo 1:13), y que proteja del error a la verdad. En el transcurso de esos tres siglos, lo que la iglesia consideraba como enseñanza sólida fue codificado en diversos credos, siendo el más conocido *El Credo de los Apóstoles*.

Cuando Constantino legalizó el cristianismo en el año 313 d. C., descubrió que el imperio había quedado fracturado por las disputas teológicas, en especial los conflictos acerca de la naturaleza de Jesucristo. Arrio, un sacerdote de la iglesia de Alejandría, sostenía que Jesús había sido creado por Dios, y que no era plenamente Dios. Esto comenzó a dividir a la iglesia y con ella al imperio. Como consecuencia, Constantino reunió a un concilio de obispos de todo el imperio con el fin de establecer una doctrina única para toda la iglesia. Esto dio por resultado el Credo Niceno en el año 325 d. C. Un segundo concilio de obispos se reunió en Constantinopla (hoy Estambul) en el año 381 d. C. para revisar y ampliar el credo, ratificando lo que hoy conocemos como la versión definitiva del Credo Niceno.

Lo que hace que el Credo Niceno sea tan importante es que ha definido al cristianismo ortodoxo durante más de mil seiscientos años. Las tres ramas principales de la iglesia cristiana —católica romana, ortodoxa oriental y protestante— están de acuerdo en que esta «regla de fe» proporciona los límites de la fe cristiana y también da una medida, o regla, para la lectura correcta de las Escrituras.

Cada día son millones los cristianos que recitan este credo resumido en el cual cada palabra ha sido escogida de manera intencional y cargada de significado. El Credo Niceno nos invita a reflexionar sobre la naturaleza radical de lo que creemos realmente acerca de Dios y la gran visión de lo que él está haciendo en la historia humana.

EL CREDO NICENO

Creemos[1] en un solo Dios,
    el Padre, el Todopoderoso,
    creador del cielo y de la tierra,
    de todo lo visible y lo invisible.
Creemos en un Señor, Jesucristo,
    el Hijo único de Dios,
    engendrado eternamente por el Padre,[2]
    Dios de Dios, Luz de Luz,
    Dios verdadero de Dios verdadero,
    engendrado, no creado,
    de un mismo ser con el Padre,[3]
    a través del cual todas las cosas fueron hechas.
    Por nosotros y por nuestra salvación
        descendió del cielo:
    por el poder del Espíritu Santo
        se encarnó de María la Virgen
        y fue hecho hombre.[4]
Por nuestro bien fue crucificado bajo Poncio Pilato;
    sufrió la muerte y fue sepultado.
    Al tercer día se levantó de nuevo
        de acuerdo con las Escrituras;
    ascendió a los cielos
        y está sentado a la diestra del Padre.
    Vendrá de nuevo en gloria para juzgar a vivos y muertos,
        y su reino no tendrá fin.

Creemos en el Espíritu Santo, el Señor, el dador de vida,
  que procede del Padre [y del Hijo],[5]
  y que junto con el Padre y el Hijo es adorado y glorificado.[6]
  Él ha hablado por medio de los profetas.
  Creemos en una Iglesia santa, católica y apostólica.[7]
  Reconocemos un bautismo para el perdón de los pecados.[8]
  Esperamos la resurrección de los muertos,
    y la vida del mundo que vendrá. AMÉN.

Anotaciones

1. *«Creemos»*. Profesamos las convicciones que nos unen como comunidad. Nos mantenemos juntos y las recitamos. Somos un pueblo definido por estas palabras y verdades.

2. *«Engendrado eternamente por el Padre»*. Desde este punto en adelante, lo que se habla sobre Jesús va dirigido a aclarar que él es Dios en todo el sentido de la palabra. Una frase tras otra se reúnen aquí, sacadas la mayoría de las Escrituras, aunque no todas, para sostener una verdad sencilla, pero infinitamente difícil: Jesús es el «unigénito Hijo de Dios». Este lenguaje y esta comprensión proceden de Juan 1:1, 2, 14. Jesús no fue hecho por el Padre como parte de la creación, sino que es una extensión de la existencia del Padre mismo. Esto no es algo que Dios hiciera, sino algo compartido por el Padre de sí mismo.

3. *«De un mismo ser con el Padre»*. Afirmación sobre la unidad entre el Padre y el Hijo.

4. *«Fue hecho hombre»*. Aquí se encuentra el corazón mismo de este credo. El creador omnipotente del universo entró a nuestra humanidad y a nuestra historia para nuestra salvación.

5. *«Que procede del Padre y del Hijo»*. Esta breve afirmación sigue siendo fuente de tensión entre la Iglesia oriental y la occidental. Fue una de las causas explícitas del cisma entre la Iglesia católica romana y los cristianos de la Iglesia ortodoxa griega en el año 1054.

6. *«El Espíritu Santo»* también es adorado y glorificado. No solo es un poder, sino también una persona, y se debe pensar acerca de él de la misma manera que sobre el Padre y el Hijo.

7. *«Una Iglesia santa, católica y apostólica»*. La palabra *católica* significa *universal* (no se refiere a la Iglesia católica romana). Se refiere a la realidad de que la iglesia de Jesús existe en el mundo entero y no solo en una denominación o iglesia local.

8. *«Un bautismo para el perdón de los pecados»*. Efesios 4:5 afirma que hay «un solo Señor, una sola fe, un solo bautismo». Aunque la salvación es por gracia por medio de la fe únicamente, todos están de acuerdo en que el bautismo es una señal esencial de que hemos dejado atrás al mundo, hemos recibido el perdón y nos hemos convertido en parte de la iglesia de Jesucristo.

Reconocimientos

No existiría un ministerio de discipulado emocionalmente sano, y mucho menos un libro, de no haber sido por Geri, mi esposa de treinta y seis años. Hace veintiséis años Dios usó su decisión de marcharse de nuestra iglesia para captar mi atención y lanzarnos a esta increíble jornada en el que hemos caminado juntos desde entonces. Estas páginas están llenas de su integridad y su sabiduría. También me siento agradecido de vivir todo esto con nuestras cuatro hijas (María, Christy, Faith y Eva), nuestros dos yernos (Jesse y Brett) y nuestros nietos (June, Ove y «Baby M»).

Este libro nació en nuestra comunidad de la iglesia New Life Fellowship, en Queens, Nueva York, donde serví como pastor principal durante veintiséis años. Gracias, familia de New Life, por su vulnerabilidad y por habernos confiado las perlas de sus historias. Quiero expresar un agradecimiento especial a Rich Villodas, quien ha estado al frente de la iglesia en estos últimos ocho años. ¡Su labor creativa y concienzuda para aplicar el discipulado emocionalmente sano a esta nueva generación es un verdadero don!

Dios nos envió otro don en la persona de Ruth Lugo. Ruth ha proporcionado ella sola el liderazgo necesario a fin de edificar un ministerio que capacita a miles de iglesias para que pongan en práctica el discipulado emocionalmente sano. Su creciente equipo —Nils, Dale, PlainJoe Studios, Luke, Yolanda, Steven, Paul— es asombroso.

También les estoy agradecido a los importantes mentores que Dios me ha enviado en momentos clave de este caminar: Ron Vogt, Steve Treat, Leighton Ford, y Pete y Carol Shrek.

Christine Anderson sirvió de nuevo como editora destacada y exigente en este proyecto. Es un gozo trabajar con ella.

Por último, les quiero dar las gracias a Ryan, John, Beth, Jesse y todo el equipo de Zondervan. Son estupendos compañeros. ¡Y una inmensa gratitud a Chris Ferebee, mi agente literario, que proporciona una presencia constante y estable en el cuidado de todos los libros emocionalmente sanos y mi vida como escritor!

Notas

El difícil camino que lleva más allá de un discipulado superficial.

1. Hallarás todo el relato de Geri sobre nuestra historia, además de sus reflexiones sobre lo que ella aprendió a lo largo de los quince años siguientes, en su libro *La mujer emocionalmente sana: Cómo dejar de aparentar que todo marcha bien y experimentar un cambio de vida* (Editorial Vida, 2012).
2. Para conocer mejor lo que es la transformación personal como líder, ver mi libro *El líder emocionalmente sano* (Editorial Vida, 2016).

Capítulo 1: Los cuatro fallos que socavan la profundidad del discipulado

1. Oliver Sacks, *The Man Who Mistook His Wife for a Hat* (Nueva York, Summit Books, 1985), pp. 63-68. [Publicado en español con el título *El hombre que confundió a su mujer con un sombrero* (Editorial Anagrama, 2008)].
2. A lo largo de los años se han realizado numerosos estudios. Entre los más conocidos de las décadas recientes se encuentran el estudio *Reveal*, publicado en 2008 por la iglesia Willow Creek Community, y *The State of Discipleship: A Barna Report Produced in Partnership with The Navigators*, publicado en 2015. *Worship and the Reality of God*, de John Jefferson Davis (2010), y el artículo de Timothy Tennent publicado en patheos.com, «The Clarion Call to Watered Down Evangelism» (2011), caracterizan ambos a la iglesia evangélica de Norteamérica como superficial, poco comprometida y distante con respecto a la cultura general.
3. La obra *Celebration of Discipline: The Path to Spiritual Growth*, de Richard Foster, ha sido un gran éxito de ventas constante desde que se publicó por vez primera en 1978. El autor comienza el libro con esta declaración: «La superficialidad es la maldición de nuestros tiempos... La necesidad desesperada de hoy no es que cada vez exista un número mayor de gente inteligente, o bien dotada, sino que exista gente profunda». [Publicado en español con el título *Celebración de la disciplina: Hacia una vida espiritual más profunda* (Editorial Peniel, 2009)].
4. Yo escribí todo un libro, *El líder emocionalmente sano*, para hablar del fallo de que tantos de nosotros no hayamos experimentado personalmente un discipulado profundo y sin embargo ahora nos vemos guiando a otros.
5. Otro gran ejemplo es el momento en que Jesús estaba comiendo en la casa de Mateo y les indica a los fariseos que estudien de nuevo lo que dicen las Escrituras en Oseas, ordenándoles: «Vayan y aprendan qué significa esto: "Lo que pido de ustedes es misericordia y no sacrificios"» (Mateo 9:13).

6. Frederick Dale Bruner, *Matthew: A Commentary, vol. 1* (Dallas: Word Publishing, 1987), pp. 177-180.

7. Richard J. Foster, *Streams of Living Water: Celebrating the Great Tradition of Christian Faith* (San Francisco, HarperSanFrancisco, 1998), p. 189. [Publicado en español con el título *Ríos de agua viva* (Editorial Vida, 2010)].

8. Una de las primeras herejías de la iglesia fue el docetismo, la creencia de que Cristo no se había convertido realmente en un hombre debido a las insuperables diferencias existentes entre el mundo divino y el humano. Por esta razón, algunos pensaron que Jesús solo parecía ser humano, pero en realidad nunca abandonó su naturaleza o esencia divina. Ver Helmut Koester, *History, Culture and Religion of the Hellenistic Age* (Minneapolis: Fortress Press, 1995), p. 414.

   En el Concilio de Calcedonia, en el año 451 d. C., los líderes de la iglesia declararon que Jesús es plenamente Dios y plenamente hombre, una interpretación histórica muy extendida de las Escrituras que yo también afirmo. El concilio sostuvo que Dios visitó nuestro planeta cuando el Verbo se hizo carne y vivió en medio de nosotros (Juan 1:14). Ellos definieron la relación entre las dos naturalezas de Cristo como relacionadas, pero sin confusión ni división. Ver Henry Bettenson y Chris Maunder, eds., *Documents of the Christian Church*, 2da edición (Londres, Oxford University Press, 1963), p. 51.

9. Para el apóstol Pablo, el cuerpo no era una especie de capa exterior que cubría al espíritu humano, ni tampoco una prisión del alma que habría sido mejor desechar. Para Pablo, el cuerpo de una persona es esa persona. Ver R. H. Gundry, *Soma in Biblical Theology* (Cambridge: Cambridge University Press, 1976).

10. Dr. Dan B. Allender y Dr. Temper Longman III, *The Cry of the Soul: How Our Emotions Reveal Our Deepest Question about God* (Colorado Springs: NavPress,1994), pp. 24, 25. [Publicado en español con el título *El grito del alma* (Christian Literature Crusade, 2004)].

11. A lo largo de toda la historia de la iglesia, uno de los siete pecados capitales ha sido la pereza o el «desinterés». Aquí la palabra *pereza* no se refiere solo a la falta de diligencia, sino también a estar ocupado en las cosas incorrectas. Lo cual quiere decir que somos perezosos cuando decidimos ocuparnos en la obra de Dios con el fin de evitar el esfuerzo que exige una vida de oración y soledad con Dios.

12. Hallarás un interesante estudio académico sobre el impacto de nuestra ignorancia en la obra de Daniel R. DeNicola titulada *Understanding Ignorance: The Surprising Impact of What We Don't Know* (Cambridge, MA: MIT Press, 2018).

13. Tara Westover, *Educated: A Memoir* (Nueva York: Random House, 2018), p. 238.

14. Esto es un resumen de David Bebbington, *Evangelicalism in Modern Britain: A History from the 1730s to the 1980s*. Ver también Mark Noll, *The Rise of Evangelicalism: The Age of Edwards, Whitefield and the Wesleys*, y de Dale Irvin y Scott Sunquist, *History of the World Christian Movements, Volume II: Modern Christianity from 1454 to 1900*.

15. Para una excelente presentación de las diversas tradiciones o corrientes en la iglesia a lo largo de su historia, ver Richard J. Foster, *Ríos de agua viva*. Foster abarca seis corrientes primarias: la contemplativa, la de santidad, la carismática, la de justicia social, la evangélica y la encarnacional.

16. Mi buen amigo Scott Sunquist, historiador de la iglesia global, sostiene que existe una cuarta rama, que es la de las «iglesias espirituales» de África, China

y Brasil. Él escribe: «Otras iglesias... que se formaron en las primeras décadas del siglo veinte, no eran técnicamente pentecostales en experiencia o teología, pero también se proclamaron independientes con respecto a iglesias establecidas (protestante, católica u ortodoxa), hallando su inspiración directamente en los testimonios bíblicos y el Espíritu Santo...». Scott W. Sunquist, *The Unexpected Christian Century* (Grand Rapids, MI: Baker Academic, 2015), pp. 31-35. Ver también Timothy C. Tennent, *Theology in the Context of World Christianity: How the Global Church Is Influencing the Way We Think About and Discuss Theology* (Grand Rapids, MI: Zondervan, 2007), pp. 17-20.

17. Las iglesias ortodoxas se hallan situadas mayormente en la parte oriental del mundo, y son la Iglesia ortodoxa copta (Egipto), la Iglesia ortodoxa siria, la Iglesia ortodoxa rusa, la Iglesia ortodoxa griega, la Iglesia apostólica armenia y también otras iglesias situadas en Irán, Irak y por todo el mundo árabe.

18. Solo se reconocen siete concilios de la iglesia como ecuménicos, o universales, que son: Nicea, año 325 d. C.; Constantinopla, año 381 d. C.; Éfeso, año 431 d. C.; Calcedonia, año 451 d. C.; Segundo Concilio de Constantinopla, año 553 d. C.; Tercer Concilio de Constantinopla, año 680 d. C.; Segundo Concilio de Nicea, año 787 d. C. Hallarás una breve y accesible introducción a los Concilios de la Iglesia en la obra de Justin S. Holcomb, *Know the Creeds and Councils* (Grand Rapids, MI: Zondervan, 2014).

19. Después de haber estudiado la historia de la iglesia bajo cinco eruditos diferentes, protestantes y católicos romanos, considero esencial que aprendamos también de nuestros hermanos y hermanas que están en la rama ortodoxa de la iglesia. Peter Gillquist, el autor de este esquema, había formado parte del personal de Campus Crusade, y junto con trescientos más se convirtió del mundo evangélico a la ortodoxia de Antioquía en 1967. Un sacerdote ortodoxo ruso de mi vecindario resumió el punto de vista de los ortodoxos sobre el protestantismo cuando me dijo un domingo: «Pete, me alegra de veras que hayas encontrado la fe en el colegio universitario. Pero ya es hora de que vengas al hogar [a la ortodoxia]. Nosotros nunca hemos dejado la fe apostólica. Sin embargo, tú estás fuera de la verdadera iglesia. Vuelve a tus raíces».

20. Para un excelente e importante ejemplo de esto, ver John H. Coe y Kyle C. Strobel, editores, *Embracing Contemplation: Reclaiming a Christian Spiritual Practice* (Downers Grove, IL: InterVarsity Press, 2019). Ellos hacen un excelente trabajo al examinar la contemplación cristiana, tanto desde el punto bíblico como histórico, para demostrar la alta importancia que esto tiene para nuestra formación espiritual hoy.

21. Si te preguntas: «¿Por dónde comienzo? Conozco muy poco la historia de la iglesia», permíteme animarte a comenzar con Bruce L. Shelley, *Church History in Plain Language, Fourth Edition* (Nashville: Thomas Nelson, 2008, 2013). Para aprender más acerca de la historia de la iglesia en sus primeros años, ver Thomas C. Oden, *The Rebirth of Orthodoxy: Sign of New Life in Christianity;* D. H. Williams, *Evangelicals and Tradition: The Formative Influence of the Early Church;* Bryan M. Litfin, *Getting to Know the Church Fathers: An Evangelical Introduction;* D. H. Williams, *Retreiving the Tradition and Renewing Evangelicalism: A Primer for Suspicious Protestants.*

22. He aquí una máxima citada con frecuencia al sortear las diferencias teológicas: «En lo esencial, unidad, en lo no esencial, libertad, en todas las cosas, caridad, o amor».

23. Ver Helmut Koester, *Introduction to the New Testament: History and Literature of Early Christianity*, vol. 2 (Nueva York: Walger de Gruyter & Co., 1982, 2000), pp. 77-78.

Capítulo 3: Estar antes que hacer

1. Se ha escrito sobre el contraste entre la vida activa (hacer) y la contemplativa (ser) en todas las generaciones de la historia cristiana. Durante la mayor parte de la historia de la iglesia, la vida contemplativa (ser) dedicada solamente a amar a Dios ha sido entendida como superior y más elevada que la vida activa (hacer) de servir a los demás. Sin embargo, en el siglo catorce, el teólogo Tomás de Aquino fue el primero que sugirió que la vida activa que fluye de la contemplación es el llamado más elevado y difícil. Tomás de Aquino, *Summa Theologica*, segunda edición revisada, «Pregunta 182». Traducido por los Padres de la Provincia Dominica de Inglaterra (1920); revisado y editado para *New Advent* por Kevin Knight (2017), https://www.newadvent.org/summa/3182.htm.

2. Hay un amplio y fascinante cuerpo de literatura erudita sobre el catecumenado cristiano primitivo. Ver Michel Dujarier, *A History of the Catechumenate: The First Six Centuries*, trad. al inglés por Edward J. Haasl (Nueva York: Sadlier, 1979); Alan Kreider, *The Change of Conversion and the Origin of Christendom* (Eugene, OR: Wipf & Stock, 1999); Robert Louis Wilken, «Christian Formation in the Early Church», en *Educating People of Faith: Exploring the History of Jewish and Christian Communities*, ed. John Van Engen (Grand Rapids, MI: Eerdmans, 2004), pp. 48-62; Gerald L. Sittser, *Resilient Faith: How the Early Christian «Third Way» Changed the World* (Grand Rapids, MI: Baker Publishing, 2019), pp. 155-178.

3. Para un excelente estudio sobre la forma en que la iglesia luchó en sus primeros tiempos con los «caídos» del norte de África, ver David E. Wilhite, *Ancient African Christianity* (Nueva York: Routledge, 2017), pp. 141-160.

4. «¿Y qué pasa con las mujeres?», te preguntarás. Lamentablemente, debido a lo dominante que era el patriarcado, en el mundo antiguo las mujeres rara vez tenían las mismas oportunidades que los hombres, y sus contribuciones con frecuencia quedaban sin documentar o no eran reconocidas. Sin embargo, sí conocemos unas cuantas. Por ejemplo, Macrina la Joven (324-379), hermana de Basilio Magno y Gregorio de Nisa, era considerada la mayor teóloga de su familia. Algunas comunidades de Egipto tenían hasta cinco mil mujeres y eran dirigidas por mujeres también. Para un excelente enfoque de las mujeres en la iglesia de los primeros tiempos, ver Lynn H. Cohick y Amy Brown Hughes, *Christian Women in the Patristic World: Their Influence, Authority and Legacy in the Second through Fifth Centuries* (Grand Rapids, MI: Baker Academic, 2017).

5. Ver Richard Rohr, https://cac.org/what-is-the-false-self-2017-08-07/.

6. M. Robert Mulholland Jr., *The Deeper Journey: The Spirituality of Discovering Your True Self* (Downers Grove, IL: InterVarsity Press, 2006). Ver los capítulos 2 y 3, donde hallará un detallado análisis de estas consecuencias. Ver también mi libro *Espiritualidad emocionalmente sana*, capítulo 4, que explora en mayor detalle el tema de conocerse a sí mismo para poder conocer a Dios.

7. David Benner, *The Gift of Being Yourself: The Sacred Call to Self-Discovery* (Downers Grove, IL: InterVarsity Press, 2004), p. 91. [Publicado en español con el título *El don de ser tú mismo: Autoconocimiento como vocación y tarea* (Sal Terrae, 2009)].

8. Según Thomas Merton, los que huían al desierto veían al mundo «como un naufragio del cual cada individuo tenía que alejarse nadando para salvar la vida... Estos eran hombres que creían que dejarse llevar por la corriente aceptando de forma pasiva los principios y los valores de lo que ellos conocían como sociedad era pura y sencillamente un desastre». Ver Thomas Merton, *The Wisdom of the Desert: Sayings from the Desert Fathers of the Fourth Century* (Boston: Shambhala, 1960, 2004), pp. 1-2, 25-26. En el año 323, Pacomio fundó la primera comunidad monástica y estableció una clara estructura para la vida juntos. Otros monasterios surgieron gradualmente (algunos de los cuales tenían miles de miembros), culminando con la fundación de un monasterio por parte de Benito de Nursia en Italia, el cual fue estructurado alrededor de su «Regla de San Benito».

9. John Wortley, ed. y trad. al inglés, *The Book of the Elders: Sayings of the Desert Fathers* (Collegeville, MN: Liturgical Press, 2012), p. 15.

10. Benedicta Ward, trad. al inglés, *The Sayings of the Desert Fathers: The Alphabetical Collection* (Kalamazoo, MI: Cistercian Publications, 1975), p. 9.

11. Anselm Gruen, *Heaven Begins within You: Wisdom from the Desert Fathers* (Nueva York: Crossroad, 1999). Le estoy agradecido a Gruen por sus ideas sobre la espiritualidad del desierto y la frase «espiritualidad terrenal». [Publicado en español con el título *La sabiduría de los padres del desierto: El cielo comienza en ti* (Ediciones Sígueme, 2006)].

12. Para información adicional sobre el enfrentamiento a las sombras, ver mi libro *El líder emocionalmente sano,* capítulo 2.

13. Robert E. Sinkewicz, *Evagrius of Pontus: The Greek Ascetic Corpus* (Nueva York: Oxford University Press, 2003), *Maxims* 2, Maxim 2, p. 230.

14. Hallarás un estudio exhaustivo sobre las emociones en el Nuevo Testamento en Matthew A. Elliot, *Faithful feelings: Rethinking Emotion in the New Testament* (Grand Rapids, MI: Kregel Publications, 2006).

15. Un libro accesible escrito por Marc Brackett, el director del Centro de Inteligencia Emocional de Yale, ofrece una visión general de las emociones desde el punto de vista de las ciencias sociales y la investigación. Ver Marc Backett, *Permission to Feel: Unlocking the Power of Emotions to Help Our Kids, Ourselves, and Our Society Thrive* (Nueva York: Macmillan, 2019). [Publicado en español con el título *Permiso para sentir: Educación emocional para mayores y pequeños con el método RULER* (Editorial Diana, 2020)].

16. Thomas Keating, *Intimacy with God: An Introduction to Centering Prayer* (Nueva York: Crossroads, 1996), pp. 82-84, 54-55. [Publicado en español con el título *Intimidad con Dios* (Desclée de Brouwer, 2004)].

17. Entre los Padres del Desierto, Evagrio es considerado como el especialista en lidiar con los pensamientos y las pasiones del corazón. Su lista y exposición sobre los ocho pensamientos malvados o mortales incluye la gula, la fornicación, el amor al dinero, la tristeza, la ira, la languidez, la vanagloria y el orgullo. Esta lista fue el punto normal de referencia a través de toda la Edad Media, tanto para la Iglesia oriental como para la occidental. Ver William Harmless, S.I., *Desert Christians: An Introduction to the Literature of Early Monasticism* (Nueva York: Oxford University Press, 2004), pp. 311-371.

18. Hay un buen número de recursos excelentes disponibles para crecer en el silencio y la quietud. Nosotros actualizamos continuamente nuestros recursos sobre el silencio

y la quietud con Dios por medio de nuestra página, www.emotionallyhealthy.org y www.emocionalmentesano.org. Le recomiendo también los libros siguientes: Cynthia Bourgeault, *Centering Prayer and Inner Awakening* (Lanham, MD: Cowley Publications, 2004), Thomas Keating, *Intimidad con Dios* (Desclée de Brouwer, 2004).

19. Un ejercicio sencillo pero útil para comenzar a prestar atención a nuestras emociones consiste en observar nuestras reacciones físicas en situaciones estresantes: un nudo en el estómago, dolor de cabeza por tensión, rechinar de dientes o insomnio. Pregúntate: «¿Qué me podrá estar diciendo mi cuerpo acerca de mis sentimientos en este momento?». Para algunos, el hecho de llegar a estar conscientes de lo que experimentamos en nuestro cuerpo es un gran paso en la dirección correcta.

20. Para una explicación completa de cómo se puede comenzar a practicar un Sabbat semanal, ver el capítulo 5 de mi libro *El líder emocionalmente sano*, «Practica el deleitarte en el Sabbat».

21. Para conocer más detalles sobre el Oficio Diario, ver mis libros *Espiritualidad emocionalmente sana*, pp. 157-167, y *Espiritualidad emocionalmente sana día a día: Un peregrinar de cuarenta días con el Oficio Diario* (Editorial Vida, 2014).

22. Para mayor información sobre cómo redactar una «Regla de vida», ver el capítulo 8 de *Espiritualidad emocionalmente sana*, «Sigue al próximo paso para desarrollar una «Regla de vida», y *El líder emocionalmente sano*, pp. 142-148, donde también ofrezco un ejemplo de Regla de Vida.

Capítulo 4: Sigue al Jesús crucificado, no al americanizado

1. Ver H. Richard Niebuht, (Nueva York: Harper y Row, 1951) y D. A. Carson, *Cristo y la cultura: una nueva aproximación* (Publicaciones Andamio, 2020).

2. «Americanize» [americanizar], *Merriam-Webster*, https://www.merriam-webster.com/dictionary/Americanize.

3. Frederick Dale Brunner, *Matthew: A Commentary, Volume 2: The Churchbook, Matthew 13-28, Revised and Expanded* (Grand Rapids, MI: Eerdmans, 2004), p. 147.

4. Me siento profundamente agradecido por la obra de Lamin Sanneh sobre la posibilidad de traducir el evangelio. Lamin es un brillante teólogo y misionólogo procedente de Ghana que dio clases en Yale durante veinticinco años y escribió un accesible libro sobre este tema, el cual recomiendo: Lamin Sanneh, *Whose Religion Is Christianity? The Gospel Beyond the West* (Grand Rapids, MI: Eerdmans, 2003).

5. Tengo una profunda deuda con Frederick Dale Brunner por su destacado comentario en dos volúmenes sobre Mateo, del cual he tomado un número incalculable de ideas que le dan forma al contenido de este capítulo. Ver Frederick Dale Bruner, *Matthew: A Commentary, Volume 1: The Christbook, Matthew 1-12*, revisado y ampliado (Grand Rapids, MI: Eerdmans, 2004) y *Matthew: A Commentary, Volume 2. The Churchbook, Matthew 13-28*, revisado y ampliado (Grand Rapids, MI: Eerdmans, 2004). Ver también la obra de Grant R. Osborne, *Matthew: Exegetical Commentary on the New Testament* (Grand Rapids, MI: Zondervan, 2019).

6. «Popular», https://dle.rae.es/popular?m=form.

7. Esto se ve con gran claridad en el Sermón del Monte, en el cual Jesús habla sobre lo poco inteligente que es «actuar» (con hipocresía) en las prácticas espirituales como dar, orar y ayunar (Mateo 6:1-16).

8. Ver el capítulo 1, «Deja de temer lo que piensen los demás», en Geri Scazzero, *La mujer emocionalmente sana: Cómo dejar de aparentar que todo marcha bien y experimentar un cambio de vida* (Editorial Vida, 2012).

9. Ver Josef Pieper, *Happiness and Contemplation* (South Bend, IN: St. Augustine's Press, 1998), traducción de la edición en alemán publicada en 1979. Pieper, apoyándose en la obra de Tomás de Aquino, hace notar cómo el anhelo humano de felicidad es tan ilimitado que resulta casi aterrador. Lo que sugiere es que tenemos un anhelo que solo Dios puede saciar plenamente.

10. Frederick Dale Bruner, *Matthew: A Commentary, Volume 2: The Churchbook, Matthew 13-28,* p. 814.

11. Toda la epístola a los Gálatas señala esta idea, culminando con este famoso texto: «Ya no hay judío ni griego, esclavo ni libre, hombre ni mujer, sino que todos ustedes son uno solo en Cristo Jesús» (Gálatas 3:28). Fleming Rutledge hace un excelente trabajo a partir de esta verdad en su libro *The Crucifixion: Understanding the Death of Jesus Christ* (Grand Rapids, MI: Eerdmans, 2015), pp. 274-277, 450-453.

12. Ver Frederick Dale Bruner, *Matthew: A Commentary, Volume 1: The Christbook, Matthew 1-12,* pp. 111-113.

13. Frederick Dale Bruner, *Matthew: A Commentary, Volume 1: The Christbook, Matthew 1-12,* p. 112.

14. Entre los límites morales que cruzamos se podrían incluir algo de pornografía, una pequeña aventura amorosa, unos pocos gastos adictivos, un pequeño resentimiento no resuelto, alguna decadencia en la calidad de nuestras relaciones más estrechas. Podríamos estar dejando a un lado nuestra relación con Dios a causa de todo lo que tenemos que hacer, o también exagerar en cuanto a lo que le está sucediendo en el ministerio.

15. Gordon D. Fee, *The First Epistle to the Corinthians: The New International Commentary of the New Testament* (Grand Rapids, MI: Eerdmans, 1987), p. 3.

16. Hallarás una excelente exposición sobre Gálatas 6:14 y la forma en que entendía Pablo que la cruz había causado un cambio radical en las normas aceptadas por la cultura del mundo, invirtiéndolas, en la obra de F. F. Bruce, *The Epistle to the Galatians: A Commentary on the Greek Text* (Grand Rapids, MI: Eerdmans, 1982), pp. 270-273.

17. Ver Colosenses 1:24, donde Pablo escribe: «Ahora me alegro en medio de mis sufrimientos por ustedes, y voy completando en mí mismo lo que falta de las aflicciones de Cristo, en favor de su cuerpo, que es la iglesia». En Filipenses 1:29, escribió: «Porque a ustedes se les ha concedido no solo creer en Cristo, sino también sufrir por él». Ver también 1 Corintios 4:8-13 y 2 Corintios 4:7-12 para más sobre la radical comprensión de sí mismo como discípulo y líder que tenía Pablo.

18. Fleming Rutledge, *The Crucifixion*, pp. 69-70.

19. Esto lo explico con mayor amplitud en el capítulo 6 de mi libro *El líder emocionalmente sano*, «La planificación y la toma de decisiones».

20. Frederick Dale Bruner, *The Gospel of John: A Commentary* (Grand Rapids, MI: Eerdmans, 2012), p. 316.

21. Edmund Colledge, O.S.A., y Bernard McGinn, trad., *Meister Eckhart: The Essential Sermons, Commentaries, Treatises, and Defense* (Mahwah, NJ: Paulist Press, 1981), p. 288. Si estás interesado en saber más acerca del Maestro Eckhart, le presento a continuación otros recursos adicionales: Bernard McGinn, *The Mystical Thought of Meister Eckhart: The Man from Whom God Hid Nothing* (Nueva York: Crossroad, 2001); Cyprian Smith, OSB, *The Way of Paradox: Spiritual Life as Taught by Meister Eckhart*, nueva edición (Londres: Short Run Press, 1987, 2004); y Oliver Davies, trad., *Meister Eckhart: Selected Writings* (Nueva York: Penguin Putnam, Inc., 1994).

22. Para un comentario más amplio sobre nuestro proceso de sucesión, en el que se incluyen mis luchas interiores, ver el capítulo 9 de *El líder emocionalmente sano*, «Los finales y los nuevos comienzos».

23. Para los detalles sobre nuestro proceso de sucesión, ver Scazzero, *El líder emocionalmente sano*, pp. 301-311.

24. Ver *John Cassian: The Conferences*, traducido y anotado por Boniface Ramsey, O.P. (Nueva York: Paulist Press, 1997), pp. 77-112.

Capítulo 5: Acepta el don de los límites de Dios

1. Adaptado de Edwin H. Friedman, *Friedman's Fables* (Nueva York: Guilford Press, 1990), pp. 9-13. Reimpreso con permiso de Guilford Press.

2. Eugene Peterson, *Under the Unpredictable Plant: An Exploration in Vocational Holiness* (Grand Rapids, MI: Eerdmans, 1994), p. 17.

3. Nicolás II (1894-1918) fue coronado a los veintiséis años como el zar de Rusia, soberano de casi la sexta parte del mundo. Siendo un líder a pesar suyo, forzado por el fallecimiento de su padre a desempeñar un papel para el cual no estaba bien preparado, Nicolás parecía ser exactamente lo opuesto a su progenitor fuerte y agresivo, al que él llamaba «un padre incomparable». Carecía de la experiencia que había tenido su padre, sus maneras autoritarias y su estatura física. En cambio, Dios le había dado a Nicolás un temperamento tierno, un profundo amor por su familia y una naturaleza sensible. Se le acusaba continuamente de tener una naturaleza incompatible con su posición como zar, porque era de hablar suave y bondadoso. Un historiador hizo notar: «Para su oficio, la bondad del Emperador y su falta de firmeza en su conducta habían sido debilidades... Con su familia... eran fuerzas».

   Las exigencias del gobierno nunca estuvieron de acuerdo con su personalidad. Habría desempeñado mejor el papel de sastre que el de emperador. Prefería estar con su esposa y sus hijos en privado en su hogar o una de sus residencias de verano. Mientras tanto, las tormentosas nubes de la Primera Guerra Mundial giraban a su alrededor, así como la Revolución Bolchevique de Lenin en 1917. Por un sentido de su deber, perseveró, pero finalmente la Rusia zarista se vino abajo. Si Nicolás se hubiera atrevido a romper con el guion de conducta que la vida le había entregado, dejando que alguna otra persona asumiera el liderazgo, es posible que la historia fuera muy diferente.

4. Se relata de nuevo esta historia en 2 Samuel 7:1-29.

5. Para aprender más sobre cómo honrar los límites en el matrimonio y la soltería, ver el capítulo 3, «Sé líder basado en tu matrimonio o en tu soltería», en mi libro *El líder emocionalmente sano*.

6. En el texto solo se cuenta a los hombres (cinco mil). Los eruditos calculan que si se hubiera incluido a las mujeres y los niños en ese número, habrían sido entre diez mil y quince mil, o incluso más.

7. Martin Buber, *Tales of the Hasidim, The Early Masters* (Nueva York: Schocken, 1975), p. 251.

8. Søren Kierkegaard, citado por Irvin D. Yalom, *Existential Psychotherapy* (Nueva York: Basic, 1980), p. 285. [Publicado en español con el título *Psicoterapia existencial* (Herder Editorial, 2011)].

9. Parker Palmer, *Let Your Life Speak* (San Francisco: Jossey-Bassm 1999), pp. 30-31. [Publicado en español con el título *Deja que tu vida hable* (Editorial Sirio, 2017)].

10. Para una excelente historia sobre cómo enjaular a los «tigres» invasivos en una congregación, ver el capítulo 7 , «Cultura y formación de equipos», en mi libro *El líder emocionalmente sano*. Ver también el DVD *Reinventing Leadership* (Nueva York: Guilford, 1996), de Edwin H. Friedman; 42 minutos.

11. Ver Geri Scazzero, «Deja de ocuparte demasiado», capítulo 6 en *La mujer emocionalmete sana*.

12. Henry Cloud, *Changes That Heal: How to Understand Your Past to Ensure a Healthier Future* (Grand Rapids: Zondervan, 1990), p. 95. [Publicado en español con el título *Cambios que sanan* (Editorial Vida, 2003)].

13. Michael D. Yapko, *Breaking the Patterns of Depression* (Broadway Books: Nueva York, 2001), pp. 282-286. [Publicado en español con el título *Para romper los patrones de la depresión* (Editorial Pax México, 2007)].

14. Para ahondar más en este concepto, ver Wendell Berry, *Life Is a Miracle: An Essay Against Modern Superstition* (Washington D. C.: Counterpoint, 2000). [Publicado en español con el título *La vida es un milagro: Un ensayo contra la superstición moderna* (Editorial Nuevo Inicio, 2013)].

15. Ver «Directrices para el *Curso de espiritualidad emocionalmente sana* y el *Curso de relaciones emocionalmente sanas*» en *Espiritualidad emocionalmente sana, Guía de estudio, edición actualizada* (Editorial Vida, 2015), pp. 11-12, y *Relaciones emocionalmente sanas, Guía de estudio: Un discipulado que transforma profundamente tu relación con los demás* (Grand Rapids, MI: Editorial Vida, 2020), pp. 13-14.

16. J. R. R. Tolkien, *Leaf by Niggle* (Nueva York: Harper Collins Publishers, 1964), p. 31. [Publicado en español con el título *Hoja de Niggle* (Minotauro, 2002)].

Capítulo 6: Descubre los tesoros escondidos en la aflicción y la pérdida

1. Gerald I. Sittser, *A Grace Disguised: How the Soul Grows through Loss* (Grand Rapids, MI: Zondervan, 1995), p. 18. [Publicado en español con el título *Recibir la gracia escondida: Cómo mantenernos en pie en el dolor y la pérdida* (Editorial Vida, 2006)].

2. Gerald I. Sittser, *A Grace Disguised*, pp. 40, 37, 39.

3. Ver John O'Donohue, *Eternal Echoes: Celtic Reflections on Our Yearning to Belong* (Nueva York: HarperCollins, 1999), pp. 3-9. [Publicado en español con el título *Ecos eternos de nuestra herencia espiritual* (Emece Editores, 1999)].

4. Para aprender más sobre las noches oscuras del alma —lo que yo llamo «un muro»— ver mi libro *Espiritualidad emocionalmente sana*, capítulo 4, «El viaje a través del muro».

5. Elisabeth Kübler-Ross, *Sobre la muerte y los moribundos* (Debolsillo México, 2013).

6. Ver Elisabeth Kübler-Ross, MD y David Kessler, *Sobre el duelo y el dolor: Cómo encontrar sentido al duelo a través de sus cinco etapas* (Luciérnaga CAS, 2006) y David Kessler, *Encuentra el significado: La sexta etapa del duelo* (Vintage Español, 2021).

7. Bernhard W. Anderson, *Out of the Depths: The Psalms Speak for Us Today* (Filadelfia: Westminster, 1970), p. 47. El autor explica que entre el treinta y el setenta por ciento de los ciento cincuenta salmos son lamentaciones. Sostiene que por lo menos cincuenta y siete de los salmos son lamentaciones individuales o comunitarias (ver las páginas 46-56). El autor Eugene Peterson se refiere a un número más elevado cuando escribe: «El setenta por ciento de los salmos son lamentaciones». Ver Eugene H. Peterson, *Leap Over a Wall: Earthy Spirituality for Everyday Christians* (San Francisco: HarperOne 1997), p. 115.

8. Viktor Frankl fue quien mejor lo expresó: «Todo se le puede quitar a un hombre menos una cosa, la última de las libertades humanas: escoger su propia actitud en medio de cualquier conjunto de circunstancias, escoger su propio camino». Viktor E. Frankl, *Man's Search for Meaning* (Boston: Beacon Press, 1959, 2006), p. 66. [Publicado en español con el título *El hombre en busca de sentido* (Herder, 2015)].

9. Ver Bessel van der Kolk, MD, *El cuerpo lleva la cuenta: Cerebro, mente y cuerpo en la superación del trauma* (Editorial Eleftheria SL, 2020); Peter A. Levine, PhD, *En una voz no hablada: Cómo el cuerpo libera el trauma y restaura el bienestar* (Alma Lepik, 2013).

10. Ver la sesión 4, «Explora el iceberg», en Peter y Geri Scazzero, *Relaciones emocionalmente sanas, Guía de estudio y DVD* (Editorial Vida, 2020).

11. Uno de mis mentores expresaba esto de una manera excelente: los sentimientos son como los niños cuando la familia sale de vacaciones. No se les puede poner en el asiento del conductor, ni tampoco se les puede meter en el baúl del auto. Hay que escucharlos, cuidarlos, protegerlos, y a veces poner límites alrededor de ellos.

12. El teólogo y autor Walter Brueggemann ha dicho que los salmos se pueden dividir en tres tipos: salmos de orientación, desorientación y reorientación. En los salmos de *orientación* disfrutamos de una hermosa sensación de bienestar y gozo en Dios. En los salmos de *desorientación* experimentamos temporadas de dolor, sufrimiento y dislocación; hemos tocado fondo y nos preguntamos qué está sucediendo. Este es el confuso estado intermedio. En los salmos de *reorientación*, Dios hace su entrada y realiza algo nuevo. Este es el momento en el cual el gozo se abre paso en medio del desespero. Walter Brueggemann, *The Message of the Psalms: A Theological Commentary* (Minneapolis: Augsburg Publishing House, 1984), pp. 9-11. Ver también Brueggemann, *The Psalms and the Life of Faith*, Patrick D. Miller, ed. (Minneapolis: Augsburg Fortress, 1959).

13. Para una buena introducción a la noche oscura del alma, ver mi libro *Espiritualidad emocionalmente sana,* capítulo 4, «El viaje a través del muro».

14. San Juan de la Cruz, *Noche oscura del alma* (publicado independientemente, 2017).

15. Tertuliano, «Of Patience», *New Advent*, publicada originalmente en *Ante-Nicene Fathers*, vol. 3, trad. S. Thelwall, revisado y editado para *New Advent* por Kevin Knight, http://www.newadvent.org/fathers/0325.htm. Ver también Alan Kreider, «Patience in the Missional Thought and Practice of the Early Church: The

Case of Cyprian of Carthage», *International Bulletin of Missionary Research*, vol. 39, no. 4 (octubre 2015), pp. 220-224, https://journals.sagepub.com/doi/pdf/10.1177/239693931503900416.

16. Ver Alan Kreider, *The Patient Ferment of the Early Church: The Improbable Rise of Christianity in the Roman Empire* (Grand Rapids, MI: Baker Academic, 2016) [Publicado en español con el título *La paciencia: El sorprendente fermento del cristianismo en el Imperio romano* (Ediciones Sígueme, 2017)]. Este autor señala que una de las razones primarias por las cuales la iglesia creció en sus primeros trescientos años en medio de las persecuciones y la opresión fue su firmeza en la paciencia. De hecho, según sostiene, los primeros padres de la iglesia escribieron más acerca de la virtud cristiana de la paciencia que sobre el evangelismo.

17. Barbara Brown Taylor, *Learning to Walk in the Dark* (San Francisco: HarperOne, 2014), p. 5. [Publicado en español con el título *Aprender a caminar en la oscuridad* (Ediciones Obelisco S.L., 2016)].

18. Lewis B. Smedes, *The Art of Forgiving When You Need to Forgive and Don't Know How* (Nueva York: Ballantine, 1996), p. 137.

19. Dra. Edith Eger, *The Choice: Embrace the Possible* (Londres: Rider, 2017), pp. 223-224. Edith Eger, una psicóloga y superviviente de los campos de concentración, escribió este libro ya con más de noventa años para describir su salida del Holocausto y las ricas perspectivas que extrajo de esto a lo largo de las décadas.

20. Cyprian Smith, *The Way of Paradox: Spiritual Life as Taught by Meister Eckhart*, 3ra edición (Londres: Darton, Longman y Todd Ltd, 2004), pp. 29-42.

21. Hans Boersma, *Seeing God: The Beatific Vision in Christian Tradition* (Grand Rapids, MI: Eerdmans, 2018), pp. 83-88. Gregorio de Nisa escribe acerca de este tema en su obra *The Life of Moses*. Incluso cuando alcancemos nuestro futuro celestial y veamos a Dios cara a cara —en y por medio de Cristo— nunca dejaremos de crecer en él.

22. Henri J. M. Nouwen, *Return of the Prodigal Son: A Meditation on Fathers, Brothers and Sons* (Nueva York: Doubleday, 1992), pp. 120-121. [Publicado en español con el título *El regreso del hijo pródigo: Meditaciones ante un cuadro de Rembrandt* (PPC Editorial, 1992)].

23. Para un buen resumen de este tema, ver la obra de Meister Eckhart sobre desprenderse/nacer/abrirse paso. Bernard McGinn, *The Mystical Thought of Meister Eckhart: The Man from Whom God Hid Nothing* (Nueva York: Crossroad, 2001), pp. 131-147.

Capítulo 7: Haz del amor la medida de la madurez

1. Martin Buber. *Between Man and Man* (Nueva York: Rouledge, 2002), p. 16.

2. William E Kaufman, *Contemporary Jewish Philosophies* (Detroit: Wayne State University Press, 1976), pp. 62-63.

3. Para comprender mejor el impacto que este suceso tuvo en Buber, ver Kenneth Paul Kramer y Mechthild Gawlick, *Martin Buber's I and Thou: Practicing Living Dialogue* (Mahwah, NJ: Paulist Press, 2003), pp. 174-175.

4. Ver Martin Buber, *Yo y tú* (Herder Editorial, 2017). Para un trato más completo de la rica y compleja vida y la filosofía de Buber, ver también Paul Mendes-Flohr, *Martin Buber: A Life of Faith and Dissent* (New Haven, CT: Yale University Press, 2019).

5. Para mayor información sobre el *Curso de relaciones emocionalmente sanas*, visita www.emocionalmentesano.org.

6. Es importante observar que, en la complejidad de la vida, en realidad entramos y salimos de los momentos yo-esto y yo-tú. De hecho, algunos aspectos rutinarios de la vida son primordialmente formas yo-esto de relacionarnos: como pedir un emparedado en la tienda de comestibles, pagar los víveres, devolver un libro de la biblioteca, o cualquier otra transacción rutinaria. Tal vez una forma útil de considerar nuestras relaciones sea pensar que vivimos en una continuidad de yo-esto y yo-tú, moviéndonos siempre entre las dos maneras de estar en el mundo.

7. Martin Buber, *I and Thou*, p. 5.

8. Kenneth Paul Kramer con Mechthild Gawlick, *Martin Buber's I and Thou*, p. 32.

9. David G. Benner, *Soulful Spirituality: Becoming Fully Alive and Deeply Human* (Grand Rapids, MI: Brazos, 2011), p. 127. Ver también David G. Benner, *Presence and Encounter: The Sacramental Possibilities of Everyday Life* (Grand Rapids, MI: Brazos, 2014).

10. Henri J. M. Nouwen, *Out of Solitude: Three Meditations on the Christian Life* (Nueva York: Ave Maria Press, 1974), p. 36.

11. Para un excelente estudio sobre el impacto de la tecnología en nuestras relaciones, ver Sherry Turkle, *Reclaiming Conversation: The Power of Talk in a Digital Age* (Nueva York: Penguin Random House, 2015).

12. Fleming Rutledge, *The Crucifixion*, pp. 577-581.

13. Karl Barth, *Church Dogmatics, Volume 3, The Doctrine of Reconciliation: Part One* (Edimburgo: T&T Clark, 1956), pp. 231-234.

14. Martin Buber, *Meetings: Autobiographical Fragments* (Nueva York: Routledge, 1967, 2002), p. 22.

15. Kenneth Paul Kramer con Mechthild Gawlick, *Martin Buber's I and Thou*, pp. 46, 101. Una interesante aplicación de esto es en la crianza de los hijos. Por ejemplo, un padre introvertido se puede encontrar con un hijo o una hija altamente extrovertidos. Esta diferencia puede llevar a una vida entera de frustración e incomodidad para el padre, que lo lleve a terminar tratando a sus hijos como un «esto».

16. Recomiendo altamente: Gregory A. Boyd, *Repenting of Religion: Turning from Judgment to the Love of God* (Grand Rapids: Baker Books, 2004). Obteniendo su material profundamente de las Escrituras y la obra de Dietrich Bonhoeffer, él presenta un amplio estudio del juicio como base del pecado original en las Escrituras y del amor como el mandamiento central en ellas. Concluye con un capítulo muy útil sobre la manera de equilibrar la preocupación por amar a las personas sin juzgarlas y la preocupación por convertirse en el pueblo santo.

17. Ver Thomas C. Oden, *The Rebirth of Orthodoxy: Signs of New Life in Christianity* (Nueva York: HarperCollins, 2003) junto con sus memorias acerca de su incursión en una fe bíblica ortodoxa, *A Change of Heart: A Personal and Theological Memoir* (Downers Grove, IL: InterVarsity Press, 2014). Ver también D. H. Williams, *Evangelicals and Tradition: The Formative Influence of the Early Church* (Grand Rapids, MI: Baker Books, 2005).

18. Juan Calvino, *Institutes of the Christian Religion*, ed. John T. McNeill, trad al inglés de Ford Lewis Battles (Filadelfia: Westminster, 1960), pp. 273-274.

19. Ver Richard J. Mouw, *Restless Faith: Holding Evangelical Beliefs in a Word of Contested Labels* (Grand Rapids, MI: Brazos, 2019), pp. 131-132.

20. El mundo en el cual vivimos es cada vez más pluralista. Somos vecinos de musulmanes, hindúes, budistas, ateos, judíos ortodoxos, antiguos evangélicos y demás. Ver, por ejemplo, Terry Muck y Frances S. Adeney, *Christianity Encountering World Religions: The Practice of Mission in the Twenty-First Century* (Grand Rapids, MI: Baker Books, 2009). Richard Mouw, antiguo presidente del Seminario Teológico Fuller y erudito evangélico de notable reputación, ha hecho un trabajo excelente en sus diálogos con mormones y a través de las líneas ecuménicas. Recomiendo en particular Richard J. Mouw, *Talking with Mormons: An Invitation to Evangelicals* (Grand Rapids, MI: Eerdmans, 2012). Ver también «Dialogue Principles», del Dialogue Institute (https://dialogueinstitute.org/dialogue-principles), donde encontrarás unas excelentes directrices para el diálogo interreligioso.

21. Ronald Rolheiser, *The Holy Longing: The Search for a Christian Spirituality* (Nueva York: Doubleday 1999), pp. 76-77.

22. David Augsburger, *Caring Enough to Hear and Be Heard: How to Hear and How to Be Heard in Equal Communication* (Scottdale, PA: Herald, 1982), p. 12.

23. Para aprender más sobre la sintonía, tema sobre el cual se ha escrito ampliamente en el campo de la neurobiología interpersonal, ver Daniel J. Siegel, *Mindsight: The New Science of Personal Transformation* (Nueva York: Bantam Books, 2010), p. 27.

24. Para ver esto modelado y guiado en una escucha encarnacional real, consulta: Peter y Geri Scazzero, *Curso de relaciones emocionales sanas: Discipulado que cambia profundamente tus relaciones con los demás* (Vida, 2020). Ver la Sesión 5, «Escucha de manera encarnacional», en la guía de estudio, junto con el DVD que va orientando paso a paso.

25. Para saber más sobre el desarrollo de un sentido sano de sí mismo, ver Geri Scazzero, *Mujer emocionalmente sana: Cómo dejar de aparentar que todo marcha bien y experimentar un cambio de vida* (Editorial Vida, 2012), pp. 55-77.

26. Los nombres reales de los asesinos, así como una serie de detalles más, fueron cambiados en la película, pero le recomiendo altamente el libro. Sister Helen Prejean, *Dead Man Walking: The Eyewitness Account of the Death Penalty that Sparked a National Debate* (Nueva York: Vintage Books, 1993).

27. John Paul Lederach, «Advent Manifesto: Does My Soul Still Sing?», *On Being*, 11 diciembre 2018, https://onbeing.org/blog/advent-manifesto-does-my-soul-still-sing/.

Capítulo 8: Quebranta el poder del pasado

1. El pecado no tiene que ver solo con nuestra conducta, sino también con un poder bajo el cual vivimos (Romanos 6–8). El poder del pecado esclaviza y se halla tan profundamente alojado en nosotros, que fue necesaria la crucifixión del Hijo de Dios para liberarnos de este poder demoníaco. Nosotros mismos no habríamos podido vencerlo solo con nuestra fuerza de voluntad o cualquier otra capacidad humana. Hallarás una excelente exégesis sobre la descripción que hace Pablo del pecado como poder, en la obra de Fleming Rutledge, *The Crucifixion*, pp. 167-204.

2. Hay algunos, como yo, que pasan por una drástica conversión como la de Saulo de Tarso; la mayoría se produce en algún punto después de un largo proceso y un

período de tiempo. En algunos casos, especialmente en jóvenes que han crecido en la iglesia, un momento en particular podría ser difícil de señalar. Sin embargo, se ha producido la misma realidad de un nuevo nacimiento en Jesús.

3. Ver Rodney Clapp, *Families at the Crossroads: Beyond Traditional and Modern Options* (Downers Grove, IL: InterVarsity Press, 1993).

4. Ver Paul Mineat, *Images of the Church in the New Testament, New Testament Library* (Louisville, KY: Westminster John Knox Press, 2004).

5. Ray S. Anderson y Dennis B. Guernsey, *On Being Family: A Social Theology of the Family* (Grand Rapids, MI: Eerdmans, 1985), p. 158.

6. Este fenómeno fue descrito por vez primera en 1987 por el autor Frank White en su libro *The Overview Effect: Space Exploration and Human Evolution,* 3ra ed. (Reston, VA: American Institute of Aeronautics and Astronautics, 2014). Aprenderás más viendo el documental *The Overview Effect* (https://vimeo.com/55073825), una breve filmación que explora este fenómeno por medio de entrevistas con astronautas y otras personas que lo han experimentado.

7. Otro ejemplo de esto es James Irwin, quien dijo: «Por fin (la Tierra) se encogió al tamaño de una canica, la canica más hermosa que se pueda imaginar. Ver esto tiene que transformar a un hombre, tiene que hacer que el hombre valore la creación de Dios y el amor de Dios». Kevin W. Kelley, concebido y editado para la Asociación de Exploradores del Espacio, *The Home Planet* (Massachusetts: Addison Wesley Publishing Company, 1988), p. 38. Don L. Lind, astronauta del transbordador espacial, dijo: «No hubo ninguna preparación intelectual que yo no hubiera hecho. Pero de ninguna manera se puede estar preparado para el impacto emocional». Ver Frank White, *The Overview Effect: Space Exploration and Human Evolution,* 3ra. ed. (Reston, VA: American Institute of Aeronautics and Astronautics, 2014), p. 27. Y eso mismo sucede cuando vemos nuestras historias en el genograma.

8. Para un estudio más amplio, ver Monica McGoldrick y Randy Gerson, *Genograms in Family Assessment* (Nueva York: W. W. Norton, 1986).

9. Scazzero, *Curso de relaciones emocionalmente sanas.* Ver la sesión 3, «Haz el genograma de tu familia», en la guía de estudio, junto con el DVD que lo irá guiando paso a paso. Ver también los videos sobre transformación hechos por nuestro equipo en www.emocionalmentesano.org/su-equipo/, que los llevarán a ti y tu equipo a comenzar la jornada y crear un genograma para considerar sus consecuencias en ti, tu equipo y tu liderazgo.

10. Para un estudio amplio sobre el exceso y el defecto en el funcionamiento dentro del contexto de una iglesia, ver Ronald Richardson, *Creating a Healthier Church: Family Systems Theory, Leadership and Congregational Life* (Minneapolis: Augsburg Fortress, 1996), pp. 133-137; ver también Edwin H. Friedman, *Generation to Generation: Family Process in Church and Synagogue* (Nueva York: The Guilford Press, 1985), pp. 210-212 [Publicado en español con el título *Generación a generación: El proceso de las familias en la iglesia y la sinagoga* (Eerdmans Pub Co, 1996)].

11. Walter Brueggemann, *Genesis Interpretation: A Bible Commentary for Teaching and Preaching* (Atlanta: John Knox Press, 1982), p. 376.

12. Margaret Silf, *Inner Compass: An Invitation to Ignatian Spirituality* (Chicago: Loyola Press, 1999), pp. 165-166.

13. Ver el pódcast *The Emotionally Healthy Leader* en «Growing Older in the New Family of Jesus: Parts 1 and 2», en www.emotionallyhealthy.org/podcast.

14. Moisés recurre a las duras lecciones aprendidas mientras instruye a su pueblo sobre la forma en que deben vivir en la tierra prometida cuando lleguen a ella. Ver Peter C. Craigie, *The Book of Deuteronomy: The New International Commentary on the Old Testament* (Grand Rapids, MI: Eerdmans, 1976).

15. Hay algunos recursos excelentes sobre la teología del envejecimiento y el envejecimiento en general, entre ellos, J. Ellsworth Kalas, *I Love Growing Older, but I'll Never Grow Old* (Nashville: Abingdon Press, 2013); y David J. Levitin, *Successful Aging: A Neurocientist Explores the Power and Potential of Our Lives* (Nueva York: Penguin Random House, 2020).

16. La idea que inspira esta ilustración está adaptada del Dr. Ronald W. Richardson, *Family Ties that Bind: A Self-Help Guide to Change through Family of Origin Therapy* (Bellingham, WA: Self Counsel Press, 1984), pp. 35-39.

17. El *Curso de relaciones emocionalmente sanas* fue desarrollado a lo largo de un período de casi veinte años con este propósito. Te ofrece un marco de referencia para establecer una cultura y un lenguaje compartidos, y también enseña ocho habilidades clave en las relaciones. Para más información, visite www.emocionalmentesano.org.

18. Para llevar esta idea a otro nivel, necesitamos tener también en cuenta los legados negativos y positivos del país en el cual se hallan situadas nuestras iglesias. Además de esto, también podríamos considerar los legados universales mayores que causan un impacto en nosotros; por ejemplo, el patriarcado, el sexismo, la injusticia social, etc.

19. Citado por el Dr. Ronald W. Richardson, *Family Ties that Bind*, p. 35.

Capítulo 9: Lidera a partir de la debilidad y la vulnerabilidad

1. «Vulnerable», https://dle.rae.es/vulnerable.

2. Erik Larson, *Isaac's Storm: A Man, a Time, and the Deadliest Hurricane in History* (Westminster, MD: Crown, 1999).

3. Brené Brown, una de las principales investigadoras sobre el tema de la vulnerabilidad y la imperfección, se refiere al escudo de veinte toneladas que ella usaba para defenderse. Ver Brené Brown, *Los dones de la imperfección: Libérate de quien crees que deberías ser y abraza quien realmente eres* (Aguilar, 2014).

4. Ver Hans Boersma, *Seeing God: The Beatific Vision in Christian Tradition* (Grand Rapids, MI: Eerdmansm 2018).

5. Frederick Dale Brunner, *The Gospel of John: A Commentary* (Grand Rapids, MI: Eerdmans, 2012), p. 596.

6. Por su crimen de haber sostenido, basado en este texto, que Jesús tuvo una voluntad humana y otra divina, a Máximo el Confesor (580-662 d. C.) le cortaron la mano derecha para que nunca más pudiera escribir, y le arrancaron la lengua para que nunca más pudiera volver a enseñar. Hallarás un excelente relato sobre esto en la obra de Robert Louis Wilkins, *The Spirit of Early Christian Thought: Seeking the Face of God* (New Haven, CT: Yale University Press, 2003), pp. 110-135; y George Berthold, *Maximus Confessor: Selected Writings, Classics of Western Spirituality* (Nueva York: Paulist Press, 1983).

7. Policarpo, citado en *Early Christian Fathers*, ed. y trad. al inglés por Cyril C. Richardson (Nueva York: Macmillan, 1970), pp. 152-153.

8. Frederick Dale Bruner, *Matthew: A Commentary: The Churchbook, Matthew 13-28*, p. 649.

9. Citado en Thomas E. Reynolds, *Vulnerable Communion: A Theology of Disability and Hospitality* (Grand Rapids, MI: Brazos, 2018), p. 14. Observa que es importante distinguir entre una discapacidad física o mental —tal como las define el Americans with Disabilities Act de 1990 (ADA)— y el estado más amplio de discapacidad que todos tenemos. Thomas Reynolds hace un trabajo excelente y completo al hacer esta distinción en *Vulnerable Communion*. El ADA define una discapacidad como (1) «una incapacidad física o mental que limita de manera sustancial una o más actividades importantes en la vida de la persona; (2) un registro de tal incapacidad, o (3) el hecho de ser considerado como poseedor de una limitación de este tipo».

10. Ver Gálatas 3:21-25.

11. Debo esta observación sobre el progreso en el desarrollo espiritual de Pablo al pastor y teólogo Jack Deere, quien la presentó en una conferencia hace ya muchos años.

12. Hay incontables artículos y videos sobre la historia y la metodología del *kintsugi*. Una buena introducción es la de Céline Santini, *Kintsugi: Finding Strength in Imperfection* (Kansas City, MO: Andrews McMeel Publishing, 2019).

13. Hallarás un excelente video sobre el *kintsugi* en https://vimeo.com/330493356/2dbc2e98c5.

14. Un excelente recurso sobre guiar a partir de nuestra debilidad es la obra de Dr. Dan B. Allender, *Liderando con imperfecciones: Cambiando tus debilidades en habilidades* (Editorial Vida, 2008).

15. Hay una admirable historia acerca de esto en la vida de Bernardo de Claraval (1090-1153), el abad de un monasterio cisterciense de Francia, quien es posible que fuera el mayor líder cristiano de su tiempo. Cuando Eugenio III, su hijo espiritual, se convirtió en Papa, Bernardo se sintió muy preocupado de que su vida espiritual no estuviera lo suficientemente desarrollada para enfrentarse al nivel de responsabilidad que ahora tenía. Bernardo le advirtió: «Aléjate de las exigencias, no vaya a ser que te distraigan y se te endurezca el corazón. Si esto no te aterra, es porque ya te sucedió». Ver *Bernard of Clairvaux: Selected Works, Classics of Western Spirituality*, ed. y trad. al inglés, G. R. Evans (Mahway, NJ: Paulist, 1987), pp. 173-205.

16. Henri J. M. Nouwen, *The Return of the Prodigal Son: A Meditation on Fathers, Brothers, and Sons* (Nueva York: Doubleday, 1992), pp. 39-40, 51. [Publicado en español con el título *El regreso del hijo pródigo: Meditaciones ante un cuadro de Rembrandt* (PPC Editorial, 1992)].

La puesta en práctica del discipulado emocionalmente sano

1. Técnicamente, es posible instalar programas adicionales que capaciten a un sistema operativo para que maneje al otro sistema operativo. Sin embargo, el sistema operativo que no es el original no trabajará sin este programa adicional.

2. Le agradezco a Seth Godin sus ideas, en especial el episodio de su pódcast sobre «sistemas operativos», en el cual aplica la metáfora de los sistemas operativos a las

ciudades, el dominio de la ley, los museos y las culturas organizativas. En particular me encanta su idea sobre el hecho de que los sistemas operativos cambian con el tiempo a medida que interactúan con otros sistemas operativos. Tengo la esperanza de que esto también sea cierto para el discipulado emocionalmente sano como un sistema operativo; es decir, que cambie de maneras importantes y necesarias en los años venideros. Para obtener más ideas, ver Seth Godin, «Operating Systems», 8 enero 2020, en *Akimbo: A Podcast from Seth Godin*, https://www.listennotes. com/podcasts/akimbo-a-podcast/operating-systems-qW5rMNmf3RF/.

3. Esta analogía procede de Bill Hull, *Conversion and Discipleship: You Can't Have One without the Other* (Grand Rapids, MI: Zondervan, 2016), p. 184. [Publicado en español con el título *Conversión y discipulado: No se puede dar una cosa sin la otra* (Editorial Andamio, 2021)].

4. Dietrich Bonhoeffer, *The Cost of Discipleship* (Nueva York: Touchstone, 1937), p. 59. [Publicado en español con el título *El costo del discipulado* (Editorial Peniel, 2017)].

5. *Celtic Daily Prayer: Prayers and Readings from the Northumbria Community* (Nueva York: HarperCollins, 2002), p. 19.

Apéndice A: Revolución en la cultura de la iglesia: una visión en seis partes para una cultura que cambie profundamente las vidas.

1. Scott W. Sunquist, *Understanding Christian Mission: Participation in Suffering and Glory* (Grand Rapids, MI: Baker Press, 2013), p. 244.

2. Esta es la definición del periodista Ken Myers sobre la cultura, resumida por Andy Crouch en *Playing God: Redeeming the Gift of Power* (Carol Stream, IL: InterVarsity Press, 2013), p. 17.

Ayudamos a los líderes de iglesias a formar discípulos maduros

Lleva a tu gente de un cristianismo superficial a la profundidad en Cristo.

Desarrollado en los últimos 21 años, el *Curso Discipulado emocionalmente sano* es una estrategia probada para el discipulado que transforma vidas no solo superficial, sino también profundamente. Las personas en tu iglesia comenzarán a resolver conflictos y a crecer en unidad. Serás capáz de identificar y desarrollar a tus futuros líderes. Y, por último, tu iglesia tendrá un mayor impacto en el mundo para Cristo.

ESPIRITUALIDAD EMOCIONALMENTE SANA

Iniciar a la gente en una espiritualidad transformadora con Dios.

RELACIONES EMOCIONALMENTE SANAS

Habilidades prácticas para llevar a la gente a una espiritualidad transformadora con otros.

¡Es tiempo de empezar!
Aquí están tus 3 pasos:

1 ADQUIERE EL CURSO

Incluye todo lo que necesitas para dirigir el curso

Curso Espiritualidad emocionalmente sana (EES)

Espiritualidad emocionalmente sana (9780829765649)

Espiritualidad emocionalmente sana Guía de estudio (9780829763638)

Espiritualidad emocionalmente sana Día a Día (9780829763676)

Espiritualidad emocionalmente sana DVD (9780829763645)

Curso Relaciones emocionalmente sanas (RES)

Relaciones emocionalmente sanas Día a Día (9780829769449)

Relaciones emocionalmente sanas Guía de estudio (9781400213108)

Relaciones emocionalmente sanas DVD (9780829763645)

2 CAPACÍTATE

Toma la capitación en línea y descubre cómo dar el curso

www.emocionalmentesano.org

3 DIRIGE EL CURSO

Dirige un grupo piloto a través de ambos cursos.

 Vida

Bóveda de
recursos del líder

Accede a un tesoro de contenido exclusivo diseñado para equiparte para dirigir el *Curso Discipulado emocionalmente sano* efectivamente en tu iglesia o ministerio.

En la bóveda de recursos del líder, tú y tu equipo recibirán:

- Cronogramas de planificación
- Horarios de sesiones
- Videos y recursos de capacitación
- Presentaciones
- Certificados de finalización para los participantes
- Las 25 preguntas más frecuentes que suelen hacerse
- Mercadeo y gráficos promocionales

Recursos exclusivos:

- Anunciar tu ministerio públicamente en un mapa nacional
- Acceso a sesiones en línea y de Preguntas y Respuestas con el autor Pete Scazzero
- Contactos con otros líderes en un grupo privado de Discipulado emocionalmente sano en un grupo de Facebook

¿Qué tan emocionalmente sano eres?
Toma la evaluación personal

(Para acceder a la evaluación, regístrate en el formulario ubicado al principio de la página).

Espiritualidad
EMOCIONALMENTE SANA

Evaluación personal

Basada en el libro *best seller*, *Una iglesia emocionalmente sana*, esta herramienta de evaluación —que solo toma 15 minutos de interacción— ayuda a las personas, equipos o iglesias a tener una idea de si su discipulado ha tocado los componentes emocionales de sus vidas y, de ser así, a qué grado. Cada etapa de madurez emocional se describe completamente al final de la evaluación.

Puedes realizar tu evaluación personal de EES a continuación, o hacer clic aquí para descargar una versión imprimible.

2→ Me siento seguro en mi adopción como hijo/hija de Dios y rara vez, si acaso, cuestiono que Dios me haya aceptado.

A | En desacuerdo

B | Algo de acuerdo

C | De acuerdo

D | Muy de acuerdo

¿Eres un infante, niño, adolescente o adulto emocional? Este poderoso video de 15 minutos, que es una herramienta de diagnóstico, te permite determinar tu nivel de madurez.

Esta herramienta de 15 minutos fue creada para ayudar a las personas, equipos o iglesias a saber si su discipulado ha tocado los componentes emocionales de sus vidas y, de ser así, a qué grado. Cada etapa de madurez emocional se describe completamente al final de la evaluación.

Emocionalmentesano.org

Espiritualidad
EMOCIONALMENTE SANA

Vida